Der Grundsatz der Zweckbindung

Grundlagen und Anwendung des Art. 5 Abs. 1 lit. b DSGVO im Beschäftigtendatenschutz

Inauguraldissertation
zur Erlangung des Grades eines Doktors
des Rechts

durch die

Rechts- und Staatswissenschaftliche Fakultät
der Rheinischen Friedrich-Wilhelms-Universität Bonn

vorgelegt von Johannes Zhou

aus Bad Salzungen

2025

Dekan:	Prof. Dr. Martin Böse
Erstreferent:	Prof. Dr. Gregor Thüsing, LL. M. (Harvard)
Zweitreferent:	Prof. Dr. Thomas Kania

Tag der mündlichen Prüfung: 19.08.2025

Datenschutz-Berater

Der Grundsatz der Zweckbindung

Grundlagen und Anwendung des Art. 5 Abs. 1 lit. b DSGVO im Beschäftigtendatenschutz

Johannes Zhou

Fachmedien Recht und Wirtschaft | dfv Mediengruppe | Frankfurt am Main

Bibliografische Information der Deutschen Nationalbibliothek

Die Deutsche Nationalbibliothek verzeichnet diese Publikation in der Deutschen Nationalbibliografie; detaillierte bibliografische Daten sind im Internet über http://dnb.de abrufbar.

ISBN 978-3-8005-1993-4

dfv Mediengruppe

www.ruw.de

Druck: Beltz Grafische Betriebe GmbH, 99947 Bad Langensalza

Printed in Germany

Vorwort

Die Rechts- und Staatswissenschaftliche Fakultät der Rheinischen Friedrich-Wilhelms-Universität Bonn hat die vorliegende Arbeit im Sommersemester 2025 als Dissertation angenommen. Die Arbeit berücksichtigt Literatur und Rechtsprechung bis Ende August 2025.

Mein besonderer Dank gilt meinem Doktorvater, Herrn Prof. Dr. Gregor Thüsing, LL.M. (Harvard), für seine hervorragende Betreuung. Er hat mir größten wissenschaftlichen Freiraum eingeräumt und mich stets unterstützt sowie gefördert. Herrn Prof. Dr. Thomas Kania danke ich für die zügige Erstellung des Zweitgutachtens. Zudem danke ich Herrn Prof. Dr. Matthias Weller, Mag. rer. publ., MAE für die Durchführung der Disputation.

Der Friedrich-Naumann-Stiftung für die Freiheit danke ich für die ideelle sowie finanzielle Förderung im Rahmen eines Promotionsstipendiums mit Mitteln des Bundesministeriums für Forschung, Technologie und Raumfahrt. Das Stipendium hat es mir ermöglicht, mich auf meine Promotion zu konzentrieren.

Mein Dank gilt auch meinen Kolleginnen und Kollegen am Lehrstuhl für die gemeinsame Zeit, die ich in guter Erinnerung behalten werde. Der ständige Austausch war sowohl fachlich als auch persönlich sehr bereichernd. Zudem bedanke ich mich bei Natalie Biebl, Alexandra Ritter und Dr. Justin Samek, LL.M. (NYU) für das Korrekturlesen der Arbeit und die wertvollen Hinweise.

Schließlich möchte ich mich bei meiner Familie für ihre bedingungslose Unterstützung bedanken. Sie haben mir meine Ausbildung ermöglicht und immer an mich geglaubt. Meiner Partnerin Grete Luise Fenkl danke ich von ganzem Herzen für ihren Beistand und Zuspruch. Sie hat ganz wesentlich zum Erfolg dieses Vorhabens beigetragen, wofür ich ihr immer dankbar sein werde. Ihr und meiner Familie ist diese Arbeit gewidmet.

Frankfurt am Main, im Oktober 2025 Johannes Zhou

Inhaltsverzeichnis

Vorwort V

Abkürzungsverzeichnis XIII

A. Worum es geht: Der Grundsatz der Zweckbindung als Kernprinzip des Datenschutzrechts 1
I. Bedürfnis einer dogmatischen Konturierung des Zweckbindungsgrundsatzes 2
II. Illustration an Datenverarbeitungen aus dem Beschäftigungskontext 4
III. Zentrale Fragestellungen und Gang der Untersuchung 4

B. Die rechtlichen Grundlagen – Ursprünge und Hintergrund der Zweckbindung 7
I. Entstehungsgeschichte der Zweckbindung 7
1. Forderungen nach einer Zweckbindung 8
2. Entwicklung auf nationaler Ebene 10
a) Anfänge der Datenschutzgesetzgebung 10
b) Volkszählungsurteil 12
c) BDSG a. F. 13
d) Zwischenfazit 14
3. Entwicklung auf europäischer und völkerrechtlicher Ebene 15
a) Konvention Nr. 108 15
b) DSRL 17
c) DSGVO 19
aa) Diskussion zur Zweckbindung und -änderung . . . 19
bb) Vorschlag der Europäischen Kommission 20
cc) Legislative Entschließung des Europäischen Parlaments 21
dd) Position des Rats 21
ee) Trilog und Endfassung der DSGVO 23
d) Zwischenfazit 24
II. Grundrechtlicher Rahmen der Zweckbindung 25
1. Recht auf Schutz personenbezogener Daten, Art. 8 GRC . . 25
a) Allgemeines 26
b) Schutzbereich, Einschränkung und Rechtfertigung . . . 28
c) Verhältnis zwischen Art. 8 Abs. 2 S. 1 GRC und Art. 8 Abs. 1 GRC 29
aa) Meinungsstand 29
bb) Stellungnahme 30
(1) Keine qualifizierte Schranke 31

(2) Konkretisierung der Schutzpflichtdimension 32
(3) Anwendbarkeit des Art. 52 Abs. 1 GRC 34
cc) Zwischenfazit 34
2. Recht auf informationelle Selbstbestimmung, Art. 2 Abs. 1 i. V. m. Art. 1 Abs. 1 GG 35
III. Funktion der Zweckbindung 36
1. Keine Unterscheidung zwischen staatlichem und privatem Bereich 37
2. Begrenzung der Datenströme und Bezugspunkt für Datenverarbeitung 37
3. Schaffung von Transparenz und Vorhersehbarkeit 38
4. Zwischenfazit 39
IV. Fazit zu Kapitel B.: Entstehungsgeschichte, grundrechtlicher Rahmen und Funktion der Zweckbindung 39

C. Die Zweckbindung in der Systematik der DSGVO 41
I. Verortung in der DSGVO 41
II. Systematik der Datenschutzgrundsätze 42
1. Rechtsnatur 42
2. Anwendungsbereich 43
a) Verarbeitung personenbezogener Daten 44
aa) Personenbezogene Daten 44
bb) Verarbeitung 46
b) Anwendung im Beschäftigungskontext 47
aa) Rechtsgrundlagen im Beschäftigtendatenschutz . . 47
(1) Öffnungsklausel, Art. 88 DSGVO 47
(2) (Un)wirksamkeit des § 26 BDSG? 49
bb) Verweis auf die Datenschutzgrundsätze, § 26 Abs. 5 BDSG 51
cc) Zukunft des Beschäftigtendatenschutzes 52
3. Adressaten 53
a) Verantwortliche 53
aa) Allgemeines 54
bb) Grundsatz: Arbeitgeber 56
cc) Ausnahme: Mitarbeiterexzess 57
b) Auftragsverarbeiter 58
4. Sanktionierung 60
a) Allgemeines 60
b) (Un)bestimmtheit der Datenschutzgrundsätze? 61
aa) Unionsrechtlicher Grundsatz der Rechtssicherheit 62
bb) Bestimmtheit der Zweckbindung 63
5. Zwischenfazit 65
III. Verhältnis der Zweckbindung zu anderen Datenschutzgrund-

sätzen . . . 66
1. Rechtmäßigkeit . . . 66
2. Treu und Glauben . . . 68
3. Transparenz . . . 69
4. Datenminimierung . . . 71
5. Richtigkeit . . . 72
6. Speicherbegrenzung . . . 73
7. Integrität und Vertraulichkeit . . . 74
8. Rechenschaftspflicht . . . 76
9. Zwischenfazit . . . 76
IV. Fazit zu Kapitel C.: Die Zweckbindung als Kerngrundsatz des Datenschutzes . . . 77

D. Die Zweckfestlegung und Zweckbindung im engeren Sinne, Art. 5 Abs. 1 lit. b Hs. 1 DSGVO . . . 79
I. Begriff des Zwecks in der DSGVO . . . 79
1. Zweck als Ziel der Datenverarbeitung . . . 80
2. Abgrenzungen . . . 80
a) Mittel der Datenverarbeitung . . . 81
b) Aufgabe und Handlung . . . 81
c) Berechtigtes Interesse . . . 82
3. Zwischenfazit . . . 84
II. Zweckfestlegung . . . 84
1. Grundlagen . . . 85
a) Abgrenzung zu Art. 6 Abs. 3 S. 2 DSGVO . . . 85
b) Mehrheit von Zwecken . . . 87
c) Keine Zwecke auf Vorrat . . . 88
d) Zwischenfazit . . . 89
2. Legitimität der Zwecke . . . 89
a) Vorab: Bedeutung der Stellungnahmen der Art. 29-Datenschutzgruppe und des EDSA für die Auslegung der DSGVO . . . 90
b) Maßstab für die Beurteilung der Legitimität . . . 92
aa) Enges Verständnis: Rechtmäßigkeitsgrundsatz als Maßstab . . . 92
bb) Weites Verständnis: Gesamte Rechtsordnung als Maßstab . . . 94
(1) Inhalt und Umfang der „gesamten Rechtsordnung" . . . 94
(2) Anforderung an das „im Einklang stehen" mit der gesamten Rechtsordnung . . . 95
c) Zwischenfazit . . . 96
3. Eindeutigkeit der Zwecke . . . 96

a) Sprachliche Inkonsistenz in den Sprachfassungen der DSGVO ... 97
b) Detaillierungsgrad der Zwecke ... 99
aa) Bestimmtheit der Zwecke ... 100
bb) Vorhersehbarkeit für die betroffene Person ... 100
cc) Kontext der Datenverarbeitung ... 102
dd) Beispiele: Verarbeitungszwecke im Beschäftigungskontext ... 102
(1) Negativbeispiele ... 102
(2) Positivbeispiele ... 104
c) Zwischenfazit ... 105
4. Modalitäten der Zweckfestlegung ... 105
a) Zeitpunkt ... 106
b) Form ... 107
aa) Rechenschaftspflicht ... 108
bb) Informationspflichten, Art. 13 und Art. 14 DSGVO ... 108
cc) Verzeichnis der Verarbeitungstätigkeiten, Art. 30 DSGVO ... 109
c) Zwischenfazit ... 110
III. Zweckbindung ... 111
1. In personaler Hinsicht ... 111
a) Verantwortlicher ... 111
b) Auftragsverarbeiter ... 112
c) Empfänger und Dritte ... 112
aa) Allgemeines ... 112
bb) Reichweite der Zweckbindung ... 113
d) Zwischenfazit ... 115
2. In zeitlicher Hinsicht ... 115
a) Erfüllung oder Wegfall der Zwecke ... 115
b) Löschpflichten ... 116
c) Zwischenfazit ... 117
IV. Fazit zu Kapitel D.: Der Zweck der Datenverarbeitung, seine Festlegung und Reichweite ... 118

E. Die zweckändernde Weiterverarbeitung, Art. 6 Abs. 4 DSGVO ... 119
I. Grundlagen ... 121
1. Ausgangspunkt: Art. 5 Abs. 1 lit. b Hs. 1 DSGVO ... 121
2. Systematik des Art. 6 Abs. 4 DSGVO ... 123
a) Normstruktur ... 123
b) Konkretisierung des Vereinbarkeitserfordernisses ... 124
c) Öffnungsklausel für die Union und Mitgliedstaaten ... 125
d) Zwischenfazit ... 128

3. Erfordernis einer Rechtsgrundlage 128
a) Meinungsstand 129
b) Stellungnahme 130
aa) Systematik des Art. 6 DSGVO 130
bb) Redaktioneller Fehler in EG 50 S. 2 DSGVO 132
c) Einschränkung der Rechtsgrundlagen? 133
aa) Weiterverarbeitung auf Grundlage berechtigter Interessen 133
bb) Weiterverarbeitung nach Einwilligung der betroffenen Person 134
d) Zwischenfazit 135
II. Rechtfertigung der Zweckänderung 136
1. Prüfungsreihenfolge 136
2. Vorprüfung: Wird eine zweckändernde Weiterverarbeitung beabsichtigt? 136
3. Einwilligung der betroffenen Person 137
4. Rechtsvorschrift der Union oder der Mitgliedstaaten 138
a) Überblick zu Vorschriften im BDSG 138
b) Verarbeitung zu anderen Zwecken durch nichtöffentliche Stellen, § 24 BDSG 139
aa) Europarechtskonformität 139
bb) Abwehr von Gefahren für die öffentliche Sicherheit oder Verfolgung von Straftaten, § 24 Abs. 1 Nr. 1 BDSG 140
cc) Zivilrechtliche Ansprüche, § 24 Abs. 1 Nr. 2 BDSG 141
dd) Keine überwiegenden Interessen der betroffenen Person 141
ee) Besondere Kategorien personenbezogener Daten, § 24 Abs. 2 BDSG 142
c) Zwischenfazit 143
5. Zweckvereinbarkeit 143
a) Privilegierte Weiterverarbeitungszwecke 143
b) Kriterien für die Prüfung der Zweckvereinbarkeit 145
aa) Verbindung zwischen den Zwecken 145
bb) Kontext der Datenerhebung 147
cc) Art der personenbezogenen Daten 148
dd) Folgen der Weiterverarbeitung für die betroffene Person 149
ee) Vorhandensein geeigneter Garantien 150
c) Zwischenfazit 151

6. Beispiel: Zweckändernde Weiterverarbeitung durch krankheitsbedingte Kündigung nach Durchführung des betrieblichen Eingliederungsmanagements 152
a) Vorprüfung 152
b) Einwilligung 153
c) Rechtsvorschrift der Union oder der Mitgliedstaaten . . 154
d) Zweckvereinbarkeit 155
aa) Beurteilung der Kriterien 155
bb) Gesamtwürdigung 156
cc) Regelung im BeschDG-RefE 157
e) Exkurs: Verwertbarkeit im Kündigungsschutzprozess . 158
III. Informationspflichten, Art. 13 Abs. 3 und Art. 14 Abs. 4 DSGVO 159
1. Verpflichteter 159
2. Umfang der Informationspflicht 160
3. Zeitpunkt und Form der Informationserteilung 161
4. Ausnahmen von der Informationspflicht 162
5. Zwischenfazit 163
IV. Fazit zu Kapitel E.: Rechtliche Anforderungen an zweckändernde Weiterverarbeitungen 164

F. Zusammenfassung der Ergebnisse in Thesen 167

Literaturverzeichnis 175

Materialienverzeichnis 191

Abkürzungsverzeichnis

a. A.	andere Ansicht
a. E.	am Ende
a. F.	alte Fassung
Abb.	Abbildung
ABl.	Amtsblatt der Europäischen Union
Abs.	Absatz
AEUV	Vertrag über die Arbeitsweise der Europäischen Union
AG	Amtsgericht
AGG	Allgemeines Gleichbehandlungsgesetz
Alt.	Alternative
Anm.	Anmerkung
ArbG	Arbeitsgericht
ArbRB	Arbeits-Rechtsberater
Art.	Artikel
Aufl.	Auflage
BAG	Bundesarbeitsgericht
BB	Betriebs-Berater
Bd.	Band
BDSG	Bundesdatenschutzgesetz
BeckRS	Beck-Rechtsprechung
bEM	betriebliches Eingliederungsmanagement
BeschDG-RefE	Referentenentwurf eines Beschäftigtendatengesetzes
Beschl.	Beschluss
BetrVG	Betriebsverfassungsgesetz
BFH	Bundesfinanzhof
BGB	Bürgerliches Gesetzbuch
BGBl.	Bundesgesetzblatt
BGH	Bundesgerichtshof
BMAS	Bundesministerium für Arbeit und Soziales
BMI	Bundesministerium des Innern und für Heimat
BR-Drs.	Bundesratsdrucksache
BT-Drs.	Bundestagsdrucksache
BVerfG	Bundesverfassungsgericht
BVerfGE	Entscheidungen des Bundesverfassungsgerichts
BVerwG	Bundesverwaltungsgericht
bzw.	beziehungsweise
CB	Compliance-Berater
CCZ	Corporate Compliance Zeitschrift
CLSR	Computer Law & Security Review
CR	Computer und Recht
DB	Der Betrieb
Diss.	Dissertation
DSA	Digital Services Act

DSB	Datenschutz-Berater
DSGVO	Datenschutz-Grundverordnung
DSK	Datenschutzkonferenz
DSRL	Datenschutzrichtlinie
DuD	Datenschutz und Datensicherheit
e. V.	eingetragener Verein
Ed.	Edition
EDPL	European Data Protection Law Review
EDSA	Europäischer Datenschutzausschuss
EG	Erwägungsgrund/Europäische Gemeinschaft
EGMR	Europäischer Gerichtshof für Menschenrechte
EMRK	Europäische Menschenrechtskonvention
EU	Europäische Union
EuGH	Europäischer Gerichtshof
EuGRZ	Europäische Grundrechte-Zeitschrift
EUV	Vertrag über die Europäische Union
EuZA	Europäische Zeitschrift für Arbeitsrecht
EuZW	Europäische Zeitschrift für Wirtschaftsrecht
EWG	Europäische Wirtschaftsgemeinschaft
f./ff.	folgende (Einzahl und Mehrzahl)
Fn.	Fußnote
GA	Generalanwalt/-anwältin
GDPR	General Data Protection Regulation
gen.	genannt
GG	Grundgesetz
GPDP	Garante per la protezione dei dati personali
GRC	Charta der Grundrechte der Europäischen Union
GRUR-RS	Gewerblicher Rechtsschutz und Urheberrecht: Rechtsprechung
GVBl.	Gesetz- und Verordnungsblatt für das Land Hessen
Habil.	Habilitation
HBDI	Hessischer Beauftragter für Datenschutz und Informationsfreiheit
HBG	Hessisches Beamtengesetz
HDSG	Hessisches Datenschutzgesetz
HDSIG	Hessisches Datenschutz- und Informationsfreiheitsgesetz
HinSchG	Hinweisgeberschutzgesetz
HmbBfDI	Hamburgischer Beauftragter für Datenschutz und Informationsfreiheit
hrsg./Hrsg.	herausgegeben/Herausgeber
Hs.	Halbsatz
i. H. v.	in Höhe von
i. S. d.	im Sinne des
i. V. m.	in Verbindung mit
K&R	Kommunikation & Recht
KG	Kammergericht

KI	künstliche Intelligenz
KOM-E	Kommissionsentwurf
KritV	Kritische Vierteljahresschrift für Gesetzgebung und Rechtswissenschaft
LAG	Landesarbeitsgericht
LfDI	Landesbeauftragter für den Datenschutz und die Informationsfreiheit
lit.	litera
m. w. N.	mit weiteren Nachweisen
MMR	Multimedia und Recht
NJOZ	Neue Juristische Online Zeitschrift
NJW	Neue Juristische Wochenschrift
Nr.	Nummer
NVwZ	Neue Zeitschrift für Verwaltungsrecht
NZA	Neue Zeitschrift für Arbeitsrecht
NZS	Neue Zeitschrift für Sozialrecht
OECD	Organisation for Economic Co-operation and Development
OLG	Oberlandesgericht
OVG	Oberverwaltungsgericht
PinG	Privacy in Germany
Rat-E	Ratsentwurf
RdA	Recht der Arbeit
RDV	Recht der Datenverarbeitung
Rn.	Randnummer
Rs.	Rechtssache
s./S.	Satz/Seite/siehe
Schlussantr.	Schlussanträge
SGB	Sozialgesetzbuch
sog.	sogenannt
u. a.	und andere
U. S.	United States
UAbs.	Unterabsatz
UN	United Nations
Urt.	Urteil
v.	vom/von
v. d.	von dem/von der
Var.	Variante
VG	Verwaltungsgericht
vgl.	vergleiche
WP	Working Paper
z. B.	zum Beispiel
ZfPW	Zeitschrift für die gesamte Privatrechtswissenschaft
ZD	Zeitschrift für Datenschutz
zugl.	zugleich

A. Worum es geht: Der Grundsatz der Zweckbindung als Kernprinzip des Datenschutzrechts

Der Begriff des Zwecks ist in der DSGVO[1] allgegenwärtig. Die Verordnung nimmt mehr als hundert Mal Bezug auf den Begriff.[2] Die häufige Verwendung des Begriffs ist auf den Grundsatz der Zweckbindung zurückzuführen. Er ist als eines der Kernprinzipien des Datenschutzes[3] tief in der DSGVO verankert und Gegenstand dieser Arbeit.

Das BVerfG betonte bereits im Jahr 1983 in seinem Volkszählungsurteil die Notwendigkeit der Zweckbindung für die Verarbeitung personenbezogener Daten.[4] Sie sei angesichts der Gefahren, die mit dem Fortschritt in der automatisierten Datenverarbeitung verbunden waren, elementar für das Recht auf informationelle Selbstbestimmung.[5] Dieses leitete das BVerfG aus dem Allgemeinen Persönlichkeitsrecht nach Art. 2 Abs. 1 i. V. m. Art. 1 Abs. 1 GG ab.[6] Darüber hinaus ist die Zweckbindung auch auf europäischer Ebene zentraler Bestandteil des Rechts auf Schutz personenbezogener Daten aus Art. 8 GRC.[7] Das europäische Datenschutzgrundrecht gewinnt zunehmend an Bedeutung, da der Datenschutz maßgeblich durch europäische Vorschriften geprägt wird.[8] Die DSGVO ist als unmittelbar geltende Verordnung „[z]entrale Kodifikation“ für den Datenschutz in der Europäischen Union.[9] Dort ist der Grundsatz der Zweckbindung[10] in Art. 5 Abs. 1 lit. b DSGVO normiert. Danach müssen personenbezogene Daten

> „für festgelegte, eindeutige und legitime Zwecke erhoben werden und dürfen nicht in einer mit diesen Zwecken nicht zu vereinbaren-

---

1 Verordnung (EU) 2016/679 des Europäischen Parlaments und des Rates vom 27. April 2016 zum Schutz natürlicher Personen bei der Verarbeitung personenbezogener Daten, zum freien Datenverkehr und zur Aufhebung der Richtlinie 95/46/EG (Datenschutz-Grundverordnung).

2 *Roth*, Verzeichnis von Verarbeitungstätigkeiten, 2023, Rn. 287.

3 GSSV/*Buchholtz/Stentzel*, 2018, Art. 5 DSGVO Rn. 31; BeckOK DatenschutzR/*Schantz*, 51. Ed. Stand 01.11.2021, Art. 5 DSGVO Rn. 12 bezeichnet die Zweckbindung als „Grundstein des Datenschutzrechts“.

4 BVerfG, Urt. v. 15.12.1983 – 1 BvR 209/83 u. a., BVerfGE 65, 1 (46); s. Gliederungspunkt B. I.2.b).

5 BVerfG, Urt. v. 15.12.1983 – 1 BvR 209/83 u. a., BVerfGE 65, 1 (46).

6 BVerfG, Urt. v. 15.12.1983 – 1 BvR 209/83 u. a., BVerfGE 65, 1 (41 ff.).

7 Dort ist die Zweckbindung ausdrücklich in Art. 8 Abs. 2 S. 1 GRC normiert; s. Gliederungspunkt B.II.1.

8 Vgl. Jandt/Steidle/*Ambrock*, Datenschutz und Internet, 2. Aufl. 2025, II. Rn. 4 f.; s. Gliederungspunkt B.II.2.

9 Kühling/Buchner/*Kühling/Raab*, 4. Aufl. 2024, Einführung Rn. 3a.

10 In der englischen Sprachfassung der DSGVO wird die Zweckbindung als „purpose limitation“ bezeichnet.

> den Weise weiterverarbeitet werden; eine Weiterverarbeitung für im öffentlichen Interesse liegende Archivzwecke, für wissenschaftliche oder historische Forschungszwecke oder für statistische Zwecke gilt gemäß Artikel 89 Absatz 1 nicht als unvereinbar mit den ursprünglichen Zwecken (‚Zweckbindung')".

Der Grundsatz beschränkt sich im Wesentlichen auf Hs. 1, der im Kern zwei Aussagen enthält: Zum einen das Gebot der Festlegung eindeutiger und legitimer Zwecke, zum anderen das Verbot einer mit diesen Zwecken nicht zu vereinbarenden Weiterverarbeitung.[11] Letzteres Verbot wird auch als „Zweckbindung im engeren Sinne" bezeichnet.[12] Der Tatbestand besteht bei genauerer Betrachtung fast ausschließlich aus unbestimmten Rechtsbegriffen,[13] die in der DSGVO nicht näher definiert werden. Die hohe Abstraktheit der Ausformung des Grundsatzes der Zweckbindung wirft zahlreiche Fragen auf, auf die die vorliegende Arbeit eingehen wird.

I. Bedürfnis einer dogmatischen Konturierung des Zweckbindungsgrundsatzes

Der Verarbeitungszweck ist Dreh- und Angelpunkt jeder Datenverarbeitung,[14] ohne deren Kenntnis die Zulässigkeit der Datenverarbeitung nicht beurteilt werden kann.[15] Vor diesem Hintergrund ist es erstaunlich, dass bei einigen wesentlichen Aspekten der Zweckbindung Unklarheit besteht.[16] Eine wichtige Fragestellung betrifft den Detaillierungsgrad der Zwecke.[17] Die DSGVO legt nicht genau fest, wie präzise die Zwecke der Datenverarbeitung festgelegt werden müssen.[18] Der Detaillierungsgrad ist aber in vielerlei Hinsicht relevant, da sie sich auf den Umfang der Datenverarbei-

---

11 Art. 29-Datenschutzgruppe, WP 203, 02.04.2013, S. 11 ff.; Sydow/Marsch/*Reimer*, 3. Aufl. 2022, Art. 5 DSGVO Rn. 19; BeckOK DatenschutzR/*Schantz*, 51. Ed. Stand 01.11.2021, Art. 5 DSGVO Rn. 12.

12 BeckOK DatenschutzR/*Schantz*, 51. Ed. Stand 01.11.2021, Art. 5 DSGVO Rn. 12.

13 *Roßnagel*, ZD 2018, 339 (342) zum Charakter der Datenschutzgrundsätze: „Die Grundsätze sind sehr allgemein und abstrakt und bedürfen für ihre Anwendung der Konkretisierung."; *Härting*, NJW 2015, 3284 (3288) weist auf die „fehlende Trennschärfe" des Zweckbindungsgrundsatzes im Allgemeinen hin; s. zur Bestimmtheit der Datenschutzgrundsätze Gliederungspunkt C.II.4.b).

14 Paal/Pauly/*Frenzel*, 3. Aufl. 2021, Art. 5 DSGVO Rn. 23.

15 Auer-Reinsdorff/Conrad/*Conrad*, Handbuch IT- und Datenschutzrecht, 3. Aufl. 2019, § 34 Rn. 717; Wybitul/*Wybitul*, Handbuch EU-Datenschutz-Grundverordnung, 2017, Teil 1 Rn. 70.

16 GSSV/*Buchholtz/Stentzel*, 2018, Art. 5 DSGVO Rn. 31.

17 S. Gliederungspunkt D.II.3.b).

18 *Gola/Thüsing*, Handbuch Beschäftigtendatenschutz, 9. Aufl. 2025, Rn. 1411; Specht/Mantz/*Ströbel/Wybitul*, Handbuch Europäisches und deutsches Datenschutzrecht,

tung auswirken.[19] Die Verarbeitungszwecke entscheiden darüber, welche Reichweite der Zweckbindung zukommt[20] und ob sie abgeschwächt oder gar abgeschafft wird.[21] Zudem sind die festgelegten Zwecke Maßstab für zweckändernde Weiterverarbeitungen.[22] Diese richten sich nach Art. 6 Abs. 4 DSGVO, der den Grundsatz der Zweckbindung aus Art. 5 Abs. 1 lit. b Hs. 1 DSGVO im Hinblick auf Zweckänderungen konkretisiert.[23] Um diese Vorschrift ist eine umfassende rechtsdogmatische Diskussion entbrannt.[24] In der Literatur heißt es mitunter, dass Art. 6 Abs. 4 DSGVO „im Ganzen misslungen" sei.[25] Die Zweckänderung bildet daher einen weiteren Schwerpunkt dieser Arbeit.

Eine Untersuchung zum datenschutzrechtlichen Grundsatz der Zweckbindung ist nicht nur für die wissenschaftliche Diskussion von Bedeutung. Sie ist auch für die Praxis sehr relevant, weil Verstöße gegen die Zweckbindung erhebliche wirtschaftliche Folgen für Verantwortliche nach sich ziehen können. Denn nach Art. 83 Abs. 5 lit. a i. V. m. Art. 5 Abs. 1 lit. b DSGVO können Aufsichtsbehörden bei Verstößen gegen den Zweckbindungsgrundsatz Geldbußen von bis zu 20 Millionen Euro bzw. bis zu 4 % des gesamten weltweit erzielten Jahresumsatzes verhängen.[26] Hinzu kommen Risiken aufgrund von Schadensersatzforderungen nach Art. 82 Abs. 1 DSGVO durch die betroffenen Personen.[27] Daher besteht sowohl in der Wissenschaft als

---

2019, § 10 Rn. 105; MHdB ArbR/*Wybitul*, 6. Aufl. 2024, § 96 Rn. 62; *Dammann*, ZD 2016, 307 (312).

19 S. den Grundsatz der Datenminimierung nach Art. 5 Abs. 1 lit. c DSGVO; s. Gliederungspunkt C.III.4.

20 NK-DatenschutzR/*Roßnagel*, 2. Aufl. 2025, Art. 5 DSGVO Rn. 84.

21 Vgl. *Roßnagel/Nebel/Richter*, ZD 2015, 455 (457 f.).

22 S. das Erfordernis der Zweckvereinbarkeit nach Art. 6 Abs. 4 DSGVO, s. Gliederungspunkte E. I.2.b); E.II.5.

23 LAG Hamm, Urt. v. 14.12.2021 – 17 Sa 1185/20, BeckRS 2021, 45536 Rn. 104; NK-DatenschutzR/*Schantz*, 2. Aufl. 2025, Art. 6 Abs. 1 DSGVO Rn. 94; Kühling/Buchner/*Herbst*, 4. Aufl. 2024, Art. 5 DSGVO Rn. 44 sieht in Art. 6 Abs. 4 DSGVO „eine verbindliche Ergänzung des Zweckbindungsgrundsatzes aus Art. 5 Abs. 1 lit. b [DSGVO]".

24 S. die Übersicht von *Reimer*, Verwaltungsdatenschutzrecht, 2019, Rn. 203 ff.

25 Gola/Heckmann/*Schulz*, 3. Aufl. 2022, Art. 6 DSGVO Rn. 134; s. hierzu Taeger/Gabel/*Taeger*, 4. Aufl. 2022, Art. 6 DSGVO Rn. 165.

26 Der HBDI, 50. Tätigkeitsbericht Datenschutz, 2021, S. 72 f. stellte fest, dass vermehrt Verstöße gegen den Grundsatz der Zweckbindung Gegenstand von Bußgeldverfahren waren. Darüber hinaus verhängte die italienische Aufsichtsbehörde in einem Fall eine Geldbuße i. H. v. insgesamt 20 Millionen Euro gegen ein Unternehmen, das unter Einsatz von Gesichtserkennungssoftware eine Datenbank mit biometrischen Daten führte. Dort stellte die Behörde u. a. einen Verstoß gegen den Grundsatz der Zweckbindung fest, da personenbezogene Daten zu anderen als den angegebenen Zwecken verarbeitet worden seien, GPDP, Pressemitteilung, 09.03.2022.

27 *Aliprandi*, Datenschutzrechtlicher Schadensersatz nach Art. 82 DS-GVO, 2023, S. 205.

auch in der Praxis das Bedürfnis, dem Grundsatz der Zweckbindung klare Konturen zu geben.

II. Illustration an Datenverarbeitungen aus dem Beschäftigungskontext

Die Arbeit untersucht die Zweckbindung am Beispiel des Beschäftigungskontexts.[28] Eine nähere Untersuchung der Zweckbindung – insbesondere im Hinblick auf die Frage, wie präzise die Zwecke der Datenverarbeitung festzulegen sind – kommt nicht drumherum, konkrete Verarbeitungszwecke zu benennen.[29] Es gilt die gewonnenen Erkenntnisse an konkreten Beispielen zu veranschaulichen. Der Beschäftigungskontext bietet sich hierfür besonders an, da gerade im Beschäftigtenverhältnis eine Vielzahl von personenbezogenen Daten verarbeitet werden, wozu auch sensible Daten, wie etwa Gesundheitsdaten, gehören.[30] Zudem werden personenbezogene Daten vor allem im Beschäftigungskontext regelmäßig über einen langen Zeitraum gespeichert.[31] Währenddessen können sich neue Verwendungsmöglichkeiten für personenbezogene Daten ergeben, die zu Beginn des Beschäftigtenverhältnisses noch nicht abzusehen waren und damit von den ursprünglich festgelegten Zwecken abweichen.[32] Diese sind am Grundsatz der Zweckbindung zu messen.

III. Zentrale Fragestellungen und Gang der Untersuchung

Das Ziel dieser Arbeit ist es, dem Grundsatz der Zweckbindung nach Art. 5 Abs. 1 lit. b Hs. 1 DSGVO Konturen zu verleihen. Aufgrund der zuvor genannten Überlegungen gliedert sich die Untersuchung in folgende Kapitel:

Zunächst erfolgt eine Darstellung zu den rechtlichen Grundlagen der Zweckbindung (Kapitel B.). Diese beinhaltet Ausführungen zur historischen Entwicklung sowie zum grundrechtlichen Rahmen der Zweckbindung. Insbesondere wird die kontroverse Diskussion über die Ausgestaltung des Zweckbindungsgrundsatzes im Gesetzgebungsverfahren zur DSGVO nachgezeichnet. Schließlich wird in dem Kapitel auf die Funktion der Zweck-

28 Im Fokus dieser Arbeit stehen private Beschäftigungsverhältnisse, wobei kollektivrechtliche Aspekte nicht behandelt werden.

29 S. Gliederungspunkt D.II.3.b)dd).

30 *Peisker*, Der datenschutzrechtliche Auskunftsanspruch, 2023, S. 39 ff.

31 *Peisker*, Der datenschutzrechtliche Auskunftsanspruch, 2023, S. 40.

32 *Wybitul*, ZD 2016, 203 (205); vgl. GA *Pikamäe*, Schlussantr. v. 31.03.2022 – C-77/21, BeckRS 2022, 5909 Rn. 46.

bindung eingegangen. Damit wird das Fundament für die folgenden Kapitel gelegt.

Anschließend wird die Stellung der Zweckbindung in der DSGVO betrachtet (Kapitel C.), indem die Systematik der Datenschutzgrundsätze untersucht wird. Dabei werden die Rechtsnatur, der Anwendungsbereich und der Adressatenkreis der Datenschutzgrundsätze in den Blick genommen. Zudem wird auf das Problem der Unbestimmtheit der Grundsätze eingegangen und darauf, welche Konsequenzen das für die Zweckbindung und die Sanktionierung bei Verstößen gegen den Grundsatz hat. Schließlich wird auf das Verhältnis der Zweckbindung zu den anderen Datenschutzgrundsätzen eingegangen.

Daraufhin wird der Grundsatz der Zweckbindung nach Art. 5 Abs. 1 lit. b Hs. 1 DSGVO selbst näher untersucht (Kapitel D.). Hierzu wird zunächst der Begriff des Zwecks definiert und abgegrenzt. Sodann wendet sich die Arbeit der Zweckfestlegung zu. Nach der Klärung einiger Grundlagen werden die Tatbestandsmerkmale „legitim“ und „eindeutig“ behandelt. In diesem Zusammenhang wird auch der Detaillierungsgrad der Verarbeitungszwecke untersucht. Die gewonnenen Erkenntnisse werden durch Anwendung auf konkrete Beispiele aus dem Beschäftigungskontext veranschaulicht. Danach werden die Modalitäten der Zweckfestlegung im Hinblick auf Zeitpunkt und Form näher beleuchtet. Dem schließen sich Ausführungen zur Zweckbindung in personaler und zeitlicher Hinsicht an. Dort geht es um die Frage, welche Akteure und wie lange diese an die festgelegten Verarbeitungszwecke gebunden sind.

Der letzte inhaltliche Abschnitt dieser Arbeit befasst sich mit den Voraussetzungen der zweckändernden Weiterverarbeitung nach Art. 6 Abs. 4 DSGVO (Kapitel E.). Ausgehend von der Systematik der Vorschrift werden grundsätzliche Fragen um die Vorschrift geklärt. Zum einen wird die Frage geklärt, ob die Vorschrift eine Öffnungsklausel für zweckändernde Weiterverarbeitungen enthält. Zum anderen wird die Frage beantwortet, ob zweckändernde Weiterverarbeitungen neben der Zweckvereinbarkeit einer neuen Rechtsgrundlage bedürfen. Anschließend werden die einzelnen Anforderungen des Art. 6 Abs. 4 DSGVO genauer untersucht. Auch an dieser Stelle werden die gewonnenen Erkenntnisse auf ein konkretes Beispiel aus dem Beschäftigungskontext angewendet.

Schließlich werden die Ergebnisse dieser Arbeit thesenartig zusammengefasst (Kapitel F.).

B. Die rechtlichen Grundlagen – Ursprünge und Hintergrund der Zweckbindung

Dieses Kapitel befasst sich mit den rechtlichen Grundlagen der datenschutzrechtlichen Zweckbindung. Hierzu wird in einem ersten Schritt ein Blick auf ihre Entstehungsgeschichte geworfen (I.). Die Zweckbindung ist keine Erfindung der DSGVO. Sie war zuvor auch in anderen datenschutzrechtlichen Kodifikationen enthalten, wie etwa in der DSRL,[33] die von der DSGVO abgelöst wurde.[34] In einem zweiten Schritt wird der grundrechtliche Rahmen der Zweckbindung untersucht (II.). Die Zweckbindung ist sowohl zentraler Bestandteil des europäischen Datenschutzgrundrechts aus Art. 8 GRC als auch des Rechts auf informationelle Selbstbestimmung aus Art. 2 Abs. 1 i. V. m. Art. 1 Abs. 1 GG.[35] Schließlich wird in diesem Kapitel die Funktion der Zweckbindung im Datenschutzrecht näher beleuchtet (III.). Die folgenden Ausführungen bilden das Fundament für die weitere Untersuchung.

I. Entstehungsgeschichte der Zweckbindung

Da es nicht den *einen* Ursprung des Datenschutzrechts gibt,[36] eine Eingrenzung aber erforderlich ist, beschränkt sich die folgende Darstellung im Wesentlichen auf die ersten datenschutzrechtlichen Kodifikationen in den 1970er-Jahren bis hin zur DSGVO. Dabei wird zuerst die nationale Entwicklung in Deutschland dargestellt, ehe die europäische in den Blick genommen wird,[37] die das geltende Datenschutzrecht prägt. Zuvor wird aber ein Blick auf frühe Forderungen aus Literatur und Praxis nach einer datenschutzrechtlichen Zweckbindung geworfen.

---

33 S. Gliederungspunkt B. I.3.b).

34 S. Gliederungspunkt B. I.3.c).

35 S. Gliederungspunkt B.II.

36 *Zimmermann*, Datenschutz und Demokratie, 2021, S. 18 f. Allein der Ursprung des Begriffs „Datenschutz“ ist schon unbekannt, *v. Lewinski/Rüpke/Eckhardt*, Datenschutzrecht, 3. Aufl. 2025, § 2 Rn. 53. Die Entwicklung des Datenschutzrechts insgesamt ist bislang im Verborgenen geblieben und wenig erforscht. Einen Überblick über die Rechtsgeschichte des Datenschutzes und ihren Forschungsstand geben *v. Lewinski/Rüpke/Eckhardt*, Datenschutzrecht, 3. Aufl. 2025, § 2 Rn. 1 ff.

37 Die Unterscheidung zwischen nationaler und europäischer Perspektive entspricht der Darstellung von *Kring*, Big Data und der Grundsatz der Zweckbindung im Datenschutzrecht, 2019, S. 103 ff.

1. Forderungen nach einer Zweckbindung

Die Frage nach dem Umgang mit persönlichen Informationen und Datenschutz gewann beginnend ab den 1960er-Jahren zunehmend an Bedeutung.[38] Ein maßgeblicher Faktor hierfür war der Fortschritt in der Informationstechnologie, der automatisierte Prozesse ermöglichte und dadurch Datenverarbeitungen erheblich vereinfachte.[39] Damit gingen aber auch neue Gefahren für natürliche Personen einher, die Anlass für die ersten Datenschutzgesetze waren.[40]

Die Besorgnis vor künftigen Gefährdungen durch automatisierte Datenverarbeitungen ging nicht spurlos an der Rechtswissenschaft vorbei. Ganz im Gegenteil: Die Literatur prägte die frühe Datenschutzgesetzgebung maßgeblich mit.[41] *Podlech* etwa führte im Jahr 1976 in seinem gesellschaftstheoretischen Lösungsmodell für den Datenschutz den „Grundsatz des Verbots der Zweckentfremdung erhobener personenbezogener Informationen“ auf.[42] Ausnahmen davon seien im staatlichen Bereich nur mit gesetzlicher Ermächtigung möglich.[43] Im nichtstaatlichen Bereich seien besondere Rechtfertigungsgründe erforderlich.[44] Zuvor legte *Kamlah*, der später als Gutachter im Gesetzgebungsverfahren für das erste BDSG tätig war,[45] im Jahr 1969 eine rechtsvergleichende Arbeit vor, in der er das amerikanische Recht im Hinblick auf Verletzungen des Persönlichkeitsrechts unter Berücksichtigung automatisierter Datenverarbeitungen untersuchte.[46] Dabei arbeitete er die sog. Indiskretion, also die Weitergabe persönlicher Informationen, als eine Verletzungsform des *right of privacy* heraus.[47] Er entnahm dem amerikanischen *case law* die Regel, dass der Staat Daten, die er für einen bestimmten

---

38 *Kamlah*, Right of Privacy, 1969, Vorwort; s. zu den Anlässen und Motiven der frühen Gesetzgebung NK-DatenschutzR/*Simitis/Hornung/Spiecker gen. Döhmann*, 2. Aufl. 2025, Einleitung Rn. 6 ff.

39 *v. Lewinski/Rüpke/Eckhardt*, Datenschutzrecht, 3. Aufl. 2025, § 2 Rn. 47; Heselhaus/Nowak/*Breuer*, Handbuch der Europäischen Grundrechte, 2. Aufl. 2020, § 25 Rn. 1; NK-DatenschutzR/*Simitis/Hornung/Spiecker gen. Döhmann*, 2. Aufl. 2025, Einleitung Rn. 7.

40 *v. Lewinski/Rüpke/Eckhardt*, Datenschutzrecht, 3. Aufl. 2025, § 2 Rn. 56.

41 *Albers*, Informationelle Selbstbestimmung, 2005, S. 497 in Bezug auf die Zweckbindung.

42 *Podlech*, in: *Dierstein/Fiedler/Schulz* (Hrsg.), Datenschutz und Datensicherung, 1976, S. 318.

43 *Podlech*, in: *Dierstein/Fiedler/Schulz* (Hrsg.), Datenschutz und Datensicherung, 1976, S. 319.

44 *Podlech*, in: *Dierstein/Fiedler/Schulz* (Hrsg.), Datenschutz und Datensicherung, 1976, S. 319.

45 S. Gliederungspunkt B. I. 2. a).

46 *Kamlah*, Right of Privacy, 1969.

47 *Kamlah*, Right of Privacy, 1969, S. 116 ff.

Zweck erhalten habe, nicht vom ursprünglichen Zweck entfremden dürfe.[48] Eine Verwendung oder Weitergabe persönlicher Informationen durch den Staat für andere Zwecke sei nur auf Grundlage einer gesetzlichen Ermächtigung sowie unter Beachtung des Verhältnismäßigkeitsprinzips erlaubt.[49]

Daneben zeigen auch die sog. Fair Information Practices aus dem Jahr 1973,[50] dass man sich in Amerika bereits früh mit grundsätzlichen Fragen des Datenschutzes auseinandersetzte.[51] Diese werden im amerikanischen Raum auch als „Urmutter des Datenschutzes" bezeichnet.[52] Dabei handelt es sich um einen Bericht eines Komitees an den Minister für Gesundheit, Bildung und Wohlfahrt, das zum Zwecke der Untersuchung automatisierter Datenverarbeitungen eingesetzt wurde.[53] Dieses stellte in dem Bericht erhebliche Defizite im Schutz personenbezogener Daten fest. In diesem Zusammenhang machte das Komitee Vorschläge für den Umgang mit automatisierten Datenverarbeitungen für das Ministerium und die öffentliche Hand insgesamt.[54] Darin kam die Idee der Zweckbindung klar zum Ausdruck:

> „Any organization maintaining an administrative automated personal data system shall: […] (3) Assure that no use of individually identifiable data is made that is not within the stated purposes of the system as reasonably understood by the individual, unless the informed consent of the individual has been explicitly obtained".[55]

Danach sollte eine Datenverarbeitung zu einem anderen Zweck nur mit Einwilligung der betroffenen Person erfolgen. Dieser Gedanke ist nicht nur beiläufig erwähnt worden, sondern wurde als einer der fünf vorgeschlagenen Grundprinzipien genannt.[56] In der Begründung führt das Komitee aus, dass das Ziel der Regelung die Kontrolle der Verwendung personenbezogener Daten sei. Dabei stehe insbesondere die Erwartung der betroffenen Person im Vordergrund.[57] Darüber hinaus sahen die Grundprinzipien auch ein

48 *Kamlah*, Right of Privacy, 1969, S. 131.

49 *Kamlah*, Right of Privacy, 1969, S. 131.

50 U. S. Department of Health, Education & Welfare, Records, Computers, and the Rights of Citizens.

51 *v. Lewinski/Rüpke/Eckhardt*, Datenschutzrecht, 3. Aufl. 2025, § 2 Rn. 48.

52 *v. Lewinski/Rüpke/Eckhardt*, Datenschutzrecht, 3. Aufl. 2025, § 2 Rn. 48.

53 U. S. Department of Health, Education & Welfare, Records, Computers, and the Rights of Citizens. S. vi.

54 U. S. Department of Health, Education & Welfare, Records, Computers, and the Rights of Citizens, S. xx.

55 U. S. Department of Health, Education & Welfare, Records, Computers, and the Rights of Citizens, S. xxvi.

56 U. S. Department of Health, Education & Welfare, Records, Computers, and the Rights of Citizens, S. xx.

57 U. S. Department of Health, Education & Welfare, Records, Computers, and the Rights of Citizens, S. 61 f.

Recht auf Auskunft sowie Berichtigung vor. Es dürfe auch keine geheime Datenbank des Staates mit personenbezogenen Daten seiner Bürger geben. Schließlich müssten Organisationen proaktiv Maßnahmen vorsehen, um den Missbrauch der Verwendung von Daten zu verhindern.[58] Der Bericht hatte erhebliche Auswirkungen im amerikanischen Raum und war Grundlage der dortigen Datenschutzgesetzgebung.[59]

2. Entwicklung auf nationaler Ebene

Zu Beginn der 1970er-Jahre gab es kaum Vorbilder in der Datenschutzgesetzgebung, da einige Länder parallel an unterschiedlichen Regelungswerken arbeiteten.[60] In Deutschland kann die Entwicklung in folgende Abschnitte unterteilt werden: Nach den ersten Datenschutzgesetzen in den 1970er-Jahren stellte das Volkszählungsurteil des BVerfG aus dem Jahr 1983 eine Zäsur für den Datenschutz dar. Die Entscheidung setze den Rahmen für die nachfolgenden nationalen Datenschutzgesetze.[61] Auch die im Jahr 1995 auf europäischer Ebene erlassene DSRL führte zu umfangreichen Anpassungen im nationalen Datenschutzrecht.[62]

a) Anfänge der Datenschutzgesetzgebung

Den Auftakt in der datenschutzrechtlichen Gesetzgebung in Deutschland – und zugleich auch weltweit – machte das Land Hessen im Jahr 1970, indem es das HDSG auf den Weg brachte.[63] Das Gesetz regelte wesentliche Grundlagen für die Datenverarbeitung in der öffentlichen Verwaltung.[64] Es sah etwa die Wahl eines unabhängigen Landesdatenschutzbeauftragten vor, der die Einhaltung des Gesetzes überwachen sollte.[65] Allerdings wurden wesentliche – aus heutiger Perspektive nicht mehr wegzudenkende – Aspekte wie das Erfordernis einer Einwilligung oder Rechtsgrundlage für die Verar-

---

58 U. S. Department of Health, Education & Welfare, Records, Computers, and the Rights of Citizens, S. xx f.

59 *v. Lewinski/Rüpke/Eckhardt*, Datenschutzrecht, 3. Aufl. 2025, § 2 Rn. 48.

60 NK-DatenschutzR/*Simitis/Hornung/Spiecker gen. Döhmann*, 2. Aufl. 2025, Einleitung Rn. 73.

61 NK-DatenschutzR/*Simitis/Hornung/Spiecker gen. Döhmann*, 2. Aufl. 2025, Einleitung Rn. 31.

62 NK-DatenschutzR/*Simitis/Hornung/Spiecker gen. Döhmann*, 2. Aufl. 2025, Einleitung Rn. 62.

63 GVBl. 1970 I, S. 625 ff.; s. hierzu *v. Lewinski/Rüpke/Eckhardt*, Datenschutzrecht, 3. Aufl. 2025, § 2 Rn. 59 ff.; NK-HDSIG/*Roßnagel*, 2021, Einleitung Rn. 3; NK-DatenschutzR/*Simitis/Hornung/Spiecker gen. Döhmann*, 2. Aufl. 2025, Einleitung Rn. 1.

64 NK-HDSIG/*Roßnagel*, 2021, Einleitung Rn. 3.

65 §§ 7 ff. HDSG (1970); s. hierzu NK-HDSIG/*Roßnagel*, 2021, Einleitung Rn. 3.

beitung personenbezogener Daten sowie das Erforderlichkeitsprinzip nicht geregelt.[66] Auch eine Zweckbindung sah das Gesetz in seiner ersten Fassung noch nicht vor.[67]

Der Bundesgesetzgeber beschäftigte sich Anfang der 1970er ebenfalls mit einer Kodifikation zum Datenschutz.[68] Diese sollte nicht nur auf öffentliche Stellen, sondern auch auf private Stellen anwendbar sein.[69] Im Rahmen des Gesetzgebungsverfahrens gab die Bundesregierung mehrere Gutachten zu Grundfragen des Datenschutzes in Auftrag.[70] Zu den Gutachtern gehörte *Kamlah*, der das grundsätzliche Verbot der Entfremdung in Form einer Weitergabe personenbezogener Daten zu anderen Zwecken ins Spiel brachte.[71] Auch der Gutachter *Steinmüller* setzte sich ausführlich mit der „Zweckentfremdungsregel“ auseinander.[72] Dabei griff er auf frühe Entscheidungen des BVerfG zurück,[73] wonach die Zweckentfremdung von persönlichen Informationen einen Grundrechtsverstoß darstelle.[74] Diese Überlegungen fanden schließlich auch Einzug in die erste Fassung des BDSG aus dem Jahr 1977.[75] Allerdings wurde die Zweckbindung noch nicht als solche ausdrücklich im Gesetz bezeichnet. Sie kam jedoch unter anderem in § 5 Abs. 1 BDSG (1977) zum Ausdruck.[76] Nach dieser Vorschrift war es „untersagt, geschützte personenbezogene Daten unbefugt zu einem anderen als dem zur jeweiligen rechtmäßigen Aufgabenerfüllung gehörenden Zweck zu verarbeiten, bekanntzugeben, zugänglich zu machen oder sonst zu nutzen.“ Dieses Beispiel zeigt, dass in der Anfangszeit der Datenschutzgesetzgebung nicht ein positiv formuliertes Gebot einer Zweckbindung im Vordergrund stand. Vielmehr ging es um das negativ formulierte Verbot einer Zweckentfremdung.

---

66 NK-HDSIG/*Roßnagel*, 2021, Einleitung Rn. 3.
67 NK-HDSIG/*Roßnagel*, 2021, Einleitung Rn. 3 f.
68 *v. Lewinski/Rüpke/Eckhardt*, Datenschutzrecht, 3. Aufl. 2025, § 2 Rn. 62 f.
69 BT-Drs. VI/3826, S. 1.
70 BT-Drs. VI/3826, S. 2 f.
71 BT-Drs. VI/3826, Anlage 2, S. 200 f.
72 BT-Drs. VI/3826, Anlage 1, S. 114 ff.
73 So etwa das sog. Scheidungsurteil, BVerfG, Beschl. v. 15.01.1970 – 1 BvR 13/68, BVerfGE 27, 344.
74 BT-Drs. VI/3826, Anlage 1, S. 115.
75 BGBl. 1977 I, S. 201 ff.
76 Paal/Pauly/*Frenzel*, 3. Aufl. 2021, Art. 5 DSGVO Rn. 23.

b) Volkszählungsurteil

Das Volkszählungsurteil des BVerfG[77] aus dem Jahr 1983 stellte eine Zäsur für den Datenschutz dar.[78] Die Entscheidung kann trotz zahlreicher Vorläuferentscheidungen[79] als verfassungsrechtliche Geburtsstunde des Rechts auf Datenschutz in Deutschland angesehen werden.[80] Denn hier setzte sich das BVerfG grundsätzlich mit den Gefahren der automatisierten Verarbeitung personenbezogener Daten für das Allgemeine Persönlichkeitsrecht auseinander.[81] Das Gericht entwickelte dabei das Recht auf informationelle Selbstbestimmung aus Art. 2 Abs. 1 i. V. m. Art. 1 Abs. 1 GG.[82] Dieses umfasse den „Schutz des einzelnen gegen unbegrenzte Erhebung, Speicherung, Verwendung und Weitergabe seiner persönlichen Daten".[83] Damit gehe die Befugnis des Einzelnen einher, „grundsätzlich selbst über die Preisgabe und Verwendung seiner persönlichen Daten zu bestimmen."[84] Diese sei Grundvoraussetzung für die freie Entfaltung der Persönlichkeit.[85] Das Recht auf informationelle Selbstbestimmung sei aber nicht schrankenlos gewährleistet.[86] Beschränkungen bedürfen einer gesetzlichen Grundlage, die dem Gebot der Normenklarheit entsprechen und den Grundsatz der Verhältnismäßigkeit wahren.[87]

Das BVerfG ging in seiner Entscheidung auch auf die Notwendigkeit der Zweckbindung für das Recht auf informationelle Selbstbestimmung ein.[88]

---

77 BVerfG, Urt. v. 15.12.1983 – 1 BvR 209/83 u. a., BVerfGE 65, 1; s. den Überblick von *Simitis*, KritV 2000, 359 (359 ff.).

78 NK-DatenschutzR/*Simitis/Hornung/Spiecker gen. Döhmann*, 2. Aufl. 2025, Einleitung Rn. 31.

79 BVerfG, Beschl. v. 24.05.1977 – 2 BvR 988/75, BVerfGE 44, 353; BVerfG, Beschl. v. 08.03.1972 – 2 BvR 28/71, BVerfGE 32, 373; BVerfG, Beschl. v. 15.01.1970 – 1 BvR 13/68, BVerfGE 27, 344; BVerfG, Beschl. v. 16.07.1969 – 1 BvL 19/63, BVerfGE 27, 1; s. hierzu *v. Lewinski/Rüpke/Eckhardt*, Datenschutzrecht, 3. Aufl. 2025, § 2 Rn. 65.

80 Das BVerfG spricht in seinem Urt. v. 27.06.1991 – 2 BvR 1493/89, BVerfGE 84, 239 (280) von einem „Grundrecht auf Datenschutz"; *Pötters*, Grundrechte und Beschäftigtendatenschutz, 2013, S. 31 f. Fn. 41 stellt zu Recht klar, dass es sich hierbei um kein eigenständiges Grundrecht handelt, sondern nur um einen Unterfall des Allgemeinen Persönlichkeitsrechts.

81 BVerfG, Urt. v. 15.12.1983 – 1 BvR 209/83 u. a., BVerfGE 65, 1 (3 ff.).

82 BVerfG, Urt. v. 15.12.1983 – 1 BvR 209/83 u. a., BVerfGE 65, 1 (41 ff.); s. auch zur Entwicklung im Volkszählungsurteil *Albers*, Informationelle Selbstbestimmung, 2005, S. 152 ff.

83 BVerfG, Urt. v. 15.12.1983 – 1 BvR 209/83 u. a., BVerfGE 65, 1 (43).

84 BVerfG, Urt. v. 15.12.1983 – 1 BvR 209/83 u. a., BVerfGE 65, 1 (43).

85 BVerfG, Urt. v. 15.12.1983 – 1 BvR 209/83 u. a., BVerfGE 65, 1 (43).

86 BVerfG, Urt. v. 15.12.1983 – 1 BvR 209/83 u. a., BVerfGE 65, 1 (43).

87 BVerfG, Urt. v. 15.12.1983 – 1 BvR 209/83 u. a., BVerfGE 65, 1 (44).

88 BVerfG, Urt. v. 15.12.1983 – 1 BvR 209/83 u. a., BVerfGE 65, 1 (45 ff.); s. zur verfassungsrechtlichen Herleitung der Zweckbindung *Kring*, Big Data und der Grundsatz der Zweckbindung im Datenschutzrecht, 2019, S. 135 ff.

Vor dem Hintergrund der Gefahren automatischer Datenverarbeitung, womit die Speicherung personenbezogener Daten und die Möglichkeiten der Verarbeitung im Vergleich zu der manuellen Datenverarbeitung enorm zugenommen haben,[89] kam das BVerfG zu der viel zitierten Aussage, dass es kein belangloses Datum mehr gebe.[90] Für die Bedeutung eines personenbezogenen Datums komme es entscheidend auf den Verwendungszweck an, die der Gesetzgeber „bereichsspezifisch und präzise“ zu bestimmen habe.[91] Die Verwendung der Daten sei auf den gesetzlich bestimmten Zweck zu begrenzen.[92] Das Gericht erkannte aber auch, dass eine enge Zweckumschreibung und -bindung nicht bei der Datenerhebung für statistische Zwecke verlangt werden könne, da es zum Wesen der Statistik gehöre, dass die aufbereiteten Daten für nicht von vornherein bestimmbare Aufgaben verwendet werden würden.[93] Zu berücksichtigen ist, dass der BVerfG seine Entscheidung ausschließlich im Zusammenhang mit Datenverarbeitungen durch den Staat traf. Seine Aussagen lassen sich daher nur vorsichtig auf Datenverarbeitungen durch Private übertragen.[94]

Die datenschutzrechtliche Zweckbindung erfuhr mit dem Volkszählungsurteil eine erhebliche Aufwertung. Zugleich setzte das BVerfG mit seiner Entscheidung den Rahmen für die weitere nationale Gesetzgebung.[95]

c) BDSG a. F.

Nach dem Volkszählungsurteil reagierte der hessische Gesetzgeber als Erster und schrieb im Jahr 1986 die Zweckbindung ausdrücklich in einer eigenen Vorschrift im HDSG fest.[96] Die Zweckbindung galt nach dem Anwendungsbereich des Gesetzes aber nur für Behörden und sonstige öffentliche Stellen des Landes.[97] Eine derartige, allgemeingültige Verankerung der Zweckbindung im BDSG suchte man zu diesem Zeitpunkt vergebens. Statt-

---

89 BVerfG, Urt. v. 15.12.1983 – 1 BvR 209/83 u. a., BVerfGE 65, 1 (42).

90 BVerfG, Urt. v. 15.12.1983 – 1 BvR 209/83 u. a., BVerfGE 65, 1 (45).

91 BVerfG, Urt. v. 15.12.1983 – 1 BvR 209/83 u. a., BVerfGE 65, 1 (46).

92 BVerfG, Urt. v. 15.12.1983 – 1 BvR 209/83 u. a., BVerfGE 65, 1 (46).

93 BVerfG, Urt. v. 15.12.1983 – 1 BvR 209/83 u. a., BVerfGE 65, 1 (47).

94 Vgl. *Kring*, Big Data und der Grundsatz der Zweckbindung im Datenschutzrecht, 2019, S. 135.

95 NK-DatenschutzR/*Simitis/Hornung/Spiecker gen. Döhmann*, 2. Aufl. 2025, Einleitung Rn. 33.

96 GVBl. I 1986, S. 309 ff., § 13 Abs. 1 HDSG (1986): „Personenbezogene Daten dürfen grundsätzlich nur für den Zweck weiterverarbeitet werden, für den sie erhoben oder gespeichert worden sind.“; s. hierzu NK-DatenschutzR/*Simitis/Hornung/Spiecker gen. Döhmann*, 2. Aufl. 2025, Einleitung Rn. 52.

97 § 3 Abs. 1 HDSG (1986).

dessen regelte der Bundesgesetzgeber erst im Jahr 1990[98] für öffentliche und nicht-öffentliche Stellen unterschiedliche Zweckbindungstatbestände mit zahlreichen Ausnahmen, die zweckändernde Weiterverarbeitungen ermöglichten.[99] Nach Inkrafttreten der DSRL im Jahr 1995[100] stellte der Gesetzgeber im Jahr 2001[101] die Zweckbindung im BDSG stärker heraus. § 28 Abs. 1 S. 2 BDSG (2001) gab datenverarbeitenden Stellen im nicht-öffentlichen Bereich auf, die Verarbeitungszwecke bei Erhebung der personenbezogenen Daten konkret festzulegen. Das BDSG übernahm jedoch in Bezug auf Zweckänderungen nicht das Konzept der Zweckvereinbarkeit aus Art. 6 Abs. 1 lit. b DSRL.[102] Stattdessen behielt er die Ausnahmetatbestände bei.[103] Die grundsätzlich unterschiedliche Ausgestaltung der Zweckbindung für den öffentlichen und nicht-öffentlichen Bereich hielt sich – von redaktionellen Änderungen abgesehen – nahezu unverändert bis 2018,[104] als das BDSG aufgrund der DSGVO neugefasst wurde.

d) Zwischenfazit

Das Gebot der Zweckbindung – oder zu Anfangszeiten auch negativ als Verbot der Zweckentfremdung bezeichnet – bildete von Anfang an einen wichtigen Baustein in der nationalen Datenschutzgesetzgebung. Sie war zwar nicht im ersten HDSG geregelt, jedoch griff das BDSG die Zweckbindung bereits in ihrer ersten Fassung auf, wenn auch nur in einem beschränkten Umfang. Erst nach und nach, animiert durch das Volkszählungsurteil des BVerfG und die DSRL, weitete der nationale Gesetzgeber die Zweckbindung aus und verschärfte sie. Zugleich waren aber Zweckänderungen durch zahlreiche Ausnahmetatbestände in einem weiten Umfang möglich.

---

98 BGBl. 1990 I, S. 2954 ff. Dem gingen sehr kontroverse Diskussionen, insbesondere auch zur Zweckbindung, voraus, NK-DatenschutzR/*Simitis/Hornung/Spiecker gen. Döhmann*, 2. Aufl. 2025, Einleitung Rn. 54 ff. Einen Überblick über das Gesetzgebungsverfahren gibt *Kring*, Big Data und der Grundsatz der Zweckbindung im Datenschutzrecht, 2019, S. 142 f.

99 § 14 BDSG (1990) für den öffentlichen und § 28 BDSG (1990) für den nicht-öffentlichen Bereich.

100 S. Gliederungspunkt B. I.3.b).

101 BGBl. 2001 I, S. 904 ff.

102 S. Gliederungspunkt B. I.3.b).

103 Kühling/Buchner/*Herbst*, 4. Aufl. 2024, Art. 5 DSGVO Rn. 25; *Eifert*, in: *Gropp/Lipp/Steiger* (Hrsg.), Rechtswissenschaft im Wandel, 2007, S. 142 ff. sah die Ausgestaltung der Zweckbindung insgesamt kritisch und schlug eine Umstellung auf das Konzept der Zweckvereinbarkeit vor.

104 S. zur Ausgestaltung der Zweckbindung im öffentlichen und nicht-öffentlichen Bereich im BDSG a. F. *Härting*, NJW 2015, 3284 (3288).

3. Entwicklung auf europäischer und völkerrechtlicher Ebene

Das nationale Datenschutzrecht wurde ab 1995 durch die Vorgaben der DSRL geprägt.[105] Aber auch davor spielten bereits völkerrechtliche Übereinkommen eine wichtige Rolle bei der Festlegung allgemeiner Regeln für den Schutz personenbezogener Daten.[106] Ausgehend davon soll im Folgenden die Entwicklung der Zweckbindung auf europäischer Ebene nachgezeichnet werden. Neben der DSRL bildet vor allem das Gesetzgebungsverfahren zur DSGVO einen Schwerpunkt der nachfolgenden Ausführungen, da die Ausgestaltung der Zweckbindung äußerst kontrovers diskutiert wurde.[107]

a) Konvention Nr. 108

Eine wichtige Vorarbeit in der Geschichte des Datenschutzes leisteten völkerrechtliche Übereinkommen sowie Leitlinien internationaler Organisationen aus den 1980er-Jahren, die zum Schutz personenbezogener Daten getroffen wurden. Sie hatten Vorbildwirkung und beeinflussten die Datenschutzgesetzgebung in den einzelnen partizipierenden Staaten.[108]

Hervorzuheben ist das „Übereinkommen zum Schutz des Menschen bei der automatischen Verarbeitung personenbezogener Daten" – auch Konvention Nr. 108 genannt – durch den Europarat vom 28.01.1981.[109] Dem gingen zwei Entschließungen voraus, die sowohl für den öffentlichen als auch für den nicht-öffentlichen Bereich eine Zweckbindung vorsahen.[110] Der Europarat führte die beiden Entschließungen in Gestalt der Konvention Nr. 108 zusammen[111] und legte dort in Art. 5 mehrere Prinzipien nieder,[112] an denen sich später die DSRL sowie die DSGVO orientierten.[113] Insbesondere zeigt

105 NK-DatenschutzR/*Simitis/Hornung/Spiecker gen. Döhmann*, 2. Aufl. 2025, Einleitung Rn. 62.

106 S. Gliederungspunkt B. I.3.a).

107 S. Gliederungspunkt B. I.3.c)aa).

108 Kühling/Buchner/*Kühling/Raab*, 4. Aufl. 2024, Einführung Rn. 42 ff.; NK-DatenschutzR/*Simitis/Hornung/Spiecker gen. Döhmann*, 2. Aufl. 2025, Einleitung Rn. 73, 81 f.

109 Europarat, Konvention Nr. 108, 28.01.1981; s. hierzu Kühling/Buchner/*Kühling/Raab*, 4. Aufl. 2024, Einführung Rn. 45; NK-DatenschutzR/*Simitis/Hornung/Spiecker gen. Döhmann*, 2. Aufl. 2025, Einleitung Rn. 95 f.

110 Europarat, Resolution 73 (22), 26.09.1973, S. 74; Europarat, Resolution 74 (29), 20.09.1974, S. 88.

111 Nach Art. 3 Abs. 1 der Konvention Nr. 108 erfasste das Übereinkommen sowohl den öffentlichen als auch den privaten Bereich.

112 Die Überschrift der Regelung lautete „Qualität der Daten".

113 S. Gliederungspunkte B. I.3.b); B. I.3.c).

lit. b eindrücklich, dass die in der DSGVO geregelte Zweckbindung ihre Wurzeln in der Konvention Nr. 108 hat:[114]

> „Personenbezogene Daten, die automatisch verarbeitet werden: […] b) müssen für festgelegte und rechtmäßige Zwecke gespeichert sein und dürfen nicht so verwendet werden, daß es mit diesen Zwecken unvereinbar ist".[115]

Aus der Regelung sind zum einen das Gebot der Zweckfestlegung und zum anderen das Verbot einer mit den ursprünglichen Zwecken unvereinbaren Verwendung zu entnehmen.[116] Die Idee einer Zweckbindung war nicht neu,[117] jedoch verankerte der Europarat mit der Konvention Nr. 108 erstmals einen Katalog an Datenschutzprinzipien auf internationaler Ebene in einem völkerrechtlichen Übereinkommen.[118] Als *non self-executing treaty* konnten zwar keine unmittelbaren Rechte aus dem Übereinkommen abgeleitet werden.[119] Allerdings entfaltete die Konvention Nr. 108 international Signalwirkung und war in den ihr beigetretenen Staaten, wozu auch die Bundesrepublik zählte,[120] insofern bindend, als dass die partizipierenden Staaten dazu angehalten waren, ihre Datenschutzgesetzgebung entsprechend anzupassen oder überhaupt auf dem Gebiet des Datenschutzes gesetzgeberisch tätig zu werden.[121] Die Konvention Nr. 108 bot zum einen zahlreiche Anknüpfungspunkte für nationale Datenschutzgesetze und legte zum anderen einen Mindestkanon an Regelungen fest, die auf die Herstellung einer gewissen Einheitlichkeit und eines ähnlichen Schutzniveaus abzielten.[122] Die Konvention ist im Laufe der Zeit durch Zusatzprotokolle überarbeitet und ergänzt worden.[123]

---

114 *Kring*, Big Data und der Grundsatz der Zweckbindung im Datenschutzrecht, 2019, S. 105.

115 Europarat, Konvention Nr. 108, 28.01.1981, S. 3.

116 *Kring*, Big Data und der Grundsatz der Zweckbindung im Datenschutzrecht, 2019, S. 105.

117 S. Gliederungspunkt B. I. 1.

118 NK-DatenschutzR/*Simitis/Hornung/Spiecker gen. Döhmann*, 2. Aufl. 2025, Einleitung Rn. 81 f.; Sydow/Marsch/*Towfigh/Ulrich*, 3. Aufl. 2022, Art. 96 DSGVO Rn. 5.

119 NK-DatenschutzR/*Simitis/Hornung/Spiecker gen. Döhmann*, 2. Aufl. 2025, Einleitung Rn. 96.

120 Die Konvention ist zunächst in Frankreich, Norwegen, Schweden, Spanien und in der Bundesrepublik ratifiziert worden, NK-DatenschutzR/*Simitis/Hornung/Spiecker gen. Döhmann*, 2. Aufl. 2025, Einleitung Rn. 95.

121 NK-DatenschutzR/*Simitis/Hornung/Spiecker gen. Döhmann*, 2. Aufl. 2025, Einleitung Rn. 81.

122 NK-DatenschutzR/*Simitis/Hornung/Spiecker gen. Döhmann*, 2. Aufl. 2025, Einleitung Rn. 96.

123 S. hierzu Auernhammer/*v. Lewinski*, 8. Aufl. 2023, Einführung Rn. 48.

Daneben arbeitete die OECD an „Guidelines governing the protection of privacy and transborder flows of personal data“, die sie bereits am 23.09.1980 verabschiedete.[124] Auch die UN beschäftigte sich mit Regelungen zum Umgang mit automatisierter Datenverarbeitung, die ihre Richtlinie am 14.12.1990 verabschiedete.[125] Sowohl die Richtlinien der OECD als auch die der UN enthielten wesentliche Prinzipien der Datenverarbeitung, zu denen auch die Zweckbindung gehörte.[126] Obwohl sie anders als die Konvention Nr. 108 keine bindende Wirkung entfalteten und lediglich Empfehlungen darstellten,[127] waren sie ein wichtiger Bestandteil in der Internationalisierung und Vereinheitlichung allgemeiner Datenschutzregeln.[128]

b) DSRL

Den eigentlichen Beginn der Europäisierung des Datenschutzes markiert die DSRL[129], die am 24.10.1995 durch den Rat und das Europäischen Parlament erlassen wurde.[130] Dabei legte die DSRL nicht nur einen Mindeststandard für den Datenschutz im öffentlichen sowie privaten Bereich fest,[131] sondern betonte in ihren Erwägungsgründen und Vorschriften das Ziel der Schaffung eines gleichwertigen Schutzniveaus innerhalb der Europäischen Gemeinschaft.[132] Die Vorgaben der DSRL richteten sich aufgrund ihres Charakters als Richtlinie an die Mitgliedstaaten, welche die Vorgaben in nationales

124 OECD, Guidelines, 23.09.1980.

125 UN, Guidelines, 14.12.1990; s. hierzu NK-DatenschutzR/*Simitis/Hornung/Spiecker gen. Döhmann*, 2. Aufl. 2025, Einleitung Rn. 129 ff.

126 OECD, Guidelines, 23.09.1980, Nr. 9 und 10; UN, Guidelines, 14.12.1990, Nr. 3; s. hierzu *Kring*, Big Data und der Grundsatz der Zweckbindung im Datenschutzrecht, 2019, S. 105 f.

127 Auernhammer/*v. Lewinski*, 8. Aufl. 2023, Einführung Rn. 45, 47; NK-DatenschutzR/*Simitis/Hornung/Spiecker gen. Döhmann*, 2. Aufl. 2025, Einleitung Rn. 122, 130.

128 Kühling/Buchner/*Kühling/Raab*, 4. Aufl. 2024, Einführung Rn. 42.

129 Richtlinie 95/46/EG des Europäischen Parlaments und des Rates vom 24. Oktober 1995 zum Schutz natürlicher Personen bei der Verarbeitung personenbezogener Daten und zum freien Datenverkehr; s. hierzu Auernhammer/*v. Lewinski*, 8. Aufl. 2023, Einleitung DSGVO Rn. 2 ff.

130 Die Europäische Wirtschaftsgemeinschaft beschäftigte sich bereits Ende der 1970er-Jahre mit dem Thema Datenschutz. Die Europäische Kommission legte jedoch erst 1990 Regelungsvorschläge zum Datenschutz vor, *v. Lewinski/Rüpke/Eckhardt*, Datenschutzrecht, 3. Aufl. 2025, § 2 Rn. 84 f.; s. zur Entstehungsgeschichte der DSRL *Kring*, Big Data und der Grundsatz der Zweckbindung im Datenschutzrecht, 2019, S. 109 ff.; NK-DatenschutzR/*Simitis/Hornung/Spiecker gen. Döhmann*, 2. Aufl. 2025, Einleitung Rn. 136 ff.

131 Art. 3 Abs. 1 DSRL unterschied nicht zwischen Datenverarbeitungen durch öffentliche und private Stellen.

132 EG 8 DSRL; s. hierzu *Brühann*, EuZW 2009, 639 (641).

Recht umsetzen mussten, und waren daher für datenverarbeitende Stellen nicht unmittelbar verbindlich.[133]

Die DSRL enthielt, wie bereits die Konvention Nr. 108, einen Kanon an Grundsätzen für die Datenverarbeitung.[134] Dabei nahm die in Art. 6 Abs. 1 lit. b DSRL geregelte Zweckbindung in der DSRL eine zentrale Rolle ein:[135]

> „Die Mitgliedstaaten sehen vor, daß personenbezogene Daten [...] b) für festgelegte eindeutige und rechtmäßige Zwecke erhoben und nicht in einer mit diesen Zweckbestimmungen nicht zu vereinbarenden Weise weiterverarbeitet werden. Die Weiterverarbeitung von Daten zu historischen, statistischen oder wissenschaftlichen Zwecken ist im allgemeinen nicht als unvereinbar mit den Zwecken der vorausgegangenen Datenerhebung anzusehen, sofern die Mitgliedstaaten geeignete Garantien vorsehen“.

Neben der Ergänzung des Begriffs „eindeutig“ und einer Anpassung der Terminologie[136] führte die DSRL in einem weiteren Satz privilegierte Zwecke auf, was eine Neuerung gegenüber der Konvention Nr. 108 darstellte:[137] Eine Weiterverarbeitung zu historischen, statistischen oder wissenschaftlichen Zwecken war grundsätzlich mit dem ursprünglichen Erhebungszweck als vereinbar anzusehen.[138] Nach der DSRL war die zweckändernde Weiterverarbeitung nicht grundsätzlich untersagt.[139] Sie war unter der Voraussetzung erlaubt, dass der Zweck der Weiterverarbeitung mit den ursprünglich festgelegten Zwecken vereinbar war.[140] Demnach regelte die DSRL gerade kein striktes Zweckbindungsgebot,[141] was in der Literatur teilweise kritisch gesehen wurde.[142] Das BDSG wich von den Vorgaben der DSRL ab, indem sie statt der Zweckvereinbarkeit umfangreiche Ausnahmetatbestände von der Zweckbindung regelte.[143]

---

133 NK-DatenschutzR/*Roßnagel*, 2. Aufl. 2025, Art. 5 DSGVO Rn. 23.

134 NK-DatenschutzR/*Roßnagel*, 2. Aufl. 2025, Art. 5 DSGVO Rn. 6 f.

135 *Simitis*, NJW 1997, 281 (285).

136 Entsprechend der Begriffsbestimmungen in Art. 2 lit. b DSRL wurden die Begriffe „Verarbeitung“ und „Erheben“ verwendet.

137 *Kring*, Big Data und der Grundsatz der Zweckbindung im Datenschutzrecht, 2019, S. 114.

138 *Kring*, Big Data und der Grundsatz der Zweckbindung im Datenschutzrecht, 2019, S. 119.

139 Art. 29-Datenschutzgruppe, WP 83, 12.12.2003, S. 7.

140 Art. 29-Datenschutzgruppe, WP 83, 12.12.2003, S. 7; *Kring*, Big Data und der Grundsatz der Zweckbindung im Datenschutzrecht, 2019, S. 118 ff.

141 *Härting*, NJW 2015, 3284 (3284 ff.); a. A. *Simitis*, NJW 1998, 2473 (2474), der im Kontext der DSRL von einer „strikte[n] Zweckbindung“ spricht.

142 S. hierzu *Kring*, Big Data und der Grundsatz der Zweckbindung im Datenschutzrecht, 2019, S. 120 f. m. w. N.

143 Vgl. *Helbing*, K&R 2015, 145 (147); s. Gliederungspunkt B. I. 2. c).

c) DSGVO

Die DSGVO ist als Nachfolger der DSRL am 04.05.2016 im Amtsblatt der Europäischen Union veröffentlicht worden[144] und seit dem 25.05.2018 anwendbar.[145] Als Verordnung ist sie nach Art. 288 Abs. 2 S. 2 DSGVO in allen ihren Teilen verbindlich und gilt unmittelbar in jedem Mitgliedstaat.[146] Im Wege der Vollharmonisierung[147] verfolgt sie nach EG 10 S. 1 DSGVO das Ziel, „ein gleichmäßiges und hohes Datenschutzniveau für natürliche Personen zu gewährleisten und die Hemmnisse für den Verkehr personenbezogener Daten in der Union zu beseitigen".

aa) Diskussion zur Zweckbindung und -änderung

Der DSGVO ging ein insgesamt vier Jahre langer Gesetzgebungsprozess voraus.[148] Die gesetzgebenden Institutionen waren sich im Wesentlichen über die Ausgestaltung der Datenschutzgrundsätze einig,[149] jedoch war die Zweckbindung und vor allem der Umgang mit zweckverändernden Weiterverarbeitungen einer der großen Streitpunkte.[150] Dabei ging es aber weniger um das „Ob" des Zweckbindungsgrundsatzes. Es bestand Einigkeit über die Beschreibung des Grundsatzes.[151] Sehr umstritten war hingegen die Frage, ob und wie man Durchbrechungen des Zweckbindungsgrundsatzes regelt und ausgestaltet.[152] Die im Gesetzgebungsverfahren vertretenen Positionen waren sehr unterschiedlich.[153] Die Verhandlungen im Trilog mündeten schließlich in die Regelung des Art. 6 Abs. 4 DSGVO.[154] Im Folgenden wer-

---

144 ABl. 2016 L 119, S. 1 ff.

145 Art. 99 Abs. 2 DSGVO.

146 Sydow/Marsch/*Sydow*, 3. Aufl. 2022, Einleitung Rn. 8.

147 *Schantz/Wolff*, Das neue Datenschutzrecht, 2017, Rn. 213; Heselhaus/Nowak/*Breuer*, Handbuch der Europäischen Grundrechte, 2. Aufl. 2020, § 25 Rn. 19; Auernhammer/*v. Lewinski*, 8. Aufl. 2023, Einführung Rn. 11.

148 Ausgehend vom Vorschlag der Europäischen Kommission vom 25.01.2012, *Albrecht*, CR 2016, 88 (88); ausgehend vom Konsultationsprozess, der durch die Europäische Kommission eingeleitet wurde, sind es neun Jahre, NK-DatenschutzR/*Albrecht*, 2. Aufl. 2025, Einleitung Rn. 211, 216.

149 NK-DatenschutzR/*Roßnagel*, 2. Aufl. 2025, Art. 5 DSGVO Rn. 11.

150 *Kring*, Big Data und der Grundsatz der Zweckbindung im Datenschutzrecht, 2019, S. 224 ff.; GSSV/*Buchholtz/Stentzel*, 2018, Art. 5 DSGVO Rn. 31; Kühling/Buchner/*Buchner/Petri*, 4. Aufl. 2024, Art. 6 DSGVO Rn. 8; Gola/Heckmann/*Schulz*, 3. Aufl. 2022, Art. 6 DSGVO Rn. 133; *Härting*, NJW 2015, 3284 (3284 ff.); *Monreal*, ZD 2016, 507 (507 f.).

151 *Monreal*, ZD 2016, 507 (508).

152 *Monreal*, ZD 2016, 507 (508).

153 *Monreal*, ZD 2016, 507 (508).

154 S. Gliederungspunkt B. I. 3. c) ee).

den die wesentlichen Positionen zur Ausgestaltung der Zweckbindung im Gesetzgebungsverfahren dargestellt.

bb) Vorschlag der Europäischen Kommission

Die Europäische Kommission leitete das Gesetzgebungsverfahren zur DSGVO mit ihrem Vorschlag am 25.01.2012 ein.[155] Dieser basierte auf der DSRL und übernahm im Kern ihr Schutzniveau.[156] Auch die in Art. 5 DSGVO KOM-E aufgeführten Grundsätze, darunter die Zweckbindung in lit. b, für die Verarbeitung personenbezogener Daten entsprachen im Wesentlichen denen der DSRL,[157] wobei die privilegierten Weiterverarbeitungen zu historischen, statistischen oder wissenschaftlichen Zwecken in EG 40 DSGVO KOM-E verlagert wurden:[158]

> „Personenbezogene Daten müssen […] b) für genau festgelegte, eindeutige und rechtmäßige Zwecke erhoben werden und dürfen nicht in einer mit diesen Zwecken nicht zu vereinbarenden Weise weiterverarbeitet werden“.[159]

Zudem fügte die Kommission in Art. 6 Abs. 4 DSGVO KOM-E eine neue Regelung zu zweckändernden Weiterverarbeitungen ein:

> „Ist der Zweck der Weiterverarbeitung mit dem Zweck, für den die personenbezogenen Daten erhoben wurden, nicht vereinbar, muss auf die Verarbeitung mindestens einer der in Absatz 1 Buchstaben a bis e genannten Gründe zutreffen. Dies gilt insbesondere bei Änderungen von Geschäfts- und allgemeinen Vertragsbedingungen.“[160]

Danach wäre eine Weiterverarbeitung auch im Falle der Unvereinbarkeit des neuen Zwecks mit den ursprünglichen Erhebungszwecken möglich gewesen, wenn einer der in Art. 6 Abs. 1 lit. a–e DSGVO KOM-E genannten Erlaubnistatbestände erfüllt worden wäre.[161] Ausgenommen war jedoch der Erlaubnistatbestand der berechtigten Interessen nach Art. 6 Abs. 1 lit. f DSGVO KOM-E.[162]

Die Art. 29-Datenschutzgruppe kritisierte in einer Stellungnahme den vorgeschlagenen Art. 6 Abs. 4 DSGVO KOM-E und forderte seine Streichung, da

155 Europäische Kommission, KOM(2012) 11 endgültig, 25.01.2012, womit die Kommission das ordentliche Gesetzgebungsverfahren nach Art. 289 i. V. m. Art. 294 AEUV einleitete.

156 NK-DatenschutzR/*Albrecht*, 2. Aufl. 2025, Einleitung Rn. 219.

157 Europäische Kommission, KOM(2012) 11 endgültig, 25.01.2012, S. 8, 49 f.

158 Europäische Kommission, KOM(2012) 11 endgültig, 25.01.2012, S. 27.

159 Europäische Kommission, KOM(2012) 11 endgültig, 25.01.2012, S. 49.

160 Europäische Kommission, KOM(2012) 11 endgültig, 25.01.2012, S. 51.

161 *Monreal*, ZD 2016, 507 (508).

162 *Monreal*, ZD 2016, 507 (508).

er Weiterarbeitungen in einem zu weiten Umfang erlaubt hätte.[163] Die Vorschrift hätte zu „höchst unerwünschten Ergebnissen führen können".[164] In Anbetracht moderner Datenverarbeitungsmethoden, wie etwa Big Data, gab es aber auch Stimmen, die Ausnahmen von der Zweckbindung und somit die erweiterten Möglichkeiten der Zweckänderung nach Art. 6 Abs. 4 DSGVO KOM-E begrüßten.[165]

cc) Legislative Entschließung des Europäischen Parlaments

Als Antwort auf den Vorschlag der Europäischen Kommission einigte sich das Europäische Parlament auf einen Standpunkt und legte seinen Entwurf am 23.03.2014 vor.[166] Das Europäische Parlament ließ die von der Europäischen Kommission formulierte Zweckbindung in Art. 5 lit. b DSGVO KOM-E stehen, strich aber die in Art. 6 Abs. 4 DSGVO KOM-E vorgesehene Vorschrift zur Zweckänderung.[167] Das Parlament stellte sich auf den Standpunkt, dass es kein Zurück hinter den Schutzstandard der DSRL geben dürfe.[168] Dies umfasse insbesondere auch die in Art. 6 DSRL niedergelegten Grundsätze, die keine Zweckänderung ermöglicht hätten.[169] Diese Annahme traf jedoch nicht zu. Denn eine zweckändernde Weiterverarbeitung war nach der DSRL möglich, sofern der Weiterverarbeitungszweck mit den ursprünglich festgelegten Zwecken vereinbar war.[170]

dd) Position des Rats

Der EU-Ministerrat einigte sich am 15.06.2015 auf einen Entwurf, der die privilegierten Zwecke – wie schon in der DSRL – im Verordnungstext regelte.[171] Im Hinblick auf die Zweckänderung wich der Entwurf aber erheblich von der Position des Europäischen Parlaments ab und griff dabei Elemente des Vorschlags der Europäischen Kommission auf:

> „3a. Um sich in Fällen, in denen die betroffene Person keine Einwilligung erteilt hat, zu vergewissern, ob ein Zweck der Weiterverarbeitung (...) mit demjenigen vereinbar ist, zu dem die Daten ur-

163 Art. 29-Datenschutzgruppe, WP 191, 23.03.2012, S. 13.
164 Art. 29-Datenschutzgruppe, WP 191, 23.03.2012, S. 13.
165 So etwa *de Hert/Papakonstantinou*, CLSR 2016, 179 (186).
166 Europäisches Parlament, P7_TA(2014)0212, 12.03.2014.
167 Europäisches Parlament, P7_TA(2014)0212, 12.03.2014; *Albrecht*, CR 2016, 88 (92).
168 Europäisches Parlament, Entwurf eines Berichts, 16.01.2013, S. 83; *Albrecht*, CR 2016, 88 (92).
169 Europäisches Parlament, Entwurf eines Berichts, 16.01.2013, S. 83.
170 S. Gliederungspunkt B.I.3.b).
171 Rat, 9565/15, 11.06.2015, S. 82.

sprünglich erhoben wurden, berücksichtigt der für die Verarbeitung Verantwortliche unter anderem

(a) jede Verbindung zwischen den Zwecken, für die die Daten erhoben wurden, und den Zwecken der beabsichtigten Weiterverarbeitung,

(b) den Zusammenhang, in dem die Daten erhoben wurden,

(c) die Art der personenbezogenen Daten, insbesondere ob besondere Datenkategorien gemäß Artikel 9 verarbeitet werden,

(d) die möglichen Folgen der beabsichtigten Weiterverarbeitung für die betroffenen Personen,

(e) das Vorhandensein angemessener Garantien.

4. Wenn der Zweck der Weiterverarbeitung mit dem Zweck, für den die personenbezogenen Daten von demselben für die Verarbeitung Verantwortlichen erhoben wurden, nicht vereinbar ist, muss auf die Weiterverarbeitung mindestens einer der in Absatz 1 Buchstaben a bis e genannten Gründe zutreffen. Die Weiterverarbeitung durch denselben für die Verarbeitung Verantwortlichen für nicht konforme Zwecke aufgrund der berechtigten Interessen dieses für die Verarbeitung Verantwortlichen oder eines Dritten ist rechtmäßig, wenn diese Interessen die Interessen der betroffenen Person überwiegen.“[172]

In Art. 6 Abs. 3a DSGVO Rat-E konkretisierte der Rat die Prüfung der Vereinbarkeit des neuen Zwecks mit dem ursprünglichen Erhebungszweck.[173] Hierfür schlug er mehrere Kriterien vor, die bei der Prüfung zu berücksichtigen waren.[174] Diese Kriterien gingen auf eine Stellungnahme der Art. 29-Datenschutzgruppe zurück.[175]

Art. 6 Abs. 4 S. 1 DSGVO Rat-E wiederum erinnert an den Kommissionsentwurf, der eine Weiterverarbeitung im Falle der Unvereinbarkeit der Zwecke auf Grundlage der Art. 6 Abs. 1 lit. a–e DSGVO KOM-E erlauben wollte.[176] Darüber hinaus wäre eine zweckändernde Weiterverarbeitung nach Art. 6 Abs. 4 S. 2 DSGVO Rat-E auch dann zulässig gewesen, wenn die Interessen des Verantwortlichen oder die eines Dritten die Interessen der betroffenen Personen überwogen hätten.[177] Allerdings sah der Rat in diesem Zusammen-

172 Rat, 9565/15, 11.06.2015, S. 84 f.

173 *Monreal*, ZD 2016, 507 (508).

174 *Monreal*, ZD 2016, 507 (508); *Roßnagel/Nebel/Richter*, ZD 2015, 455 (457).

175 Art. 29-Datenschutzgruppe, WP 203, 02.04.2013, S. 23 ff., 43; BeckOK DatenschutzR/*Albers/Veit*, 51. Ed. Stand 01.02.2025, Art. 6 DSGVO Rn. 104; *Richter*, DuD 2015, 735 (739).

176 S. Gliederungspunkt B. I.3.c)bb).

177 *Richter*, DuD 2015, 735 (740); *Roßnagel/Nebel/Richter*, ZD 2015, 455 (457).

hang eine Einschränkung vor, indem er die Möglichkeit der Zweckänderung auf den Verantwortlichen beschränkte, der die personenbezogenen Daten erhoben hat.[178]

Der Entwurf des Rates ist auf erhebliche Kritik gestoßen. Die DSK etwa äußerte, dass Zweckänderungen nach dem Vorschlag des Rates „in einem derart weiten Umfang zulässig [werden], dass das für den Datenschutz elementare Prinzip der Zweckbindung preisgegeben wird.“[179] Es überrascht daher nicht, dass sich der Entwurf des Rates zur Zweckänderung insgesamt nicht durchsetzen konnte und in den Trilog-Verhandlungen angepasst wurde.

ee) Trilog und Endfassung der DSGVO

In den Trilog-Verhandlungen der gesetzgebenden Organe setzte sich im Ergebnis das Europäische Parlament mit seinem Standpunkt durch.[180] Dies hatte zur Folge, dass weder Art. 6 Abs. 4 DSGVO KOM-E noch Art. 6 Abs. 4 DSGVO Rat-E es in den finalen Text der Verordnung geschafft haben.[181] Lediglich die Kriterien des Art. 6 Abs. 3a DSGVO Rat-E, die bei einer Vereinbarkeitsprüfung zu berücksichtigen sind, sind in die DSGVO übernommen worden.[182] Art. 5 Abs. 1 lit. b DSGVO lautet in seiner finalen Fassung wie folgt:

> „Personenbezogene Daten müssen […] b) für festgelegte, eindeutige und legitime Zwecke erhoben werden und dürfen nicht in einer mit diesen Zwecken nicht zu vereinbarenden Weise weiterverarbeitet werden; eine Weiterverarbeitung für im öffentlichen Interesse liegende Archivzwecke, für wissenschaftliche oder historische Forschungszwecke oder für statistische Zwecke gilt gemäß Artikel 89 Absatz 1 nicht als unvereinbar mit den ursprünglichen Zwecken (‚Zweckbindung‘)“.[183]

Der vollständige Wortlaut des finalen Art. 6 Abs. 4 DSGVO, der unter anderem mehrere Kriterien für die Prüfung der Zweckvereinbarkeit aufführt, lautet:

> „(4) Beruht die Verarbeitung zu einem anderen Zweck als zu demjenigen, zu dem die personenbezogenen Daten erhoben wurden, nicht auf der Einwilligung der betroffenen Person oder auf einer Rechts-

178 *Roßnagel/Nebel/Richter*, ZD 2015, 455 (457).
179 DSK, Kernpunkte für die Trilogverhandlungen zur DSGVO, 14.08.2015, S. 6.
180 *Albrecht/Jotzo*, Das neue Datenschutzrecht der EU, 2017, Teil 2 Rn. 5; s. Gliederungspunkt B. I.3.c)cc).
181 S. Gliederungspunkte B. I.3.c)bb); B. I.3.c)dd).
182 *Albrecht*, CR 2016, 88 (92).
183 ABl. 2016 L 119, S. 1 ff.

vorschrift der Union oder der Mitgliedstaaten, die in einer demokratischen Gesellschaft eine notwendige und verhältnismäßige Maßnahme zum Schutz der in Artikel 23 Absatz 1 genannten Ziele darstellt, so berücksichtigt der Verantwortliche – um festzustellen, ob die Verarbeitung zu einem anderen Zweck mit demjenigen, zu dem die personenbezogenen Daten ursprünglich erhoben wurden, vereinbar ist – unter anderem

a) jede Verbindung zwischen den Zwecken, für die die personenbezogenen Daten erhoben wurden, und den Zwecken der beabsichtigten Weiterverarbeitung,

b) den Zusammenhang, in dem die personenbezogenen Daten erhoben wurden, insbesondere hinsichtlich des Verhältnisses zwischen den betroffenen Personen und dem Verantwortlichen,

c) die Art der personenbezogenen Daten, insbesondere ob besondere Kategorien personenbezogener Daten gemäß Artikel 9 verarbeitet werden oder ob personenbezogene Daten über strafrechtliche Verurteilungen und Straftaten gemäß Artikel 10 verarbeitet werden,

d) die möglichen Folgen der beabsichtigten Weiterverarbeitung für die betroffenen Personen,

e) das Vorhandensein geeigneter Garantien, wozu Verschlüsselung oder Pseudonymisierung gehören kann."[184]

Die Endfassung der DSGVO blieb bezüglich der Regelungen zur Zweckbindung und -änderung aber nicht von Kritik verschont. *Dammann* sieht die Stellung und Bedeutung der Zweckbindung in der DSGVO zwar grundsätzlich positiv, spricht aber im Hinblick auf ein absolutes Zweckbindungsgebot von einem „[p]artiellen Rückschritt".[185]

d) Zwischenfazit

Die Zweckbindung war bereits in der Konvention Nr. 108 sowie der DSRL eines der Kernprinzipien des Datenschutzes. Abgesehen von redaktionellen Änderungen ist sie nahezu unverändert in die DSGVO übernommen worden. Dem gingen umfassende Diskussionen voraus. Während sich die gesetzgebenden Organe bei der grundsätzlichen Ausgestaltung der in Art. 5 Abs. 1 lit. b DSGVO geregelten Zweckbindung im Wesentlichen einig waren, standen sich bezüglich der zweckändernden Weiterverarbeitung zwei sehr unterschiedliche Positionen gegenüber: Während das Europäische Parlament das Schutzniveau der DSRL hochhielt, wollte die Europäische Kommission und

184 ABl. 2016 L 119, S. 1 ff.
185 *Dammann*, ZD 2016, 307 (307).

der Rat der EU mehr Flexibilität im Umgang mit personenbezogenen Daten. Im Ergebnis setzte sich die restriktive Linie des Europäischen Parlaments durch. Art. 6 Abs. 4 DSGVO, der unter anderem mehrere Kriterien für die Zweckvereinbarkeitsprüfung nennt, ist nun der Maßstab für die Zulässigkeit von zweckändernden Weiterverarbeitungen.

II. Grundrechtlicher Rahmen der Zweckbindung

Ein wichtiger Faktor in der Europäisierung des Datenschutzes war die Verankerung das Datenschutzgrundrechts in Art. 8 Abs. 1 GRC.[186] Zudem sind in Abs. 2 S. 1 einige der aus der DSGVO bekannten Datenschutzgrundsätze, darunter auch die Zweckbindung, ausdrücklich festgehalten.[187] Für die DSGVO ist das europäische Datenschutzgrundrecht von besonderer Relevanz, da sie als europäische Verordnung an den europäischen Grundrechten zu messen ist.[188] Demzufolge wird zunächst Art. 8 GRC untersucht. Im Anschluss wird auf das Recht auf informationelle Selbstbestimmung aus Art. 2 Abs. 1 i. V. m. Art. 1 Abs. 1 GG eingegangen.

1. Recht auf Schutz personenbezogener Daten, Art. 8 GRC

Maßgebliche Rechtsquelle für europäische Grundrechte ist die GRC. Sie erlangte erst durch den Vertrag von Lissabon, welcher am 01.12.2009 in Kraft trat, Primärrechtsqualität.[189] In Art. 6 Abs. 1 EUV heißt es, dass „die Charta der Grundrechte und die Verträge […] rechtlich gleichrangig [sind].“ Aus dem Grundrechtskatalog ist Art. 8 GRC mit der Überschrift „Schutz personenbezogener Daten“ für die vorliegende Arbeit relevant. Denn nach Art. 8 Abs. 2 S. 1 GRC dürfen personenbezogene Daten „nur nach Treu und Glauben für festgelegte Zwecke und mit Einwilligung der betroffenen Person oder auf einer sonstigen gesetzlich geregelten legitimen Grundlage verarbeitet werden.“ Dadurch verleiht die Vorschrift der datenschutzrechtlichen Zweckbindung primärrechtlichen Rang. Die dogmatische Einordnung des Art. 8 Abs. 2 S. 1 GRC ist jedoch sehr umstritten.[190] Die Struktur und insbesondere die Schrankensystematik des Datenschutzgrundrechts sind noch

---

186 Ehmann/Selmayr/*Selmayr/Ehmann*, 3. Aufl. 2024, Einleitung Rn. 40.

187 S. Gliederungspunkt B.II.1.c).

188 Jandt/Steidle/*Ambrock*, Datenschutz und Internet, 2. Aufl. 2025, II. Rn. 5; MHdB ArbR/*Wybitul*, 6. Aufl. 2024, § 96 Rn. 6.

189 Heselhaus/Nowak/*Nicolaysen*, Handbuch der Europäischen Grundrechte, 2. Aufl. 2020, § 1 Rn. 76; BeckOK DatenschutzR/*Schneider*, 51. Ed. Stand 01.11.2024, Syst. B Rn. 22.

190 BeckOK DatenschutzR/*Schneider*, 51. Ed. Stand 01.11.2024, Syst. B Rn. 28.

weitgehend ungeklärt.[191] Die Grundrechtsdogmatik soll hier jedoch nicht auf den Kopf gestellt oder gar neu interpretiert werden, das würde den Rahmen dieser Arbeit sprengen.[192] Gleichwohl soll der Versuch gewagt werden, die verschiedenen Ansichten um Art. 8 Abs. 2 S. 1 GRC darzustellen, ihre Argumente zu ordnen und Stellung zu beziehen. Bevor auf das Verhältnis zwischen Abs. 2 S. 1 und Abs. 1 eingegangen wird, soll zunächst ein Überblick zum Datenschutzgrundrecht gegeben werden.

a) Allgemeines

Die GRC widmet dem Schutz personenbezogener Daten in Art. 8 einen eigenen Artikel. Dadurch unterscheidet sie sich von zahlreichen nationalen Verfassungen wie etwa dem Grundgesetz.[193] Durch Art. 8 Abs. 1 GRC, der wortgleich noch einmal in Art. 16 Abs. 1 AEUV aufgegriffen wird,[194] erhebt die GRC das Recht auf Schutz der personenbezogenen Daten zu einem eigenständigen Grundrecht.[195] Es lohnt sich daher ein Blick auf die vollständige Norm:

> „Artikel 8 Schutz personenbezogener Daten
>
> (1) Jede Person hat das Recht auf Schutz der sie betreffenden personenbezogenen Daten.
>
> (2) Diese Daten dürfen nur nach Treu und Glauben für festgelegte Zwecke und mit Einwilligung der betroffenen Person oder auf einer sonstigen gesetzlich geregelten legitimen Grundlage verarbeitet werden. Jede Person hat das Recht, Auskunft über die sie betreffenden erhobenen Daten zu erhalten und die Berichtigung der Daten zu erwirken.
>
> (3) Die Einhaltung dieser Vorschriften wird von einer unabhängigen Stelle überwacht.“

Eine isolierte Betrachtung dieses Grundrechts würde aber der Rechtsprechung des EuGH nicht gerecht werden. Der EuGH betont, dass Art. 8 Abs. 1 GRC „in engem Zusammenhang mit dem in Art. 7 der Charta verankerten

191 *Veit*, Einheit und Vielfalt im europäischen Datenschutzrecht, 2023, S. 83; Meyer/Hölscheidt/*Bernsdorff*, 6. Aufl. 2024, Art. 8 GRC Rn. 18; BeckOK DatenschutzR/*Schneider*, 51. Ed. Stand 01.11.2024, Syst. B Rn. 31; in diese Richtung auch *Pötters*, Grundrechte und Beschäftigtendatenschutz, 2013, S. 169. Einen Überblick über die dogmatischen Problemfelder des Art. 8 GRC gibt *Kreitz*, NJOZ 2024, 65 (65 ff.).

192 S. etwa die umfassende Habilitationsschrift von *Marsch*, Das europäische Datenschutzgrundrecht, 2018.

193 Ehmann/Selmayr/*Selmayr/Ehmann*, 3. Aufl. 2024, Einleitung Rn. 31.

194 BeckOK DatenschutzR/*Schneider*, 51. Ed. Stand 01.11.2024, Syst. B Rn. 30.

195 *Pötters*, Grundrechte und Beschäftigtendatenschutz, 2013, S. 165; v. d. Groeben/Schwarze/Hatje/*Augsberg*, 7. Aufl. 2015, Art. 8 GRC Rn. 1.

Recht auf Achtung des Privatlebens [steht].“[196] Der Rechtsprechung des EuGH lässt sich aber nicht entnehmen, in welchem konkreten Verhältnis die beiden Grundrechte zueinanderstehen, da er sich zu solchen dogmatischen Fragen in aller Regel nicht ausdrücklich äußert.[197] Die Literatur sieht Art. 8 Abs. 1 GRC überwiegend als *lex specialis* zu Art. 7 GRC an.[198] Der EuGH wendet jedoch beide Grundrechte gemeinsam an[199] und behandelt sie als ein einheitliches Grundrecht.[200] Daher wird teilweise auch von einem „Kombinationsgrundrecht“ gesprochen.[201] Der Grund für die gemeinsame Anwendung der beiden Grundrechte dürfte darin liegen, dass eine solche Vorgehensweise die Kontinuität zu der nach Art. 8 EMRK („Recht auf Achtung des Privat- und Familienlebens“) ergangenen Rechtsprechung des EGMR ermöglicht.[202] Diese hat der EuGH nämlich nach Art. 52 Abs. 3 GRC zu berücksichtigen, da Art. 7 und 8 GRC in Kombination dem Art. 8 EMRK entsprechen.[203] Da die EMRK kein eigenständiges Datenschutzgrundrecht enthält, leitet der EGMR ein solches aus Art. 8 EMRK ab.[204]

Die Art. 7 und 8 GRC weisen „gewisse Überschneidungsbereiche“ auf.[205] Allerdings verfolgen beide Grundrechte unterschiedliche Zielrichtungen:[206] Während Art. 7 GRC die Privatsphäre des Einzelnen schützt, schützt Art. 8 Abs. 1 GRC personenbezogene Daten als solche, auch wenn sie nicht der Privatsphäre, sondern dem öffentlichen Bereich zuzuordnen sind.[207] Daher

---

196 EuGH, Urt. v. 09.11.2010 – C-92/09, C-93/09, BeckRS 2010, 91284 Rn. 47.

197 BeckOK DatenschutzR/*Schneider*, 51. Ed. Stand 01.11.2024, Syst. B Rn. 27.

198 v. d. Groeben/Schwarze/Hatje/*Augsberg*, 7. Aufl. 2015, Art. 8 GRC Rn. 1; Meyer/Hölscheidt/*Bernsdorff*, 6. Aufl. 2024, Art. 8 GRC Rn. 13; Schwarze/*Knecht*, 4. Aufl. 2019, Art. 8 GRC Rn. 5; a. A. *Marsch*, Das europäische Datenschutzgrundrecht, S. 269 f., der ein Subsidiaritätsverhältnis annimmt.

199 EuGH, Urt. v. 08.04.2014 – C-293/12, C-594/12, NJW 2014, 2169 Rn. 31 ff.

200 Heselhaus/Nowak/*Breuer*, Handbuch der Europäischen Grundrechte, 2. Aufl. 2020, § 25 Rn. 21; BeckOK DatenschutzR/*Schneider*, 51. Ed. Stand 01.11.2024, Syst. B Rn. 27.

201 *Marsch*, Das europäische Datenschutzgrundrecht, 2018, S. 45.

202 *Schildbach*, Big-Data-Anwendungen als Herausforderung für das Gesundheitsdatenschutzrecht, 2023, S. 113.

203 Heselhaus/Nowak/*Breuer*, Handbuch der Europäischen Grundrechte, 2. Aufl. 2020, § 25 Rn. 20.

204 Heselhaus/Nowak/*Breuer*, Handbuch der Europäischen Grundrechte, 2. Aufl. 2020, § 25 Rn. 20.

205 Heselhaus/Nowak/*Breuer*, Handbuch der Europäischen Grundrechte, 2. Aufl. 2020, § 25 Rn. 24.

206 Heselhaus/Nowak/*Breuer*, Handbuch der Europäischen Grundrechte, 2. Aufl. 2020, § 25 Rn. 22.

207 Heselhaus/Nowak/*Breuer*, Handbuch der Europäischen Grundrechte, 2. Aufl. 2020, § 25 Rn. 22.

hat Art. 8 Abs. 1 GRC richtigerweise auch einen eigenständigen Schutzbereich.[208]

b) Schutzbereich, Einschränkung und Rechtfertigung

Der sachliche Schutzbereich des Art. 8 Abs. 1 GRC erfasst personenbezogene Daten.[209] Da die GRC als Primärrecht in der Normhierarchie über dem Sekundärrecht steht, kann die unter der DSRL und DSGVO ergangene Rechtsprechung zum Begriff des personenbezogenen Datums grundsätzlich nicht zur Auslegung des Art. 8 Abs. 1 GRC herangezogen werden.[210] Dennoch orientiert sich der EuGH bei der Auslegung des Datenschutzgrundrechts sehr stark an der sekundärrechtlichen Rechtsprechung zum Datenschutz.[211] Dies hängt damit zusammen, dass die „Datenschutzrichtlinie als wesentliche Erkenntnisquelle zur Auslegung von Art. 8 GRCh heranzuziehen war", da sich der Grundrechte-Konvent bei der Ausarbeitung des Art. 8 GRC auf die Regelungsinhalte der DSRL stützte.[212] Die DSGVO übernimmt als Nachfolger der DSRL die „Konkretisierungsfunktion",[213] sodass bezüglich des Begriffs des personenbezogenen Datums in Art. 8 Abs. 1 GRC auf die Ausführungen zu Art. 4 Nr. 1 DSGVO verwiesen werden kann.[214]

Der persönliche Schutzbereich ist für natürliche Personen eröffnet, sie sind Träger des Grundrechts.[215] Juristische Personen sind nur dann erfasst, wenn sich aus ihrer Bezeichnung natürliche Personen identifizieren lassen.[216] Grundrechtsverpflichtete sind nach Art. 51 Abs. 1 GRC Organe, Einrichtungen und sonstigen Stellen der Union sowie Mitgliedstaaten bei der Ausführung von Unionsrecht.[217] Durch die mittelbare Drittwirkung der

---

208 Vgl. Specht/Mantz/*Bretthauer*, Handbuch Europäisches und deutsches Datenschutzrecht, 2019, § 2 Rn. 13 ff.; Calliess/Ruffert/*Kingreen*, 6. Aufl. 2022, Art. 8 GRC Rn. 10 ff.

209 Meyer/Hölscheidt/*Bernsdorff*, 6. Aufl. 2024, Art. 8 GRC Rn. 20; Calliess/Ruffert/*Kingreen*, 6. Aufl. 2022, Art. 8 GRC Rn. 10.

210 Kühling/Buchner/*Kühling/Raab*, 4. Aufl. 2024, Einführung Rn. 26.

211 Pechstein/Nowak/Häde/*Kühling*, 2. Aufl. 2023, Art. 8 GRC Rn. 14.

212 Jandt/Steidle/*Ambrock*, Datenschutz und Internet, 2. Aufl. 2025, II. Rn. 7.

213 Jandt/Steidle/*Ambrock*, Datenschutz und Internet, 2. Aufl. 2025, II. Rn. 7.

214 S. Gliederungspunkt C.II.2.a)aa); Jandt/Steidle/*Ambrock*, Datenschutz und Internet, 2. Aufl. 2025, II. Rn. 8 zieht ebenfalls unmittelbar die Definition des Art. 4 Nr. 1 DSGVO heran.

215 Meyer/Hölscheidt/*Bernsdorff*, 6. Aufl. 2024, Art. 8 GRC Rn. 25; Calliess/Ruffert/*Kingreen*, 6. Aufl. 2022, Art. 8 GRC Rn. 12.

216 EuGH, Urt. v. 09.11.2010 – C-92/09, C-93/09, BeckRS 2010, 91284 Rn. 53; s. auch zur Frage der Einbeziehung juristischer Personen in den persönlichen Schutzbereich des Art. 8 Abs. 1 GRC *Kreitz*, NJOZ 2024, 65 (67 ff.).

217 Meyer/Hölscheidt/*Bernsdorff*, 6. Aufl. 2024, Art. 8 GRC Rn. 25.

Grundrechte sind auch Private gebunden.[218] Eine Einschränkung[219] des Datenschutzgrundrechts liegt bereits dann vor, wenn personenbezogene Daten verarbeitet werden,[220] was „entsprechend der weiten Definition aus Art. 4 Nr. 2 DS-GVO jede erdenkliche Verwendung der Daten" erfasst.[221] Auf Ebene der Rechtfertigung stellt sich die Frage, welchen Schranken die Einschränkung des Rechts auf Schutz personenbezogener Daten nach Art. 8 Abs. 1 GRC unterliegt. Die Antwort darauf hängt davon ab, wie man das Verhältnis zwischen Art. 8 Abs. 2 S. 1 GRC und Art. 8 Abs. 1 GRC interpretiert.

c) Verhältnis zwischen Art. 8 Abs. 2 S. 1 GRC und Art. 8 Abs. 1 GRC

Nach Art. 8 Abs. 2 S. 1 GRC dürfen personenbezogene Daten „nur nach Treu und Glauben für festgelegte Zwecke und mit Einwilligung der betroffenen Person oder auf einer sonstigen gesetzlich geregelten legitimen Grundlage verarbeitet werden." Die dogmatische Einordnung dieser Regelung ist in der Literatur sehr umstritten.[222]

aa) Meinungsstand

In der Literatur wird teilweise vertreten, dass Art. 8 Abs. 2 S. 1 GRC eine qualifizierte Schranke darstelle,[223] die parallel zur allgemeinen Schranke des Art. 52 Abs. 1 GRC anzuwenden sei.[224] Der EuGH wendet in seiner Rechtsprechung hingegen überwiegend nur die allgemeine Schranke des Art. 52 Abs 1 GRC auf das Datenschutzgrundrecht an,[225] teilweise greift er ausschließlich auf Art. 8 Abs. 2 S. 1 GRC als Schranke zurück.[226] Eine Begrün-

218 Meyer/Hölscheidt/*Bernsdorff*, 6. Aufl. 2024, Art. 8 GRC Rn. 23; Calliess/Ruffert/*Kingreen*, 6. Aufl. 2022, Art. 8 GRC Rn. 13. Das BVerfG kommt ohne Lehre der mittelbaren Drittwirkung zum selben Ergebnis und spricht von einer „ähnliche[n] Wirkung" der Unionsgrundrechte für das Verhältnis zwischen Privaten, BVerfG, Beschl. v. 06.11.2019 – 1 BvR 276/17, BVerfGE 152, 216 Rn. 97.

219 S. die Terminologie des Art. 52 Abs. 1 GRC.

220 Calliess/Ruffert/*Kingreen*, 6. Aufl. 2022, Art. 8 GRC Rn. 13.

221 Jandt/Steidle/*Ambrock*, Datenschutz und Internet, 2. Aufl. 2025, II. Rn. 9.

222 S. hierzu *Marsch*, Das europäische Datenschutzgrundrecht, 2018, S. 134 ff.

223 *Pötters*, Grundrechte und Beschäftigtendatenschutz, 2013, S. 167 f.; Kühling/Buchner/*Kühling/Raab*, 4. Aufl. 2024, Einführung Rn. 29; Heselhaus/Nowak/*Szczekalla*, Handbuch der Europäischen Grundrechte, 2. Aufl. 2020, § 10 Rn. 94 spricht von einer „spezifische[n]" Schranke.

224 Meyer/Hölscheidt/*Bernsdorff*, 6. Aufl. 2024, Art. 8 GRC Rn. 28; in diese Richtung auch Jarass/*Jarass*, 4. Aufl. 2021, Art. 8 GRC Rn. 13; Calliess/Ruffert/*Kingreen*, 6. Aufl. 2022, Art. 8 GRC Rn. 15.

225 EuGH, Urt. v. 17.10.2013 – C-291/12, BeckRS 2013, 81987 Rn. 34 ff.; EuGH, Urt. v. 09.11.2010 – C-92/09, C-93/09, BeckRS 2010, 91284 Rn. 65 ff.

226 EuGH, Urt. v. 05.05.2011 – C-543/09, BeckRS 2011, 80468 Rn. 51 ff.

dung für die uneinheitliche Schrankenanwendung gibt der EuGH jedoch nicht.

Marsch stellt die Einordnung des Art. 8 Abs. 2 S. 1 GRC als Schranke in Frage und interpretiert die dogmatische Struktur des Datenschutzgrundrechts neu.[227] Art. 8 Abs. 1 GRC enthalte im Kern einen Schutzauftrag und das Recht auf eine adäquate Datenschutzgesetzgebung.[228] Daraus folge, dass die in Art. 8 Abs. 2 S. 1 GRC genannten Grundsätze Strukturprinzipien seien, die der europäische Gesetzgeber bei der sekundärrechtlichen Ausgestaltung des Datenschutzrechts zu beachten habe.[229]

Dass das Verhältnis zwischen Art. 8 Abs. 2 S. 1 GRC und Art. 8 Abs. 1 GRC nicht nur theoretischer Natur ist, sondern auch praktische Bedeutung hat, zeigt *Marsch* sehr instruktiv auf: Sofern man Abs. 2 S. 1 als qualifizierte Schranke einordnen würde, müsste ausnahmslos jede Datenverarbeitung auf eine Einwilligung oder andere gesetzliche Grundlage gestützt werden und die Zweckbindung beachten.[230] Dies könne im Einzelfall dazu führen, dass etwa Big Data-Analysen kaum grundrechtskonform durchgeführt werden könnten.[231] Dieses Beispiel zeige „die Starrheit und Innovationsfeindlichkeit eines als qualifizierte Grundrechtsschranke interpretierten Art. 8 Abs. 2 S. 1 GRC."[232] Verstehe man die Regelung des Abs. 2 S. 1 hingegen als Vorgabe an den Gesetzgeber, seien innovative Lösungen möglich, da die Prinzipien im Einzelfall gelockert werden könnten.[233] Betroffene Personen seien nicht schutzlos gestellt, da Ausnahmen von den Strukturprinzipien des Abs. 2 S. 1 im Gesamtgefüge verhältnismäßig sein müssten.[234]

bb) Stellungnahme

Nach der hier vertretenen Auffassung handelt es sich bei Art. 8 Abs. 2 S. 1 GRC um keine Schranke des Datenschutzgrundrechts,[235] sondern vielmehr um eine Konkretisierung der Schutzpflichtdimension des Art. 8 Abs. 1 GRC.[236] Daher findet auch „nur" die allgemeine Schranke des Art. 52 Abs. 1 GRC Anwendung auf die abwehrrechtliche Dimension des Art. 8 Abs. 1

227 *Marsch*, Das europäische Datenschutzgrundrecht, 2018, S. 127 ff.
228 *Marsch*, Das europäische Datenschutzgrundrecht, 2018, S. 130 f.
229 *Marsch*, Das europäische Datenschutzgrundrecht, 2018, S. 139.
230 *Marsch*, Das europäische Datenschutzgrundrecht, 2018, S. 140.
231 *Marsch*, Das europäische Datenschutzgrundrecht, 2018, S. 140.
232 *Marsch*, Das europäische Datenschutzgrundrecht, 2018, S. 140.
233 *Marsch*, Das europäische Datenschutzgrundrecht, 2018, S. 141.
234 *Marsch*, Das europäische Datenschutzgrundrecht, 2018, S. 141.
235 S. Gliederungspunkt B.II.1.c)bb)(1).
236 S. Gliederungspunkt B.II.1.c)bb)(2).

GRC.[237] Hierzu ist ein vertiefter Blick auf die Schrankensystematik erforderlich.

(1) Keine qualifizierte Schranke

Art. 8 Abs. 2 S. 1 GRC stellt keine qualifizierte Schranke dar, da sich die Vorschrift bei näherer Betrachtung nicht in die Schrankensystematik der GRC einfügt.[238] So wirft die Behandlung des Art. 8 Abs. 2 S. 1 GRC als qualifizierte Schranke dogmatische Fragen auf, die im Widerspruch zur Konzeption der GRC stehen:[239] Nach Art. 8 Abs. 2 S. 1 GRC dürfen personenbezogene Daten nur mit „mit Einwilligung der betroffenen Person oder auf einer sonstigen gesetzlich geregelten legitimen Grundlage verarbeitet werden." Eine Einordnung des Abs. 2 S. 1 als qualifizierte Schranke würde die Prüfung der Einwilligung auf die Ebene der Rechtfertigung verlagern.[240] Nach der Systematik der GRC wirkt die Einwilligung aber bereits eingriffsausschließend.[241] Der EuGH prüft die Einwilligung im Rahmen des Art. 8 Abs. 2 S. 1 GRC mal auf Ebene des Eingriffs[242] und mal auf Ebene der Rechtfertigung.[243] Darüber hinaus ist unklar, „warum das Erfordernis einer gesetzlichen Grundlage, das bereits in Art. 52 Abs. 1 S. 1 verankert ist, auch in Art. 8 Abs. 2 S. 1 ein weiteres Mal normiert wurde."[244] Diese Unstimmigkeiten deuten darauf hin, dass es sich bei Art. 8 Abs. 2 S. 1 GRC um einen „Fremdkörper" in der Systematik der GRC handelt.

Die Entstehungsgeschichte der GRC zeigt, dass die Regelung des Art. 8 Abs. 2 S. 1 GRC bereits bei Schaffung der GRC im Jahr 2000 umstritten war: Einerseits befürchteten die Mitglieder des Grundrechte-Konvents, dass ihre Aufnahme zu einer „Versteinerung" der GRC führe und dadurch nicht offen für Innovation sei.[245] Andererseits bestand die Sorge, dass ein zu weiter Schutzbereich des Grundrechts effektives Verwaltungshandeln erschweren oder gar unmöglich machen könnte.[246] Letztlich nahm man die

237 S. Gliederungspunkt B.II.1.c)bb)(3).
238 *Marsch*, Das europäische Datenschutzgrundrecht, 2018, S. 134 ff.
239 *Marsch*, Das europäische Datenschutzgrundrecht, 2018, S. 135.
240 *Marsch*, Das europäische Datenschutzgrundrecht, 2018, S. 135.
241 *Marsch*, Das europäische Datenschutzgrundrecht, 2018, S. 135; v. d. Groeben/Schwarze/Hatje/*Augsberg*, 7. Aufl. 2015, Art. 8 GRC Rn. 12; Jarass/*Jarass*, 4. Aufl. 2021, Art. 8 GRC Rn. 10.
242 EuGH, Urt. v. 09.11.2010 – C-92/09, C-93/09, BeckRS 2010, 91284 Rn. 61 ff.; s. hierzu *Marsch*, Das europäische Datenschutzgrundrecht, 2018, S. 136.
243 EuGH, Urt. v. 17.10.2013 – C-291/12, BeckRS 2013, 81987 Rn. 31 ff.; s. hierzu *Marsch*, Das europäische Datenschutzgrundrecht, 2018, S. 136.
244 *Marsch*, Das europäische Datenschutzgrundrecht, 2018, S. 135.
245 *Marsch*, Das europäische Datenschutzgrundrecht, 2018, S. 76.
246 *Marsch*, Das europäische Datenschutzgrundrecht, 2018, S. 76.

Regelung in Art. 8 Abs. 2 S. 1 GRC mit auf, um zu verdeutlichen, dass dem Recht auf Schutz personenbezogener Daten kein ausnahmsloser Vorrang zukommt.[247] Dabei war Art. 8 Abs. 2 S. 1 GRC jedoch nicht als Schranke vorgesehen, wie die Erläuterung zum Entwurf der GRC zeigt. Dort heißt es: „Das Recht auf Schutz der personenbezogenen Daten wird nach Maßgabe der genannten Richtlinie ausgeübt und kann gemäß den Bedingungen nach Artikel 52 der Charta eingeschränkt werden.“[248] Die Bezugnahme auf die DSRL, die fünf Jahre vor Schaffung der GRC in Kraft trat, zeigt, dass Art. 8 Abs. 2 S. 1 GRC lediglich die dort enthaltenen Datenschutzgrundsätze übernahm. Der Wortlaut des Art. 8 Abs. 2 S. 1 GRC deckt sich insoweit auch mit dem der Art. 6 und 7 DSRL. Es ging darum, die Bedeutung der Datenschutzgrundsätze hervorzuheben und sie in der GRC festzuhalten, ohne ihnen Schrankencharakter zu verleihen. Allerdings handelt es sich bei Art. 8 Abs. 2 S. 1 GRC auch nicht um eine rein symbolische Vorschrift. Vielmehr konkretisieren die Vorgaben des Art. 8 Abs. 2 S. 1 GRC die Schutzpflichtdimension des Art. 8 Abs. 1 GRC.

(2) Konkretisierung der Schutzpflichtdimension

Das Recht auf Schutz personenbezogener Daten nach Art. 8 Abs. 1 GRC enthält neben einer abwehrrechtlichen auch eine Schutzpflichtdimension.[249] Aus dieser folgt ein Schutzauftrag sowie das Recht auf eine adäquate Datenschutzgesetzgebung.[250] Ein solches Verständnis führt einen umfassenden Grundrechtsschutz herbei, der auch Einzelfällen gerecht wird.[251] Dass dem Datenschutzgrundrecht eine Schutzpflicht zu entnehmen ist, deutet bereits der Wortlaut („Recht auf Schutz“) an.[252] Darüber hinaus spricht auch die Entstehungsgeschichte der GRC für eine „mehrdimensionale Konzeption“[253] des Datenschutzgrundrechts.[254] Denn der Grundrechte-Konvent lehnte den Vorschlag von deutscher Seite ab, das Datenschutzgrundrecht entsprechend dem deutschen Recht auf informationelle Selbstbestimmung als Abwehrrecht auszugestalten.[255] Stattdessen entschied sich der Konvent für ein Recht

247 *Marsch*, Das europäische Datenschutzgrundrecht, 2018, S. 76.
248 Grundrechte-Konvent, Entwurf der Charta der Grundrechte der Europäischen Union, Charte 4473/00, Convent 49, 11.10.2000, S. 11.
249 *Marsch*, Das europäische Datenschutzgrundrecht, 2018, S. 127 ff.; *Veit*, Einheit und Vielfalt im europäischen Datenschutzrecht, 2023, S. 83 ff.; Meyer/Hölscheidt/*Bernsdorff*, 6. Aufl. 2024, Art. 8 GRC Rn. 23.
250 *Marsch*, Das europäische Datenschutzgrundrecht, 2018, S. 130.
251 Vgl. *Veit*, Einheit und Vielfalt im europäischen Datenschutzrecht, 2023, S. 86.
252 *Marsch*, Das europäische Datenschutzgrundrecht, 2018, S. 130.
253 *Veit*, Einheit und Vielfalt im europäischen Datenschutzrecht, 2023, S. 86.
254 *Marsch*, Das europäische Datenschutzgrundrecht, 2018, S. 130.
255 *Marsch*, Das europäische Datenschutzgrundrecht, 2018, S. 74 f.

auf Schutz personenbezogener Daten.[256] Zudem entnimmt auch der EuGH dem Art. 8 Abs. 1 GRC eine „ausdrücklich vorgesehene Pflicht zum Schutz personenbezogener Daten", die er etwa in Art. 25 Abs. 6 DSRL umgesetzt sah.[257] In Bezug auf Art. 8 Abs. 2 und Abs. 3 GRC stellte der EuGH fest, dass beide Absätze das Recht auf Schutz personenbezogener Daten präzisieren und durch verschiedene Vorschriften der DSRL „durchgeführt" werden.[258]

Dem europäischen Gesetzgeber kommt bei der Wahrnehmung seiner Schutzpflicht ein weiter Gestaltungsspielraum zu, wobei er die konkretisierenden Vorgaben des Art. 8 Abs. 2 und Abs. 3 GRC zu berücksichtigen hat.[259] Die in Art. 8 Abs. 2 S. 1 GRC genannten Grundsätze sind jedoch keine in Stein gemeißelten Komponenten.[260] Vielmehr stellen sie allgemeine Strukturprinzipen dar.[261] Sie müssen bei der Ausgestaltung der Datenschutzgesetzgebung nicht in jedem Einzelfall zwingend eingehalten werden,[262] da sie anderenfalls eine Schranke darstellen würden. Damit steht das Grundrecht grundsätzlich auch neuen Innovationen offen gegenüber. Der europäische Gesetzgeber könnte in Bezug auf die Zweckbindung etwa auch Lockerungen für bestimmte Situationen regeln, sofern diese verhältnismäßig sind.[263] Der Grundsatz selbst kann als Ganzes ohne Änderung der GRC nicht gänzlich abgeschafft werden.[264]

Die Strukturprinzipien des Art. 8 Abs. 2 S. 1 GRC sind im Sekundärrecht in Art. 5 DSGVO umgesetzt bzw. konkretisiert.[265] Insbesondere die Ausgestaltung der Zweckbindung in Art. 5 Abs. 1 lit. b DSGVO entspricht den Anforderungen des Datenschutzgrundrechts. Dies folgt bereits aus dem Umstand, dass sich der Grundrechte-Konvent bei der Schaffung des Art. 8 GRC maßgeblich auf die zu dem Zeitpunkt geltende DSRL stützte.[266] Die in Art. 6 Abs. 1 lit. b DSRL geregelte Zweckbindung führte der europäische Gesetzgeber in Art. 5 Abs. 1 lit. b DSGVO fort,[267] sodass dieser ebenfalls den Vorgaben des Datenschutzgrundrechts entspricht.

---

256 *Marsch*, Das europäische Datenschutzgrundrecht, 2018, S. 74 f.

257 EuGH, Urt. v. 06.10.2015 – C-362/14, BeckRS 2015, 81250 Rn. 72.

258 EuGH, Urt. v. 13.05.2014 – C-131/12, BeckRS 2014, 80862 Rn. 69.

259 *Marsch*, Das europäische Datenschutzgrundrecht, 2018, S. 130; *Veit*, Einheit und Vielfalt im europäischen Datenschutzrecht, 2023, S. 88.

260 *Veit*, Einheit und Vielfalt im europäischen Datenschutzrecht, 2023, S. 90.

261 *Marsch*, Das europäische Datenschutzgrundrecht, 2018, S. 137 ff.

262 *Veit*, Einheit und Vielfalt im europäischen Datenschutzrecht, 2023, S. 90.

263 *Marsch*, Das europäische Datenschutzgrundrecht, 2018, S. 141.

264 Ehmann/Selmayr/*Selmayr/Ehmann*, 3. Aufl. 2024, Einleitung Rn. 35.

265 *Albrecht/Jotzo*, Das neue Datenschutzrecht der EU, 2017, Teil 2 Rn. 1; NK-DatenschutzR/*Roßnagel*, 2. Aufl. 2025, Art. 5 DSGVO Rn. 2.

266 S. Gliederungspunkt B.II.1.c)bb)(1).

267 S. Gliederungspunkt B. I.3.c).

(3) Anwendbarkeit des Art. 52 Abs. 1 GRC

Da Art. 8 Abs. 2 S. 1 GRC keine qualifizierte Schranke des Datenschutzgrundrechts darstellt, ist die allgemeine Schranke des Art. 52 Abs. 1 GRC auf die abwehrrechtliche Dimension des Art. 8 Abs. 1 GRC anzuwenden.[268] Danach sind Einschränkungen nur dann gerechtfertigt, wenn sie gesetzlich geregelt sind, den Wesensgehalt achten und verhältnismäßig sind.[269]

Eine schrankenlose Gewährleistung des Datenschutzgrundrechts nach Art. 16 AEUV hingegen ist abzulehnen, da Art. 52 Abs. 2 GRC keine Anwendung auf das Datenschutzgrundrecht findet.[270] Nach dieser Vorschrift erfolgt „[d]ie Ausübung der durch diese Charta anerkannten Rechte, die in den Verträgen geregelt sind, [...] im Rahmen der in den Verträgen festgelegten Bedingungen und Grenzen.“ Bei konsequenter Anwendung des Art. 52 Abs. 2 GRC wäre die allgemeine Schranke des Art. 52 Abs. 1 GRC nicht auf Art. 8 GRC anwendbar.[271] Denn Art. 16 Abs. 1 AEUV normiert ebenfalls ein Recht auf Schutz personenbezogener Daten, sodass sich die Bedingungen und Grenzen der Ausübung dieses Rechts ausschließlich nach Art. 16 AEUV richten würden, der keinerlei Schranken enthält. Eine Modifizierung der Schrankensystematik des GRC war jedoch durch Art. 16 AEUV nicht beabsichtigt.[272] Art. 16 Abs. 1 AEUV sei aus „ästhetischen und symbolischen Gründen“ beibehalten worden.[273] Das Datenschutzgrundrecht beansprucht daher keine uneingeschränkte Geltung, wie der EuGH wiederholt zu Recht bestätigt hat.[274] Somit entfaltet das in Art. 16 Abs. 1 AEUV geregelte Recht auf Schutz personenbezogener Daten keine Wirkung,[275] sodass die allgemeine Schranke des Art. 52 Abs. 1 GRC auf die abwehrrechtliche Dimension des Art. 8 Abs. 1 GRC anzuwenden ist.

cc) Zwischenfazit

Das Recht auf Schutz personenbezogener Daten aus Art. 8 Abs. 1 GRC enthält sowohl eine abwehrrechtliche als auch eine Schutzpflichtdimension. Auf die abwehrrechtliche Komponente des Datenschutzgrundrechts ist die

268 *Marsch*, Das europäische Datenschutzgrundrecht, 2018, S. 219; v. d. Groeben/Schwarze/Hatje/*Augsberg*, 7. Aufl. 2015, Art. 8 GRC Rn. 13.
269 S. hierzu *Marsch*, Das europäische Datenschutzgrundrecht, 2018, S. 219 ff.
270 *Marsch*, Das europäische Datenschutzgrundrecht, 2018, S. 64; Heselhaus/Nowak/*Szczekalla*, Handbuch der Europäischen Grundrechte, 2. Aufl. 2020, § 10 Rn. 73.
271 *Marsch*, Das europäische Datenschutzgrundrecht, 2018, S. 64.
272 *Marsch*, Das europäische Datenschutzgrundrecht, 2018, S. 65.
273 *Marsch*, Das europäische Datenschutzgrundrecht, 2018, S. 65.
274 EuGH, Urt. v. 17.10.2013 – C-291/12, BeckRS 2013, 81987 Rn. 33; EuGH, Urt. v. 05.05.2011 – C-543/09, BeckRS 2011, 80468 Rn. 51; EuGH, Urt. v. 09.11.2010 – C-92/09, C-93/09, BeckRS 2010, 91284 Rn. 65.
275 *Marsch*, Das europäische Datenschutzgrundrecht, 2018, S. 64.

allgemeine Schranke des Art. 52 Abs. 1 GRC anzuwenden. Art. 8 Abs. 2 S. 1 GRC hingegen stellt keine qualifizierte Schranke dar. Vielmehr konkretisiert die Regelung die Schutzpflichtdimension des Art. 8 Abs. 1 GRC. Die dort genannten Strukturprinzipien, darunter die Zweckbindung, hat der europäische Gesetzgeber bei der sekundärrechtlichen Ausgestaltung des Datenschutzrechts zu beachten, wobei in Einzelfällen im Rahmen der Verhältnismäßigkeit auch Ausnahmen vorgesehen werden können. Die Vorgaben des Art. 8 Abs. 2 S. 1 GRC sind im Sekundärrecht in Art. 5 DSGVO umgesetzt. Insbesondere der in Art. 5 Abs. 1 lit. b DSGVO geregelte Grundsatz der Zweckbindung entspricht den Vorgaben des Datenschutzgrundrechts.

2. Recht auf informationelle Selbstbestimmung, Art. 2 Abs. 1 i. V. m. Art. 1 Abs. 1 GG

Das Recht auf informationelle Selbstbestimmung aus Art. 2 Abs. 1 i. V. m. Art. 1 Abs. 1 GG und seine Vorgeschichte wurden bereits in der Entstehungsgeschichte zur Zweckbindung dargestellt,[276] sodass sich dieser Abschnitt auf das Verhältnis der Datenschutzgrundrechte im Mehrebenensystem beschränkt.

Für die DSGVO als europäische Verordnung ist das Recht auf Schutz personenbezogener Daten aus Art. 8 GRC das maßgebliche Grundrecht,[277] da das europäische Sekundärrecht dem Primärrecht entsprechen muss.[278] Das auf nationaler Ebene aus Art. 2 Abs. 1 i. V. m. Art. 1 Abs. 1 GG abgeleitete Recht auf informationelle Selbstbestimmung hingegen spielt im Bereich des Datenschutzes aufgrund des Anwendungsvorrangs der DSGVO nur eine untergeordnete Rolle.[279] Das BVerfG reagierte in der sog. Recht auf Vergessen II-Entscheidung[280] auf die zunehmende „Verdichtung des Unionsrechts"[281] und die damit verbundene Verdrängung der nationalen Grundrechte wie folgt:

> „Soweit die Grundrechte des Grundgesetzes durch den Anwendungsvorrang des Unionsrechts verdrängt werden, kontrolliert das Bundesverfassungsgericht dessen Anwendung durch deutsche Stellen am Maßstab der Unionsgrundrechte […]."[282]

276 S. Gliederungspunkt B. I.2.b).
277 S. Gliederungspunkt B.II.
278 Calliess/Ruffert/*Ruffert*, 6. Aufl. 2022, Art. 288 AEUV Rn. 9.
279 *Pötters*, Grundrechte und Beschäftigtendatenschutz, 2013, S. 29.
280 BVerfG, Beschl. v. 06.11.2019 – 1 BvR 276/17, BVerfGE 152, 216.
281 BVerfG, Beschl. v. 06.11.2019 – 1 BvR 276/17, BVerfGE 152, 216 Rn. 60.
282 BVerfG, Beschl. v. 06.11.2019 – 1 BvR 276/17, BVerfGE 152, 216 Rn. 50.

Demzufolge überprüft auch das BVerfG die Anwendung der DSGVO am Maßstab des europäischen Datenschutzgrundrechts nach Art. 8 GRC.[283] Zugleich erkennt das Gericht an, dass die letztverbindliche Auslegung der Unionsgrundrechte dem EuGH obliegt, sodass es seine Kontrolle in enger Kooperation mit dem EuGH ausübt.[284] Das macht das Recht auf informationelle Selbstbestimmung für den Datenschutz aber noch nicht obsolet. Bereiche, die zwar im Anwendungsbereich des Unionsrechts liegen, aber nicht vollständig durch dieses determiniert sind, richten sich weiterhin grundsätzlich nach den nationalen Grundrechten.[285] Dies gilt etwa für Öffnungsklauseln, die durch nationales Recht konkretisiert und ausgefüllt werden.[286] Da in diesen Fällen aber Unionsrecht durchgeführt wird, können im Einzelfall die Unionsgrundrechte neben die Grundrechte des Grundgesetzes treten.[287]

III. Funktion der Zweckbindung

Zu guter Letzt soll sich in diesem Kapitel der Funktion der Zweckbindung im Datenschutzrecht zugewendet werden. Teile der Literatur weisen den beiden Bestandteilen der Zweckbindung, also der Festlegung der Zwecke und der anschließenden Bindung an die festgelegten Zwecke, unterschiedliche Funktionen zu.[288] Eine solche Unterscheidung wird an dieser Stelle nicht vorgenommen. Vielmehr wird die Zweckbindung als Ganzes betrachtet, da beide Bestandteile sich gegenseitig bedingen und untrennbar miteinander verbunden sind. Festgelegte Zwecke ohne anschließende Bindung an diese laufen leer. Eine Bindung an nicht festgelegte Zwecke ist denklogisch nicht möglich. Bevor aber auf die Funktion der Zweckbindung eingegangen wird, soll zunächst kurz darauf eingegangen werden, warum der Zweckbindung im staatlichen und privaten Bereich keine unterschiedliche Funktion zukommt.

---

283 Dies hat zur Folge, dass mit Verfassungsbeschwerden nach Art. 94 Abs. 1 Nr. 4 lit. a GG auch die Verletzung von Unionsgrundrechten geltend gemacht werden kann, Bergmann/*Haug*, Handlexikon der EU, 6. Aufl. 2022, Recht auf Vergessen I und II-Entscheidungen.

284 BVerfG, Beschl. v. 06.11.2019 – 1 BvR 276/17, BVerfGE 152, 216 Rn. 68 ff.

285 BVerfG, Beschl. v. 06.11.2019 – 1 BvR 16/13, BVerfGE 152, 152 Rn. 42; Kühling/Buchner/*Kühling/Raab*, 4. Aufl. 2024, Einführung Rn. 35b.

286 Jandt/Steidle/*Ambrock*, Datenschutz und Internet, 2. Aufl. 2025, II. Rn. 4.

287 BVerfG, Beschl. v. 06.11.2019 – 1 BvR 16/13, BVerfGE 152, 152 Rn. 43 f.

288 *Kring*, Big Data und der Grundsatz der Zweckbindung im Datenschutzrecht, 2019, S. 100 ff.; *Härting*, NJW 2015, 3284 (3286) schreibt der Zweckfestlegung eine Hinweis- und Warnfunktion, da sie sicherstelle, „dass sich sowohl der Betroffene als auch der Datenverarbeiter über die Reichweite der Datenverarbeitung bewusst werden."

1. Keine Unterscheidung zwischen staatlichem und privatem Bereich

v. Grafenstein zufolge sei die „Bedeutung und Funktion des Zweckbindungsprinzips für den privaten Sektor kaum geklärt", da die von ihm aufgeführte Literatur allesamt auf staatliche Datenverarbeitungen Bezug nehme.[289] Daraus folgt aber nicht, dass sich die Ausführungen zur Funktion der Zweckbindung nicht auf private Datenverarbeitungen übertragen lassen. Der Grund, warum die Zweckbindung überwiegend im staatlichen Kontext diskutiert wurde, liegt darin, dass sich das frühe Datenschutzrecht vor allem mit Datenverarbeitungen durch den Staat befasste.[290] Die DSGVO unterscheidet jedoch in ihrem Anwendungsbereich nicht zwischen öffentlichen und privaten Stellen.[291] Die Zweckbindung findet auf jede verantwortliche Stelle Anwendung.[292] Dementsprechend lassen sich die Aussagen zur Bedeutung und Funktion der Zweckbindung, die im Zusammenhang mit staatlichen Datenverarbeitungen getroffen wurden, grundsätzlich auch auf den privaten Bereich übertragen.

2. Begrenzung der Datenströme und Bezugspunkt für Datenverarbeitung

Die Stellungnahme der Art. 29-Datenschutzgruppe bietet einen ersten Anhaltspunkt, um sich der Funktion der Zweckbindung zu nähern.[293] Sie sieht in der Zweckbindung vor allem ein Instrument zur Schaffung von Transparenz und zur Begrenzung der Datenverarbeitung:

> „Purpose specification and the concept of compatible use contribute to transparency, legal certainty and predictability; they aim to protect the data subject by setting limits on how controllers are able to use their data and reinforce the fairness of the processing."[294]

Anders als die Reihenfolge der Art. 29-Datenschutzgruppe suggeriert, steht aber nicht die Transparenz der Datenverarbeitung im Vordergrund. Das Kernanliegen[295] der Zweckbindung besteht in der Begrenzung der Daten-

---

289 *v. Grafenstein*, in: *Taeger* (Hrsg.), Smart World – Smart Law?, 2016, S. 233 f. Fn. 3 m. w. N.
290 S. Gliederungspunkt B. I.
291 Art. 2 Abs. 1 DSGVO.
292 S. Gliederungspunkt C.II.3.
293 Art. 29-Datenschutzgruppe, WP 203, 02.04.2013, S. 11.
294 Art. 29-Datenschutzgruppe, WP 203, 02.04.2013, S. 11.
295 *Britz*, EuGRZ 2009, 1 (10).

ströme und -verarbeitung.[296] Denn jede Datenverarbeitung stellt einen Eingriff in das Recht auf Schutz personenbezogener Daten der betroffenen Personen dar.[297] Dadurch, dass personenbezogene Daten grundsätzlich nur für festgelegte Zwecke verarbeitet werden dürfen, werden die Verwendungsmöglichkeiten des Verantwortlichen eingeschränkt und weitere Grundrechtseingriffe vermieden. Die festgelegten Zwecke steuern und strukturieren die Datenverarbeitung, da sie als Bezugspunkt der Datenverarbeitung[298] und Prüfung der Erforderlichkeit[299] fungieren. Dadurch fassen die festgelegten Zwecke einzelne Verarbeitungsvorgänge zusammen und legen den Beginn sowie das Ende der Datenverarbeitung fest.[300] Letztere Begrenzung macht die Zweckbindung für den Datenschutz alternativlos.[301]

3. Schaffung von Transparenz und Vorhersehbarkeit

Die Zweckbindung schafft neben der Begrenzung der Datenverarbeitung auch Transparenz und Vorhersehbarkeit für die Person, deren Daten verarbeitet werden.[302] *Marsch* spricht insoweit auch von einem *transparency tool*, da die Festlegung der Zwecke den Umgang mit den personenbezogenen Daten durchschaubar und vorhersehbar mache.[303] Nach Auffassung der Generalanwältin *Kokott* stelle die Zweckbindung eine besondere Ausprägung des Erfordernisses der Vorhersehbarkeit dar.[304] Durch die Vorhersehbarkeit für die betroffene Person soll ihr Vertrauen darin gestärkt werden, dass die Datenverarbeitung rechtmäßig erfolgt.[305]

---

296 *Albers*, Informationelle Selbstbestimmung, 2005, S. 498; *Marsch*, Das europäische Datenschutzgrundrecht, 2018, S. 159; Kühling/Buchner/*Herbst*, 4. Aufl. 2024, Art. 5 DSGVO Rn. 22; Specht/Mantz/*Mantz/Marosi*, Handbuch Europäisches und deutsches Datenschutzrecht, 2019, § 3 Rn. 82; NK-DatenschutzR/*Roßnagel*, 2. Aufl. 2025, Art. 5 DSGVO Rn. 64; BeckOK DatenschutzR/*Wolff/v. Ungern-Sternberg*, 51. Ed. Stand 01.11.2024, Syst. A. Rn. 19; *Britz*, EuGRZ 2009, 1 (10); *Simitis*, NJW 1997, 281 (285); *Spies*, ZD 2022, 75 (75).

297 Kühling/Buchner/*Herbst*, 4. Aufl. 2024, Art. 5 DSGVO Rn. 22.

298 *Albers*, Informationelle Selbstbestimmung, 2005, S. 498 f.; *Härting*, NJW 2015, 3284 (3287).

299 NK-DatenschutzR/*Roßnagel*, 2. Aufl. 2025, Art. 5 DSGVO Rn. 67.

300 *Koning*, The purpose and limitations of purpose limitation, 2020, S. 58.

301 *Albers*, Informationelle Selbstbestimmung, 2005, S. 500.

302 Art. 29-Datenschutzgruppe, WP 203, 02.04.2013, S. 11; *Kring*, Big Data und der Grundsatz der Zweckbindung im Datenschutzrecht, 2019, S. 103; NK-DatenschutzR/*Roßnagel*, 2. Aufl. 2025, Art. 5 DSGVO Rn. 66; *v. Grafenstein*, DuD 2015, 789 (789 f.).

303 *Marsch*, Das europäische Datenschutzgrundrecht, 2018, S. 159.

304 GA *Kokott*, Schlussantr. v. 18.07.2007 – C-275/06, BeckRS 2007, 70553 Rn. 53; hierzu kritisch *Britz*, EuGRZ 2009, 1 (10).

305 Vgl. NK-DatenschutzR/*Roßnagel*, 2. Aufl. 2025, Art. 5 DSGVO Rn. 66.

Zu berücksichtigen ist aber, dass die Festlegung der Zwecke der Datenverarbeitung und die anschließende Bindung an diese Zwecke allein noch keine Transparenz und Vorhersehbarkeit für die betroffene Person schaffen. Nur wenn die Zwecke der betroffenen Person auch mitgeteilt werden, kann sie vorhersehen, was mit ihren personenbezogenen Daten geschieht. Nur das Zusammenwirken von Zweckbindung und Informationspflichten sowie Auskunftsrechten schafft Transparenz.[306]

4. Zwischenfazit

Die Hauptfunktion der Zweckbindung besteht in der Begrenzung der Datenverarbeitung, indem die Verwendungsmöglichkeiten des Verantwortlichen auf die festgelegten Zwecke beschränkt und damit weitere Grundrechtseingriffe vermieden werden. Die Verarbeitungszwecke fungieren als Bezugspunkt für die Datenverarbeitung und Prüfung der Erforderlichkeit, sodass die Zwecke die Verarbeitung personenbezogener Daten steuern und strukturieren. Darüber hinaus dient die Zweckbindung auch der Schaffung von Transparenz und Vorhersehbarkeit für die betroffenen Personen, wobei dieses Ziel nur im Zusammenwirken mit Informationspflichten sowie Auskunftsrechten erreicht wird.

IV. Fazit zu Kapitel B.: Entstehungsgeschichte, grundrechtlicher Rahmen und Funktion der Zweckbindung

Die vorstehende Auseinandersetzung mit den Grundlagen der Zweckbindung hat gezeigt, welche Bedeutung sie für den Datenschutz hat. Der Grundsatz der Zweckbindung ist für den Schutz personenbezogener Daten kaum wegzudenken.

Die Zweckbindung war bereits in der ersten Fassung des BDSG aus dem Jahr 1977 enthalten. Der Gesetzgeber baute die Zweckbindung, animiert durch das Volkszählungsurteil des BVerfG und die DSRL, schrittweise aus. Bis zu seiner Neufassung im Jahr 2018 enthielt das BDSG aber kein striktes Zweckbindungsgebot, sondern zeichnete sich durch Ausnahmetatbestände aus, die Zweckänderungen in einem weiten Umfang erlaubten. Die DSGVO, die seit 2018 anwendbar ist und in jedem Mitgliedstaat unmittelbar gilt, führt die Zweckbindung aus der Konvention Nr. 108 und der DSRL in Art. 5

306 S. zum Grundsatz der Transparenz nach Art. 5 Abs. 1 lit. a Var. 3 DSGVO Gliederungspunkt C.III.3.

Abs. 1 lit. b DSGVO fort. Darüber hinaus enthält Art. 6 Abs. 4 DSGVO eine Vorschrift für zweckändernde Weiterverarbeitungen.

Die Bedeutung der Zweckbindung folgt nicht zuletzt aus ihrer primärrechtlichen Verankerung in Art. 8 Abs. 2 S. 1 GRC. Hierbei handelt es sich um keine qualifizierte Schranke, sondern um Strukturprinzipien, die die Schutzpflichtdimension des Rechts auf Schutz personenbezogener Daten aus Art. 8 Abs. 1 GRC konkretisieren. Diese hat der europäische Gesetzgeber bei der Ausgestaltung einer adäquaten Datenschutzgesetzgebung zu beachten. Daneben enthält Art. 8 Abs. 1 GRC auch eine abwehrrechtliche Dimension, auf die die allgemeine Schranke des Art. 52 Abs. 1 GRC anzuwenden ist. Das Recht auf informationelle Selbstbestimmung aus Art. 2 Abs. 1 i. V. m. Art. 1 Abs. 1 GG wird im Anwendungsbereich der DSGVO durch das europäische Datenschutzgrundrecht verdrängt und spielt daher nur eine untergeordnete Rolle für den Bereich des Datenschutzes.

Die Hauptfunktion der Zweckbindung besteht in der Begrenzung der Datenverarbeitung, indem die Verwendungsmöglichkeiten des Verantwortlichen auf die festgelegten Zwecke beschränkt und dadurch weitere Grundrechtseingriffe vermieden werden. Als Bezugspunkt für die Datenverarbeitung und Prüfung der Erforderlichkeit, kommt den festgelegten Zwecken auch eine steuernde und strukturierende Funktion zu. Transparenz und Vorhersehbarkeit für die betroffenen Personen folgen nicht unmittelbar aus der Zweckbindung, sondern werden im Zusammenwirken mit Informationspflichten und Auskunftsrechten erreicht.

C. Die Zweckbindung in der Systematik der DSGVO

Nachdem im vorangegangenen Kapitel die Grundlagen zur Zweckbindung untersucht wurden, wendet sich dieses Kapitel der Zweckbindung in der Systematik der DSGVO zu. Dabei soll zunächst in einem ersten Schritt ein Blick auf ihre Verortung in der DSGVO geworfen werden (I.). Dem schließt sich eine nähere Untersuchung der Datenschutzgrundsätze an (II.). Aufgrund der sehr abstrakten Formulierung der Grundsätze stellen sich zahlreiche Fragen im Hinblick auf ihre Rechtsnatur, den Anwendungsbereich, den Adressatenkreis sowie ihre Sanktionierung. Nach Erörterung dieser Aspekte wird auf das Verhältnis der Zweckbindung zu den anderen Datenschutzgrundsätzen eingegangen (III.).

I. Verortung in der DSGVO

Die DSGVO umfasst insgesamt 99 Artikel, die in elf Kapitel unterteilt sind, sowie 173 Erwägungsgründe.[307] Damit geht sie weit über den Umfang der DSRL hinaus, die insgesamt 34 Artikel und 101 Erwägungsgründe enthielt. Wie die DSRL verortet die DSGVO die Datenschutzgrundsätze am Anfang der Verordnung, konkret in Kapitel II, das sieben Artikel enthält und die Überschrift „Grundsätze" trägt. Dort steht Art. 5 DSGVO mit der Überschrift „Grundsätze für die Verarbeitung personenbezogener Daten" an erster Stelle. Die Vorschrift regelt in Abs. 1 neben dem Grundsatz der Zweckbindung (lit. b) auch die Grundsätze der Rechtmäßigkeit (lit. a Var. 1),[308] Verarbeitung nach Treu und Glauben (lit. a Var. 2),[309] Transparenz (lit. a Var. 3),[310] sowie die der Datenminimierung (lit. c),[311] Richtigkeit (lit. d),[312] Speicherbegrenzung (lit. e),[313] Integrität und Vertraulichkeit (lit. f).[314] Zudem ist in Abs. 2 die Rechenschaftspflicht geregelt.[315]

Die dem Art. 5 DSGVO folgenden Vorschriften regeln Rechtsgrundlagen für die Verarbeitung personenbezogener Daten (Art. 6 DSGVO), Voraus-

---

307 Kühling/Buchner/*Kühling/Raab*, 4. Aufl. 2024, Einführung Rn. 84 f.; BeckOK DatenschutzR/*Wolff/Brink*, 51. Ed. Stand 01.11.2024, Einleitung zur DSGVO Rn. 17.

308 S. Gliederungspunkt C.III.1.

309 S. Gliederungspunkt C.III.2.

310 S. Gliederungspunkt C.III.3.

311 S. Gliederungspunkt C.III.4.

312 S. Gliederungspunkt C.III.5.

313 S. Gliederungspunkt C.III.6.

314 S. Gliederungspunkt C.III.7.

315 S. Gliederungspunkt C.III.8.

setzungen einer wirksamen Einwilligung (Art. 7, 8 DSGVO) sowie weitere Anforderungen an die Verarbeitung besonderer Kategorien personenbezogener Daten (Art. 9 DSGVO). Im Übrigen finden sich in Kapitel II besondere Vorschriften für die Verarbeitung von straftatbezogenen Daten (Art. 10 DSGVO) und für Datenverarbeitungen, bei denen eine Identifizierung der betroffenen Person nicht erforderlich ist (Art. 11 DSGVO).[316]

II. Systematik der Datenschutzgrundsätze

Die Datenschutzgrundsätze nehmen in der DSGVO eine zentrale Stellung ein. Da sie aber „ausgesprochen allgemein gehalten und konkretisierungsbedürftig [sind]",[317] ergeben sich Fragen, die sich in dieser Form unter der DSRL als nicht unmittelbar anwendbares Recht noch nicht stellten. Daher soll ausgehend von ihrer Rechtsnatur sowie ihrem Anwendungsbereich der Adressatenkreis geklärt werden. Darüber hinaus wendet sich die Untersuchung angesichts der in der DSGVO erheblich erweiterten Sanktionsmöglichkeiten der Frage nach der Bestimmtheit der Datenschutzgrundsätze zu.

1. Rechtsnatur

Art. 5 DSGVO stellt – anders als Art. 6 DSRL, der sich an die Mitgliedstaaten richtete und von diesen in nationales Recht umgesetzt werden musste[318] – unmittelbar geltendes Recht dar.[319] Allein durch diesen Umstand ergibt sich trotz im Wesentlichen gleich gebliebener Grundsätze ein erheblicher Bedeutungszuwachs des Art. 5 DSGVO.[320] Aufgrund ihrer unmittelbaren Geltung handelt es sich bei den in Art. 5 DSGVO genannten Grundsätzen nicht um allgemein zu beachtende Programmsätze,[321] sondern um

316 Sydow/Marsch/*Sydow*, 3. Aufl. 2022, Einleitung Rn. 20; BeckOK DatenschutzR/*Wolff/Brink*, 51. Ed. Stand 01.11.2024, Einleitung zur DSGVO Rn. 17.

317 BeckOK DatenschutzR/*Schantz*, 51. Ed. Stand 01.11.2021, Art. 5 DSGVO Rn. 2.

318 So auch der Wortlaut des Art. 6 Abs. 1 DSRL: „Die Mitgliedstaaten sehen vor, daß personenbezogene Daten […]."; BeckOK DatenschutzR/*Schantz*, 51. Ed. Stand 01.11.2021, Art. 5 DSGVO Rn. 2.

319 *Schantz/Wolff*, Das neue Datenschutzrecht, 2017, Rn. 384; Ehmann/Selmayr/*Heberlein*, 3. Aufl. 2024, Art. 5 DSGVO Rn. 1; NK-DatenschutzR/*Roßnagel*, 2. Aufl. 2025, Art. 5 DSGVO Rn. 23.

320 *Schantz/Wolff*, Das neue Datenschutzrecht, 2017, Rn. 384.

321 *Albrecht/Jotzo*, Das neue Datenschutzrecht der EU, 2017, Teil 2 Rn. 1; Paal/Pauly/*Frenzel*, 3. Aufl. 2021, Art. 5 DSGVO Rn. 2; SJTK/*Jaspers/Schwartmann/Hermann*, 3. Aufl. 2024, Art. 5 DSGVO Rn. 10; Auernhammer/*Kramer*, 8. Aufl. 2023, Art. 5 DSGVO Rn. 5; Plath/*Plath*, 4. Aufl. 2023, Art. 5 DSGVO Rn. 2; BeckOK DatenschutzR/*Schantz*, 51. Ed. Stand 01.11.2021, Art. 5 DSGVO Rn. 2; *Roßnagel*, ZD 2018, 339 (343).

verbindliche Vorschriften,[322] aus denen sich konkrete Pflichten ergeben.[323] Die Literatur spricht insoweit auch von „Grundpflichten" der Datenverarbeitung,[324] die sich „wie ein roter Faden durch die gesamte DS-GVO ziehen".[325] Dem steht nicht entgegen, dass die Vorschrift nicht im klassischen Konditionalschema mit Tatbestand und Rechtsfolge formuliert ist[326] oder dass die Pflichten auslegungsbedürftig sind.[327] Die Datenschutzgrundsätze des Art. 5 DSGVO sind nach dem Wortlaut bei jeder Verarbeitung personenbezogener Daten zu beachten.[328]

Darüber hinaus sind Teile der Literatur der Ansicht, dass Art. 5 DSGVO das „Wie" der Datenverarbeitung regele[329] und Art. 6 DSGVO das „Ob" der Datenverarbeitung.[330] Diese Unterscheidung erscheint auf dem ersten Blick plausibel, ist aber bei genauerer Betrachtung ungenau, da insbesondere die in Art. 6 Abs. 1 DSGVO geregelten Erlaubnistatbestände den Grundsatz der Rechtmäßigkeit aus Art. 5 Abs. 1 lit. a Var. 1 DSGVO konkretisieren,[331] sodass die Datenschutzgrundsätze auch das „Ob" der Datenverarbeitung regeln. Die Reduzierung des Art. 5 DSGVO auf das „Wie" der Datenverarbeitung erweist sich daher als ungenau.

2. Anwendungsbereich

Die Datenschutzgrundsätze gelten nach dem Wortlaut und der Überschrift des Art. 5 DSGVO für die Verarbeitung personenbezogener Daten. Die Vorschrift sieht insoweit auch keine Ausnahmen vor, sodass die Grundsätze bei jeder Verarbeitung personenbezogener Daten zu beachten sind,[332] die unter

322 *Albrecht/Jotzo*, Das neue Datenschutzrecht der EU, 2017, Teil 2 Rn. 1; BeckOK DatenschutzR/*Schantz*, 51. Ed. Stand 01.11.2021, Art. 5 DSGVO Rn. 2.

323 Ehmann/Selmayr/*Heberlein*, 3. Aufl. 2024, Art. 5 DSGVO Rn. 5; Taeger/Gabel/*Voigt*, 4. Aufl. 2022, Art. 5 DSGVO Rn. 1.

324 Plath/*Plath*, 4. Aufl. 2023, Art. 5 DSGVO Rn. 2; Sydow/Marsch/*Reimer*, 3. Aufl. 2022, Art. 5 DSGVO Rn. 2; BeckOK DatenschutzR/*Schantz*, 51. Ed. Stand 01.11.2021, Art. 5 DSGVO Rn. 2.

325 Spindler/Schuster/*Spindler/Dalby*, 4. Aufl. 2019, Art. 5 DSGVO Rn. 1; so auch Gola/Heckmann/*Pötters*, 3. Aufl. 2022, Art. 5 DSGVO Rn. 4; in diese Richtung auch NK-DatenschutzR/*Roßnagel*, 2. Aufl. 2025, Art. 5 DSGVO Rn. 15.

326 Gola/Heckmann/*Pötters*, 3. Aufl. 2022, Art. 5 DSGVO Rn. 4.

327 *Roßnagel*, ZD 2018, 339 (342).

328 S. Gliederungspunkt C.II.2.

329 SJTK/*Jaspers/Schwartmann/Hermann*, 3. Aufl. 2024, Art. 5 DSGVO Rn. 6; Sydow/Marsch/*Reimer*, 3. Aufl. 2022, Art. 5 DSGVO Rn. 1.

330 Sydow/Marsch/*Reimer*, 3. Aufl. 2022, Art. 5 DSGVO Rn. 1.

331 S. Gliederungspunkt C.III.1.

332 EuGH, Urt. v. 30.03.2023 – C-34/21, BeckRS 2023, 5635 Rn. 68; EuGH, Urt. v. 24.02.2022 – C-175/20, BeckRS 2022, 2616 Rn. 50; Ehmann/Selmayr/*Heberlein*,

den Anwendungsbereich der DSGVO fallen.[333] Daher werden im Folgenden zunächst die zentralen Begriffe des Datenschutzrechts „personenbezogene Daten" und „Verarbeitung" näher definiert. Im Anschluss daran wird auf die Anwendung der Datenschutzgrundsätze im Beschäftigungskontext eingegangen.

a) Verarbeitung personenbezogener Daten

Bei den Begriffen „personenbezogene Daten" und „Verarbeitung" handelt es sich um zentrale Begriffe des Datenschutzrechts. Sie stehen daher auch am Anfang der Begriffsbestimmungen in Art. 4 DSGVO.

aa) Personenbezogene Daten

Personenbezogene Daten sind nach der Begriffsbestimmung in Art. 4 Nr. 1 DSGVO „alle Informationen, die sich auf eine identifizierte oder identifizierbare natürliche Person […] beziehen". Dieser Definition lassen sich im Wesentlichen vier Merkmale entnehmen, die kumulativ erfüllt sein müssen: die Information, ihr Personenbezug, die natürliche Person und ihre Identifizierung oder Identifizierbarkeit.[334]

Der Begriff der Information umfasst sowohl objektive Verhältnisse als auch subjektive Meinungen und Beurteilungen.[335] Dabei kommt es auf den Wahrheitsgehalt der Information nicht an.[336] Die Information weist dann einen Personenbezug auf, wenn es sich um eine Information *über* eine Person handelt.[337] Insoweit genügt bei Sachdaten auch ein mittelbarer Bezug, wenn sie mit einer Person in Verbindung gebracht werden können.[338] Darüber hinaus ist ein Personenbezug auch dann zu bejahen, wenn die Informationen „mit dem Zweck verwendet werden bzw. verwendet werden könnten, eine Person zu beurteilen, in einer bestimmten Weise zu behandeln oder ihre Stellung

---

3. Aufl. 2024, Art. 5 DSGVO Rn. 1; NK-DatenschutzR/*Roßnagel*, 2. Aufl. 2025, Art. 5 DSGVO Rn. 15.

333 Art. 2 Abs. 1 DSGVO.

334 Art. 29-Datenschutzgruppe, WP 136, 20.06.2007, S. 6; Ehmann/Selmayr/*Klabunde/Horváth*, 3. Aufl. 2024, Art. 4 DSGVO Rn. 8; MHdB ArbR/*Wybitul*, 6. Aufl. 2024, § 96 Rn. 21.

335 Taeger/Gabel/*Arning/Rothkegel*, 4. Aufl. 2022, Art. 4 DSGVO Rn. 6; Ehmann/Selmayr/*Klabunde/Horváth*, 3. Aufl. 2024, Art. 4 DSGVO Rn. 9; MHdB ArbR/*Wybitul*, 6. Aufl. 2024, § 96 Rn. 22.

336 Ehmann/Selmayr/*Klabunde/Horváth*, 3. Aufl. 2024, Art. 4 DSGVO Rn. 9; MHdB ArbR/*Wybitul*, 6. Aufl. 2024, § 96 Rn. 22.

337 Art. 29-Datenschutzgruppe, WP 136, 20.06.2007, S. 11 bezeichnet einen solchen Personenbezug als „Inhaltselement".

338 MHdB ArbR/*Wybitul*, 6. Aufl. 2024, § 96 Rn. 23.

oder ihr Verhalten zu beeinflussen“[339] oder „sich ihre Verwendung [...] auf die Rechte und Interessen einer bestimmten Person auswirken könnte.“[340] Die Information muss sich auf eine natürliche Personen beziehen, die in Art. 4 Nr. 1 DSGVO beiläufig auch als „betroffene Person“ bezeichnet wird.[341] Eine Information, die sich auf eine juristische Personen bezieht, stellt nur dann ein personenbezogenes Datum dar, wenn aus ihr eine natürliche Person hervorgeht.[342]

Schließlich setzt ein personenbezogenes Datum die Identifizierung oder Identifizierbarkeit einer natürlichen Person voraus.[343] Anders als beim Personenbezug genügt hier kein Bezug zu irgendeiner natürlichen Person. Vielmehr muss eine spezifische Person identifiziert sein oder identifiziert werden können.[344] An dieser Stelle wird regelmäßig die Frage relevant, ob es für die Identifizierbarkeit ausschließlich auf das Wissen des Verantwortlichen ankommt oder ob auch das Wissen Dritter zu berücksichtigen ist.[345] Der EuGH stellt grundsätzlich auf das Wissen des Verantwortlichen ab. Die zur Identifizierung einer natürlichen Person erforderlichen Informationen müssen sich nicht „in den Händen einer einzigen Einrichtung befinden“.[346] Der Verantwortliche muss sich jedoch bei der Frage der Identifizierbarkeit alle Mittel zurechnen lassen, die „vernünftigerweise entweder von dem Verantwortlichen im Sinne von Art. 4 Nr. 7 DSGVO oder von einem Dritten eingesetzt werden könnten, um die betreffende Person zu bestimmen“.[347] Diese Vorgabe weist eine gewisse Unschärfe auf, da der EuGH das Merkmal „vernünftigerweise“ nicht näher definiert.[348] In einer Entscheidung ließ der EuGH jedoch zumindest durchblicken, dass z. B. unverhältnismäßiger Aufwand an Zeit, Kosten und Arbeitskräften der Identifizierung einer konkreten

339 Art. 29-Datenschutzgruppe, WP 136, 20.06.2007, S. 11 f. bezeichnet einen solchen Personenbezug als „Zweckelement“.

340 Art. 29-Datenschutzgruppe, WP 136, 20.06.2007, S. 13 bezeichnet einen solchen Personenbezug als „Ergebniselement“.

341 Taeger/Gabel/*Arning/Rothkegel*, 4. Aufl. 2022, Art. 4 DSGVO Rn. 15; Ehmann/Selmayr/*Klabunde/Horváth*, 3. Aufl. 2024, Art. 4 DSGVO Rn. 12.

342 Taeger/Gabel/*Arning/Rothkegel*, 4. Aufl. 2022, Art. 4 DSGVO Rn. 17.

343 MHdB ArbR/*Wybitul*, 6. Aufl. 2024, § 96 Rn. 26.

344 Taeger/Gabel/*Arning/Rothkegel*, 4. Aufl. 2022, Art. 4 DSGVO Rn. 22.

345 *Mühlenbeck*, Anonyme und pseudonyme Daten, 2023, S. 106 ff.; Taeger/Gabel/*Arning/Rothkegel*, 4. Aufl. 2022, Art. 4 DSGVO Rn. 33 ff.; Kühling/Buchner/*Klar/Kühling*, 4. Aufl. 2024, Art. 4 Nr. 1 DSGVO Rn. 25 ff.; *Krügel*, ZD 2017, 455 (459); *Wildberg/Lee-Wunderlich*, CCZ 2023, 281 (282).

346 EuGH, Urt. v. 09.11.2023 – C-319/22, GRUR-RS 2023, 30962 Rn. 45; EuGH, Urt. v. 19.10.2016 – C-582/14, BeckRS 2016, 82520 Rn. 42 f.

347 EuGH, Urt. v. 09.11.2023 – C-319/22, GRUR-RS 2023, 30962 Rn. 45.

348 S. hierzu bereits *Zhou/Peisker*, ZD-Aktuell 2023, 01449.

Person entgegenstehen kann.[349] Im Ergebnis kommt es daher immer auf die dem Verantwortlichen zur Verfügung stehenden Mittel im Einzelfall an.[350]

bb) Verarbeitung

Der Begriff der Verarbeitung umfasst nach Art. 4 Nr. 2 DSGVO „jeden mit oder ohne Hilfe automatisierter Verfahren ausgeführten Vorgang oder jede solche Vorgangsreihe im Zusammenhang mit personenbezogenen Daten“. Die Begriffsbestimmung führt zudem einige Verarbeitungsmöglichkeiten auf, die von der Erhebung personenbezogener Daten bis zu ihrer Löschung reichen. Diese Aufzählung ist nicht abschließend, sodass im Ergebnis jeder Umgang mit personenbezogenen Daten vom Verarbeitungsbegriff erfasst wird.[351]

Ob die Verarbeitung mit oder ohne Hilfe automatisierter Verfahren, also unter Verwendung technischer Hilfsmittel,[352] erfolgt, ist unerheblich, da Art. 4 Nr. 2 DSGVO ausdrücklich beide Fälle erfasst.[353] Damit reicht der Verarbeitungsbegriff weiter als der Anwendungsbereich der DSGVO.[354] Denn nach Art. 2 Abs. 1 DSGVO fällt die nichtautomatisierte Datenverarbeitung nur dann unter den sachlichen Anwendungsbereich der DSGVO, wenn die Daten „in einem Dateisystem gespeichert sind oder gespeichert werden sollen.“ Ein Dateisystem ist nach der Definition in Art. 4 Nr. 6 DSGVO „jede strukturierte Sammlung personenbezogener Daten, die nach bestimmten Kriterien zugänglich sind“. Eine Sammlung gilt als strukturiert, wenn sie nach Namen, Gruppenmerkmalen, Chronologie sortiert ist.[355] Akten, die keine Struktur aufweisen, oder lose Zettelsammlungen werden dagegen nicht vom Anwendungsbereich der DSGVO erfasst,[356] auch wenn sie unter den Verarbeitungsbegriff nach Art. 4 Nr. 2 DSGVO fallen.[357]

---

349 EuGH, Urt. v. 19.10.2016 – C-582/14, BeckRS 2016, 82520 Rn. 46; *Mühlenbeck*, Anonyme und pseudonyme Daten, 2023, S. 126 sieht darin eine „Verhältnismäßigkeitsabwägung“.

350 *Wildberg/Lee-Wunderlich*, CCZ 2023, 281 (284) in Bezug auf IP-Adressen.

351 Auernhammer/*Eßer*, 8. Aufl. 2023, Art. 4 DSGVO Rn. 33; Gola/Heckmann/*Gola*, 3. Aufl. 2022, Art. 4 DSGVO Rn. 35; Kühling/Buchner/*Herbst*, 4. Aufl. 2024, Art. 4 Nr. 2 DSGVO Rn. 4; HWK/*Lembke*, 11. Aufl. 2024, Einleitung Rn. 22; Preis/Sagan/*Pötters/Schmidt*, Europäisches Arbeitsrecht, 3. Aufl. 2024, § 20 Rn. 25; Plath/*Schreiber*, 4. Aufl. 2023, Art. 4 DSGVO Rn. 9; MHdB ArbR/*Wybitul*, 6. Aufl. 2024, § 96 Rn. 36.

352 Kühling/Buchner/*Herbst*, 4. Aufl. 2024, Art. 4 Nr. 2 DSGVO Rn. 17.

353 Auernhammer/*Eßer*, 8. Aufl. 2023, Art. 4 DSGVO Rn. 35.

354 Vgl. Kühling/Buchner/*Herbst*, 4. Aufl. 2024, Art. 4 Nr. 2 DSGVO Rn. 19.

355 Plath/*Plath/Struck*, 4. Aufl. 2023, Art. 2 DSGVO Rn. 13.

356 Plath/*Plath/Struck*, 4. Aufl. 2023, Art. 2 DSGVO Rn. 14.

357 Kühling/Buchner/*Herbst*, 4. Aufl. 2024, Art. 4 Nr. 2 DSGVO Rn. 19.

b) Anwendung im Beschäftigungskontext

Die Datenschutzgrundsätze des Art. 5 DSGVO sind bei jeder Verarbeitung personenbezogener Daten zu beachten – und damit auch im Beschäftigungskontext.[358] Insoweit stellt sich die Frage nach der Bedeutung des § 26 Abs. 5 BDSG, wonach der Verantwortliche bei der Verarbeitung personenbezogener Beschäftigtendaten „geeignete Maßnahmen ergreifen [muss], um sicherzustellen, dass insbesondere die in Artikel 5 der Verordnung (EU) 2016/679 dargelegten Grundsätze für die Verarbeitung personenbezogener Daten eingehalten werden." Bei § 26 BDSG handelt es sich um die zentrale Vorschrift des deutschen Beschäftigtendatenschutzes.[359] Die Wirksamkeit des § 26 BDSG steht aber seit einer EuGH-Entscheidung aus dem Jahr 2023 in Frage.[360] Im Folgenden wird daher zunächst ein Überblick über die Vorschrift gegeben.

aa) Rechtsgrundlagen im Beschäftigtendatenschutz

Die DSGVO enthält trotz ihres vollharmonisierenden Charakters eine Vielzahl von Öffnungsklauseln, die es den Mitgliedstaaten erlauben, in bestimmten Bereichen eigene Regelungen für den Datenschutz zu erlassen.[361] Dazu gehört Art. 88 Abs. 1 DSGVO, wonach Mitgliedstaaten „durch Rechtsvorschriften oder durch Kollektivvereinbarungen spezifischere Vorschriften zur Gewährleistung des Schutzes der Rechte und Freiheiten hinsichtlich der Verarbeitung personenbezogener Beschäftigtendaten im Beschäftigungskontext […] vorsehen [können]." Von dieser Öffnungsklausel machte der Gesetzgeber Gebrauch, indem er im Zuge der Neufassung des BDSG den § 26 schuf, der sich an § 32 BDSG a. F. orientierte und die zentrale Vorschrift für den Beschäftigtendatenschutz darstellen sollte.[362]

(1) Öffnungsklausel, Art. 88 DSGVO

Die Frage, welche Anforderungen an „spezifischere Vorschriften" i. S. d. Art. 88 Abs. 1 DSGVO für Datenverarbeitungen im Beschäftigungskon-

---

358 *König*, Beschäftigtendatenschutz in der Beratungspraxis, 2020, § 3 Rn. 1.

359 Auernhammer/*Meder*, 8. Aufl. 2023, § 26 BDSG Rn. 1; s. hierzu *Gola*, BB 2017, 1462; *Wybitul*, NZA 2017, 413.

360 EuGH, Urt. v. 30.03.2023 – C-34/21, BeckRS 2023, 5635; s. hierzu *Musiol*, Hinweisgeberschutz und Datenschutz, 2023, S. 86 ff.; *Schild*, ZD-Aktuell 2021, 05470.

361 *Kühling/Martini*, EuZW 2016, 448 (448) sprechen daher von einer „Richtlinie im Verordnungsgewand".

362 Kühling/Buchner/*Maschmann*, 4. Aufl. 2024, § 26 BDSG Rn. 3; Auernhammer/*Meder*, 8. Aufl. 2023, § 26 BDSG Rn. 1; Thüsing/*Thüsing*, Beschäftigtendatenschutz und Compliance, 3. Aufl. 2021, § 1 Rn. 13.

text zu stellen sind, war lange umstritten.[363] In der Rs. C-34/21 erhielt der EuGH erstmals die Gelegenheit, sich mit dieser Frage näher auseinanderzusetzen.[364] Gegenstand der Vorabentscheidungsersuchens war jedoch nicht § 26 BDSG,[365] sondern § 23 Abs. 1 S. 1 HDSIG bzw. § 86 Abs. 4 S. 1 HBG.[366] Hierbei handelt es sich um landesdatenschutzrechtliche Vorschriften, die spezielle Rechtsgrundlagen für die Verarbeitung personenbezogener Daten im Beamtenkontext regeln.[367] Ihr Wortlaut deckt sich jedoch mit dem des § 26 Abs. 1 S. 1 Alt. 1 BDSG,[368] sodass sich die Ausführungen des EuGH auf diese Vorschrift übertragen lassen.[369]

Der EuGH stellte klar, dass sich die „spezifischeren" Vorschriften von den Regelungen der DSGVO unterscheiden müssen.[370] Die Wiederholung der Inhalte der DSGVO stehe dem unionsrechtlichen Normwiederholungsverbot entgegen.[371] Dies gelte insbesondere für die Datenschutzgrundsätze des Art. 5 DSGVO sowie die Rechtsgrundlagen des Art. 6 DSGVO, da sie ohnehin bei jeder Datenverarbeitung zu beachten seien.[372] Die DSGVO nehme durch die Öffnungsklausel in Art. 88 Abs. 1 DSGVO für die Verarbeitung personenbezogener Beschäftigtendaten einen Bruch in der Harmonisierung in Kauf, wobei aber die Vorgaben des Art. 88 Abs. 2 DSGVO die Grenze der zulässigen Differenzierung seien.[373] Danach müssen die spezifischeren Vorschriften „geeignete und besondere Maßnahmen zur Wahrung der menschlichen Würde, der berechtigten Interessen und der Grundrechte der betroffenen Person [umfassen]". Der Gehalt dieser Vorschrift ist jedoch unklar.[374] Nach dem Wortlaut des Art. 88 Abs. 2 DSGVO ist davon auszu-

363 S. hierzu den Überblick von *Morasch*, Datenverarbeitung im Beschäftigungskontext, 2019, S. 60 ff. und *Wünschelbaum*, Kollektivautonomer Datenschutz, 2022, S. 44 f.

364 EuGH, Urt. v. 30.03.2023 – C-34/21, BeckRS 2023, 5635.

365 Das BAG verzichtete zuvor bei § 26 Abs. 1 S. 1 BDSG auf ein Vorabentscheidungsersuchen, da es der Ansicht war, dass die Vorschrift den Vorgaben des Art. 88 DSGVO entspreche und die richtige Anwendung des Unionsrechts insoweit derart offenkundig sei, dass für vernünftige Zweifel kein Raum bleibe (acte clair), BAG, Beschl. v. 07.05.2019 – 1 ABR 53/17, BeckRS 2019, 18161 Rn. 47 f.

366 Die Vorlage geht auf das VG Wiesbaden, Beschl. v. 21.12.2020 – 23 K 1360/20. WI.PV, BeckRS 2020, 40028 zurück.

367 *Kaufmann/Wegmann/Wieg*, NZA 2023, 740 (741).

368 *Kaufmann/Wegmann/Wieg*, NZA 2023, 740 (741); *Zhou/Wybitul*, ArbRB 2023, 240 (241).

369 *Zhou/Wybitul*, ArbRB 2023, 240 (241).

370 EuGH, Urt. v. 30.03.2023 – C-34/21, BeckRS 2023, 5635 Rn. 65.

371 EuGH, Urt. v. 30.03.2023 – C-34/21, BeckRS 2023, 5635 Rn. 65.

372 EuGH, Urt. v. 30.03.2023 – C-34/21, BeckRS 2023, 5635 Rn. 69 ff.; so auch zuletzt EuGH, Urt. v. 19.12.2024 – C-65/23, GRUR-RS 2024, 35912 Rn. 49.

373 EuGH, Urt. v. 30.03.2023 – C-34/21, BeckRS 2023, 5635 Rn. 73.

374 BeckOK DatenschutzR/*Riesenhuber*, 51. Ed. Stand 01.02.2025, Art. 88 DSGVO Rn. 78; *Dammann*, ZD 2016, 307 (310) hält die Vorschrift für „konturlos".

gehen, dass die Vorschrift mit dem Begriff „Maßnahmen" auf „etwas Tatsächliches ab[zielt], nämlich konkrete Vorgaben an die eigentliche und tatsächliche Datenverarbeitung."[375] Folglich geht es im Kern um die Regelung konkreter technischer und organisatorischer Maßnahmen i. S. d. Art. 24, 25 und 32 DSGVO.[376]

(2) (Un)wirksamkeit des § 26 BDSG?

Die landesdatenschutzrechtlichen Vorschriften, die dem Vorlageverfahren zugrunde lagen, und damit auch der fast wortgleiche § 26 Abs. 1 S. 1 Alt. 1 BDSG stellen nach der Rechtsprechung des EuGH keine spezifischeren Vorschriften i. S. d. Art. 88 DSGVO dar.[377] Sie übernehmen das Merkmal der Erforderlichkeit aus Art. 6 Abs. 1 UAbs. 1 lit. b DSGVO, sodass im Ergebnis kein Unterschied zwischen nationalem Recht und der DSGVO besteht.[378] Zu der Frage, welche Folgen die Nichteinhaltung der Vorgaben des Art. 88 DSGVO für die nationalen Vorschriften hat, stellte der EuGH fest, dass solche Vorschriften nicht mehr angewendet werden dürfen.[379]

Die Rechtsgrundlage des § 26 Abs. 1 S. 1 Alt. 1 BDSG ist damit nicht mehr anwendbar.[380] Die Folgen bleiben für den Beschäftigtendatenschutz jedoch gering: Zwar können sich Arbeitgeber nicht mehr auf die Generalklausel des § 26 Abs. 1 S. 1 Alt. 1 BDSG berufen. Sie können aber auf die allgemeinen Rechtsgrundlagen des Art. 6 Abs. 1 DSGVO zurückgreifen.[381] Dort tritt vor allem Art. 6 Abs. 1 UAbs. 1 lit. b DSGVO an die Stelle des § 26 Abs. 1 S. 1 Alt. 1 BDSG.[382] Hiernach ist die Verarbeitung personenbezogener Daten rechtmäßig, wenn sie für die Erfüllung eines Vertrags oder zur Durchführung vorvertraglicher Maßnahmen erforderlich ist. Da gerade der fehlende Unterschied zwischen den beiden Vorschriften die Unanwendbarkeit des § 26 Abs. 1 S. 1 Alt. 1 BDSG begründet, muss auch derselbe Maß-

---

375 Ehmann/Selmayr/*Selk*, 3. Aufl. 2024, Art. 88 DSGVO Rn. 127; Kühling/Buchner/*Maschmann*, 4. Aufl. 2024, Art. 88 DSGVO Rn. 43 sieht hingegen in Art. 88 Abs. 2 DSGVO eine Wiederholung der „allgemeine[n] Abwägungsformel des Art. 6 Abs. 1 lit. f. [DSGVO]".

376 Ehmann/Selmayr/*Selk*, 3. Aufl. 2024, Art. 88 DSGVO Rn. 124 ff.

377 BAG, Urt. v. 08.05.2025 – 8 AZR 209/21, BeckRS 2025, 9576 Rn. 17; *Glocker/Hoffmann*, BB 2023, 1333 (1334); *Kaufmann/Wegmann/Wieg*, NZA 2023, 740 (741 f.); *Zhou/Wybitul*, ArbRB 2023, 240 (241).

378 Vgl. EuGH, Urt. v. 30.03.2023 – C-34/21, BeckRS 2023, 5635 Rn. 81.

379 EuGH, Urt. v. 30.03.2023 – C-34/21, BeckRS 2023, 5635 Rn. 89.

380 *Gola/Thüsing*, Handbuch Beschäftigtendatenschutz, 9. Aufl. 2025, Rn. 180 ff.

381 *Zhou/Wybitul*, ArbRB 2023, 240 (241).

382 *Gola/Thüsing*, Handbuch Beschäftigtendatenschutz, 9. Aufl. 2025, Rn. 1003; *Hornung*, ZD 2023, 309 (310); *Kaufmann/Wegmann/Wieg*, NZA 2023, 740 (742); *Zhou/Wybitul*, ArbRB 2023, 240 (241 f.).

stab an die Zulässigkeit der Datenverarbeitung angelegt werden.[383] Zu berücksichtigen ist jedoch, dass die letztverbindliche Auslegung in Bezug auf Art. 6 Abs. 1 UAbs. 1 lit. b DSGVO dem EuGH obliegt, sodass die Rechtsprechung des BAG zu § 26 Abs. 1 S. 1 Alt. 1 BDSG sowie § 32 BDSG a. F. nicht ohne Weiteres übertragen werden kann.[384] Im Übrigen gewinnen auch die Rechtsgrundlagen nach Art. 6 Abs. 1 UAbs. 1 lit. c und f DSGVO im Beschäftigungskontext an Bedeutung.[385] Danach ist die Verarbeitung personenbezogener Daten rechtmäßig, wenn sie zur Erfüllung rechtlicher Verpflichtungen oder zur Wahrung berechtigter Interessen des Verantwortlichen oder eines Dritten erforderlich ist. Der Beschäftigtendatenschutz verlagert sich damit weitgehend ins Europarecht.[386]

Obwohl § 26 Abs. 1 S. 1 Alt. 1 BDSG den Anforderungen des Art. 88 DSGVO nicht entspricht, verbleibt der Vorschrift ein kleiner Bereich, in dem sie weiterhin Anwendung findet: Denn nach § 26 Abs. 7 BDSG sind die Abs. 1 bis 6 auch dann anzuwenden, wenn die Beschäftigtendaten weder in einem Dateisystem gespeichert sind noch dort gespeichert werden sollen.[387] Hier geht das BDSG über den Anwendungsbereich der DSGVO hinaus, da nach Art. 2 Abs. 1 DSGVO die nichtautomatisierte Verarbeitung personenbezogener Daten nur dann erfasst wird, wenn die Daten in einem Dateisystem gespeichert sind oder gespeichert werden sollen.[388] Für den Bereich, bei dem das BDSG über den Anwendungsbereich der DSGVO hinausgeht, ist § 26 BDSG nicht an der Öffnungsklausel des Art. 88 DSGVO zu messen. Dies führt aber bei der Verarbeitung personenbezogener Beschäftigtendaten zu der unbefriedigenden Situation, dass § 26 Abs. 1 S. 1 Alt. 1 BDSG, abhängig von der Verarbeitungssituation, mal anwendbar ist und mal nicht.[389]

Was die restlichen Bestimmungen des § 26 BDSG betrifft, ist für jede Bestimmung gesondert zu prüfen, ob sie die durch den EuGH konkretisierten Vorgaben des Art. 88 DSGVO einhält. Im Ergebnis dürften aber die Rechtsgrundlagen des § 26 Abs. 1 S. 1 Alt. 2, S. 2, Abs. 2 und 3 und 4 grundsätzlich weiterhin Bestand haben, da sie die Vorgaben der DSGVO nicht nur inhaltsgleich wiederholen, sondern darüber hinaus zusätzliche Voraussetzungen regeln bzw. teilweise auf anderen Öffnungsklauseln beruhen.[390]

---

383 *Thüsing/Peisker*, NZA 2023, 213 (214); so auch *Hornung*, ZD 2023, 309 (310).

384 *Wünschelbaum*, NZA 2023, 542 (545).

385 *Kaufmann/Wegmann/Wieg*, NZA 2023, 740 (743); *Zhou/Wybitul*, ArbRB 2023, 240 (242).

386 *Gola/Thüsing*, Handbuch Beschäftigtendatenschutz, 9. Aufl. 2025, Rn. 185.

387 *Franzen*, EuZA 2022, 261 (262); *Thüsing/Peisker*, NZA 2023, 213 (215).

388 S. Gliederungspunkt C.II.2.a)bb).

389 *Thüsing*, DB 2024, 2830 (2830).

390 *Gola/Thüsing*, Handbuch Beschäftigtendatenschutz, 9. Aufl. 2025, Rn. 186 ff.; *Glocker/Hoffmann*, BB 2023, 1333 (1335); *Kaufmann/Wegmann/Wieg*, NZA 2023, 740

bb) Verweis auf die Datenschutzgrundsätze, § 26 Abs. 5 BDSG

Für die vorliegende Arbeit ist der Verweis des § 26 Abs. 5 BDSG auf die Grundsätze des Art. 5 DSGVO relevant. Nach dieser Vorschrift muss der Verantwortliche „geeignete Maßnahmen ergreifen, um sicherzustellen, dass insbesondere die in Artikel 5 der Verordnung (EU) 2016/679 dargelegten Grundsätze für die Verarbeitung personenbezogener Daten eingehalten werden." Es stellt sich die Frage, welche Bedeutung diesem Verweis zukommt.

Bereits vor der Entscheidung des EuGH zu den Anforderungen des Art. 88 DSGVO wurde § 26 Abs. 5 BDSG in der Literatur kritisiert und teilweise als „Angstklausel" bezeichnet.[391] Zu Recht, denn die in Art. 5 DSGVO aufgestellten Grundsätze sind ohnehin im Beschäftigungskontext zu beachten,[392] sodass der Verweis auf sie entbehrlich ist. § 26 Abs. 5 BDSG unterscheidet sich nicht von den Vorschriften der DSGVO und ist somit auch keine spezifischere Vorschrift i. S. d. Art. 88 Abs. 1 DSGVO.[393] Zudem handelt es sich bei § 26 Abs. 5 BDSG auch um keine Maßnahme i. S. d. Art. 88 Abs. 2 DSGVO. Danach müssen die spezifischeren Vorschriften „geeignete und besondere Maßnahmen zur Wahrung der menschlichen Würde, der berechtigten Interessen und der Grundrechte der betroffenen Person [umfassen]". Die Auferlegung einer allgemeinen Pflicht, geeignete Maßnahmen zur Sicherstellung der Datenschutzgrundsätze zu ergreifen, kann allein keine geeignete und besondere Maßnahme darstellen.[394] Der Wortlaut des Art. 88 Abs. 2 DSGVO („geeignete und besondere Maßnahmen") verlangt, dass die konkrete Maßnahme „für den Einzelfall passend" sein muss.[395] Der pauschale Verweis des § 26 Abs. 5 BDSG auf Art. 5 DSGVO wird dem nicht gerecht. Anderenfalls wäre Art. 88 Abs. 2 DSGVO sehr leicht zu umgehen.

Darüber hinaus folgt aus der Gesetzesbegründung, dass § 26 Abs. 5 BDSG insbesondere auch das Erfordernis aus Art. 10 DSGVO umsetze.[396] Nach dieser Vorschrift ist die Verarbeitung personenbezogener Daten über straf-

---

(742); in diese Richtung auch *Schemmel/Brink*, CB 2024, 151 (151); a. A. *Sandvoß/Schild*, NJOZ 2023, 1056 (1058), die die Anwendbarkeit der anderen Regelungen in § 26 BDSG insgesamt anzweifeln.

391 SJTK/*Schmidt/Thüsing*, 3. Aufl. 2024, § 26 BDSG Rn. 67; Sydow/Marsch/*Tiedemann*, 3. Aufl. 2022, § 26 BDSG Rn. 57 und Gola/Heckmann/*Gola/Pötters*, 3. Aufl. 2022, § 26 BDSG Rn. 81 halten die Regelung für überflüssig.

392 EuGH, Urt. v. 30.03.2023 – C-34/21, BeckRS 2023, 5635 Rn. 69.

393 *Sandvoß/Schild*, NJOZ 2023, 1056 (1058).

394 Gola/Heckmann/*Gola/Pötters*, 3. Aufl. 2022, § 26 BDSG Rn. 81; *Wybitul*, NZA 2017, 413 (416).

395 Ehmann/Selmayr/*Selk*, 3. Aufl. 2024, Art. 88 DSGVO Rn. 134; s. Gliederungspunkt C.II.2.b)aa)(1).

396 BT-Drs. 18/11325, S. 98; s. hierzu Sydow/Marsch/*Tiedemann*, 3. Aufl. 2022, § 26 BDSG Rn. 58.

rechtliche Verurteilungen und Straftaten zulässig, wenn das Recht der Mitgliedstaaten geeignete Garantien für die Rechte und Freiheiten der betroffenen Personen vorsieht. Auch hier kann lediglich die Pflicht, geeignete Maßnahmen zu ergreifen, selbst keine geeignete Garantie darstellen.

Nach EG 8 DSGVO können die Mitgliedstaaten zwar im Rahmen der Öffnungsklauseln der DSGVO, Teile der Verordnung in ihr nationales Recht aufnehmen, soweit dies erforderlich ist, um die Kohärenz zu wahren und die nationalen Rechtsvorschriften für die Personen, für die sie gelten, verständlicher zu machen.[397] Der Verweis des § 26 Abs. 5 BDSG auf Art. 5 DSGVO könnte als eine solche Klarstellung verstanden werden.[398] Dies ändert im Ergebnis jedoch nichts daran, dass der Vorschrift im Anwendungsbereich der DSGVO keine eigenständige Bedeutung zukommt.[399]

Wie auch § 26 Abs. 1 S. 1 Alt. 1 BDSG erlangt § 26 Abs. 5 BDSG nur dann eigenständige Bedeutung, wenn das BDSG über den Anwendungsbereich der DSGVO hinausgeht.[400] Das ist nach § 26 Abs. 7 BDSG der Fall, „wenn personenbezogene Daten, einschließlich besonderer Kategorien personenbezogener Daten, von Beschäftigten verarbeitet werden, ohne dass sie in einem Dateisystem gespeichert sind oder gespeichert werden sollen."

cc) Zukunft des Beschäftigtendatenschutzes

Die Entscheidung des EuGH zu den Anforderungen der Öffnungsklausel des Art. 88 DSGVO hat die zentrale Rechtsgrundlage des § 26 BDSG ins Wanken gebracht. Der Umstand, dass Teile der Vorschrift je nach Verarbeitungssituation keine Anwendung finden und stattdessen auf die allgemeinen Vorschriften der DSGVO zurückgegriffen werden muss, ist unbefriedigend. Nicht nur die Literatur, sondern auch die DSK forderte nach der Entscheidung des EuGH den nationalen Beschäftigtendatenschutz auf eine neue

---

397 EuGH, Urt. v. 30.03.2023 – C-34/21, BeckRS 2023, 5635 Rn. 67.

398 In diese Richtung *Glocker/Hoffmann*, BB 2023, 1333 (1335) und *Wybitul*, NZA 2017, 413 (418), die § 26 Abs. 5 BDSG als Klarstellung verstehen.

399 A.A. DHSW/*Däubler*, 5. Aufl. 2022, § 26 BDSG Rn. 156 und ErfK/*Franzen*, 25. Aufl. 2025, § 26 BDSG Rn. 49, die in § 26 Abs. 5 DSGVO die Anordnung einer „Datenschutz-Compliance" sehen. Danach habe der Verantwortliche dafür Sorge zu tragen, dass in seinem Bereich das Datenschutzrecht eingehalten werde. Nichts anderes ergibt sich aber unmittelbar aus Art. 5 sowie aus Art. 24 DSGVO. Letztere Vorschrift begründet die allgemeine Pflicht der Umsetzung geeigneter technischer und organisatorischer Maßnahmen, um sicherzustellen und den Nachweis dafür zu erbringen zu können, dass die Verarbeitung gemäß der DSGVO erfolgt.

400 Gola/Heckmann/*Gola/Pötters*, 3. Aufl. 2022, § 26 BDSG Rn. 81; *Thüsing/Peisker*, NZA 2023, 213 (215); *Wünschelbaum*, NZA 2023, 542 (544); s. Gliederungspunkt C.II.2.b)aa)(2).

gesetzliche Grundlage zu stellen.[401] Ende 2024 wurde ein vom Bundesministerium für Arbeit und Soziales und Bundesministerium des Innern und für Heimat verfasster Referentenentwurf eines Beschäftigtendatengesetzes öffentlich. Der Entwurf sah neben Regelungen zur Verarbeitung personenbezogener Beschäftigtendaten auch Vorschriften zum Einsatz von KI am Arbeitsplatz vor.[402] Der Entwurf ist jedoch wegen der vorzeitigen Auflösung des Bundestags nicht realisiert worden.[403] Damit ist auch dieser Versuch, ein eigenständiges Gesetz für den Beschäftigtendatenschutz zu schaffen, gescheitert.[404]

3. Adressaten

Die Datenschutzgrundsätze des Art. 5 DSGVO richten sich an Verantwortliche.[405] Was eine Stelle zu einem Verantwortlichen i. S. d. Art. 4 Nr. 7 DSGVO macht und wer Verantwortlicher im Beschäftigungskontext ist, soll in diesem Abschnitt erörtert werden. Daneben kommen aber auch Auftragsverarbeiter als potenzielle Adressaten der Datenschutzgrundsätze in Betracht. Ob und inwieweit sich die Grundsätze auch an sie richten, wird im Folgenden ebenfalls geklärt.

a) Verantwortliche

Aus Art. 5 Abs. 1 DSGVO lässt sich aufgrund seiner Passivformulierung kein Normadressat entnehmen.[406] Allerdings folgt aus Art. 5 Abs. 2 DSGVO, dass der Verantwortliche für die Einhaltung des Abs. 1 verantwortlich ist und diese auch nachweisen können muss.[407] Damit ist der Verantwortliche Adressat der Haftungs- und Bußgeldtatbestände der DSGVO.[408] Die Verant-

---

401 DSK, Entschließung, 11.05.2023.

402 S. im Einzelnen – teilweise kritisch – zu den Inhalten des Entwurfs *Roth/Wybitul*, BB 2024, 2999; *Thüsing*, DB 2024, 2830; *Wünschelbaum/Sorber*, NZA 2024, 1540; s. zum vorangegangen Eckpunktepapier *Düwell/Brink*, NZA 2023, 1097; *Wünschelbaum*, MMR 2023, 548.

403 *Roth/Wybitul*, BB 2024, 2999 (3005).

404 S. zu den früheren Versuchen Thüsing/*Thüsing*, Beschäftigtendatenschutz und Compliance, 3. Aufl. 2021, § 1 Rn. 9 ff.; *Lurtz/Ruhmann*, ZD-Aktuell 2020, 07281.

405 EuGH, Urt. v. 05.12.2023 – C-807/21, BeckRS 2023, 34616 Rn. 38; Kühling/Buchner/*Hartung*, 4. Aufl. 2024, Art. 4 Nr. 7 DSGVO Rn. 6; Sydow/Marsch/*Raschauer*, 3. Aufl. 2022, Art. 4 DSGVO Rn. 120; BeckOK DatenschutzR/*Schild*, 51. Ed. Stand 01.02.2025, Art. 4 DSGVO Rn. 88.

406 Selzer/*Selzer*, 2022, Art. 5 DSGVO Rn. 6.

407 EDSA, Leitlinien 07/2020, Version 2.0, 07.07.2021, Rn. 6; NK-DatenschutzR/*Roßnagel*, 2. Aufl. 2025, Art. 5 DSGVO Rn. 4.

408 S. zu den Folgen der Verantwortlichkeit *Marosi*, (Gem-)Einsame Verantwortlichkeit im Datenschutzrecht, 2024, S. 157 ff.

wortlicheneigenschaft ist an weitreichende Folgen geknüpft, sodass der Verantwortliche begrifflich von anderen Akteuren aus der DSGVO abgegrenzt werden muss.[409]

aa) Allgemeines

Ausgangspunkt der Betrachtung ist die Begriffsbestimmung in Art. 4 Nr. 7 Hs. 1 DSGVO. Danach ist Verantwortlicher einer Datenverarbeitung die „natürliche oder juristische Person, Behörde, Einrichtung oder andere Stelle, die allein oder gemeinsam mit anderen über die Zwecke und Mittel der Verarbeitung von personenbezogenen Daten entscheidet“. Der Kreis der in Betracht kommenden Stellen ist nach dieser Definition sehr weit gefasst. Es kommt weder auf die konkrete Organisationsform an, noch kommt es darauf an, ob die Stelle dem Privatrecht oder öffentlichen Recht zuzuordnen ist.[410] Handelt eine natürliche Person als Teil einer Organisation, sind ihre Handlungen grundsätzlich der juristischen Person, Behörde, Einrichtung oder anderen Stelle,[411] der sie angehört, zuzurechnen.[412] Voraussetzung hierfür ist, dass die konkrete Datenverarbeitung im Tätigkeitsbereich der Organisation liegt.[413] Erfolgt die Verarbeitung durch die natürliche Person außerhalb des Tätigkeitsbereichs der Organisation zu eigenen, privaten Zwecken, verschiebt sich die Verantwortlichkeit von der Organisation zu der handelnden Person.[414] Daran wird deutlich, dass den Verarbeitungszwecken bei der Bestimmung des Verantwortlichen besondere Bedeutung zukommt, was sich auch im Wortlaut des Art. 4 Nr. 7 DSGVO niederschlägt.

Entscheidendes Abgrenzungsmerkmal ist die Entscheidungsbefugnis über die Zwecke und Mittel der Datenverarbeitung.[415] Unter Zweck versteht man das „Warum“ bzw. das Ziel der Datenverarbeitung.[416] Das Mittel beschreibt das „Wie“ der Datenverarbeitung, also auf welche Weise und mit welchen

409 Kühling/Buchner/*Hartung*, 4. Aufl. 2024, Art. 4 Nr. 7 DSGVO Rn. 6 f.

410 EDSA, Leitlinien 07/2020, Version 2.0, 07.07.2021, Rn. 17; Kühling/Buchner/*Hartung*, 4. Aufl. 2024, Art. 4 Nr. 7 DSGVO Rn. 9.

411 S. hierzu im Einzelnen Sydow/Marsch/*Raschauer*, 3. Aufl. 2022, Art. 4 DSGVO Rn. 127 ff.

412 EDSA, Leitlinien 07/2020, Version 2.0, 07.07.2021, Rn. 19; Taeger/Gabel/*Arning/Rothkegel*, 4. Aufl. 2022, Art. 4 DSGVO Rn. 177; Kühling/Buchner/*Hartung*, 4. Aufl. 2024, Art. 4 Nr. 7 DSGVO Rn. 9.

413 EDSA, Leitlinien 07/2020, Version 2.0, 07.07.2021, Rn. 19; Taeger/Gabel/*Arning/Rothkegel*, 4. Aufl. 2022, Art. 4 DSGVO Rn. 177; Kühling/Buchner/*Hartung*, 4. Aufl. 2024, Art. 4 Nr. 7 DSGVO Rn. 9.

414 Taeger/Gabel/*Arning/Rothkegel*, 4. Aufl. 2022, Art. 4 DSGVO Rn. 177; Kühling/Buchner/*Hartung*, 4. Aufl. 2024, Art. 4 Nr. 7 DSGVO Rn. 10; s. Gliederungspunkt C.II.3.a)cc).

415 Taeger/Gabel/*Arning/Rothkegel*, 4. Aufl. 2022, Art. 4 DSGVO Rn. 181.

416 S. Gliederungspunkt D. I. 1.

technischen und organisatorischen Maßnahmen die Verarbeitung vorgenommen wird.[417] Im Rahmen einer wertenden Einzelfallbetrachtung ist auf die tatsächliche oder rechtliche Einflussmöglichkeit auf die Zwecke und Mittel der Datenverarbeitung abzustellen.[418] Dabei kommt der Entscheidungsbefugnis über die Zwecke eine größere Bedeutung zu, da im Falle einer Auftragsverarbeitung dem Auftragsverarbeiter ein gewisser Entscheidungsspielraum im Hinblick auf die Mittel der Datenverarbeitung zusteht.[419] Neben einer Betrachtung der faktischen Einflussmöglichkeit auf die Zwecke und Mittel der Datenverarbeitung kann sich eine Verantwortlichkeit auch aus dem Unionsrecht oder dem Recht der Mitgliedstaaten ergeben. Diese Möglichkeit eröffnet Art. 4 Nr. 7 Hs. 2 DSGVO, wonach gesetzliche Vorschriften den Verantwortlichen oder die Kriterien seiner Bestimmung vorsehen können. Die ausdrückliche Festlegung des Verantwortlichen durch Gesetz ist aber der Ausnahmefall. Regelmäßig werden lediglich die Zwecke und Mittel gesetzlich vorgegeben, woraus sich der Verantwortliche mittelbar bestimmen lässt.[420]

Entscheiden mehrere Stellen gemeinsam über die Zwecke und Mittel der Datenverarbeitung, liegt eine gemeinsame Verantwortlichkeit vor, die in Art. 26 DSGVO näher ausgestaltet ist.[421] Der EuGH stellt bei der Prüfung auf den Einzelfall ab und lässt bereits einen geringen Grad an Einfluss auf die Zwecke und Mittel der Datenverarbeitung für die Annahme einer gemeinsamen Verantwortlichkeit genügen. Eine Gleichberechtigung der beiden Verantwortlichen ist nicht erforderlich.[422] Diese Auslegung dürfte im Ergebnis in der Praxis zu einer Ausweitung der gemeinsamen Verantwortlichkeit führen.[423]

---

417 S. Gliederungspunkt D. I.2.a).

418 Taeger/Gabel/*Arning/Rothkegel*, 4. Aufl. 2022, Art. 4 DSGVO Rn. 182.

419 Taeger/Gabel/*Arning/Rothkegel*, 4. Aufl. 2022, Art. 4 DSGVO Rn. 184; Kühling/Buchner/*Hartung*, 4. Aufl. 2024, Art. 4 Nr. 7 DSGVO Rn. 13.

420 EDSA, Leitlinien 07/2020, Version 2.0, 07.07.2021, Rn. 24; Kühling/Buchner/*Hartung*, 4. Aufl. 2024, Art. 4 Nr. 7 DSGVO Rn. 14.

421 Kühling/Buchner/*Hartung*, 4. Aufl. 2024, Art. 4 Nr. 7 DSGVO Rn. 12.

422 EuGH, Urt. v. 10.07.2018 – C-25/17, BeckRS 2018, 14563 Rn. 66; EuGH, Urt. v. 05.06.2018 – C-210/16, BeckRS 2018, 10155 Rn. 42; s. hierzu *Schneider*, Gemeinsame Verantwortlichkeit, 2021, S. 70 f.; *Folkerts*, ZD 2022, 201 (202).

423 S. die Kritik an der Auslegung des EuGH von Kühling/Buchner/*Hartung*, 4. Aufl. 2024, Art. 26 DSGVO Rn. 42 ff.

bb) Grundsatz: Arbeitgeber

Im Beschäftigungskontext ist der datenschutzrechtliche Verantwortliche schnell gefunden: der Arbeitgeber.[424] Der EDSA begründet die Verantwortlichkeit des Arbeitgebers unter anderem mit der traditionellen Rollenverteilung im Arbeitsverhältnis, die „üblicherweise eine bestimmte Verantwortlichkeit implizieren".[425] Die pauschale Zuweisung der Verantwortlichkeit kraft traditioneller Rollenverteilung findet jedoch in Art. 4 Nr. 7 DSGVO keine Stütze, da dieser nur auf die Entscheidungsbefugnis über die Zwecke und Mittel der Datenverarbeitung abstellt.[426] Diese liegt in aller Regel beim Arbeitgeber, weshalb er grundsätzlich Verantwortlicher im Beschäftigungskontext ist.[427]

Der Arbeitgeber kann nach Art. 4 Nr. 7 Hs. 1 DSGVO eine natürliche oder eine juristische Person sein. Sofern der Arbeitgeber als Unternehmen Teil eines Konzerns ist, bleibt es bei der Verantwortlichkeit des einzelnen Unternehmens.[428] Eine Zusammenfassung von mehreren einzelnen Unternehmen eines Konzerns als „datenschutzrechtliche Einheit" ist der DSGVO fremd.[429] Die einzelnen Konzernunternehmen sind aus datenschutzrechtlicher Sicht vielmehr als getrennte Einheiten zu behandeln, sodass die jeweils anderen Unternehmen des Konzerns als Dritte i. S. d. Art. 4 Nr. 10 DSGVO einzuordnen sind.[430] Da die Konzernunternehmen aber oftmals gleichgelagerte Interessen verfolgen und zusammenwirken, kommt für bestimmte Datenverarbeitungsvorgänge eine gemeinsame Verantwortlichkeit in Betracht.[431]

Sehr lange umstritten war die Frage, ob Betriebsräte datenschutzrechtlich Verantwortliche sein können.[432] Das BAG sah den Betriebsrat vor der DSGVO als Teil des Arbeitgebers und somit nicht als Verantwortlichen an.[433] Die DSGVO rollte die Frage, die vor dem Hintergrund der erheblich

---

424 *König*, Beschäftigtendatenschutz in der Beratungspraxis, 2020, § 2 Rn. 3; HWK/*Lembke*, 11. Aufl. 2024, Einleitung Rn. 25; Preis/Sagan/*Pötters/Schmidt*, Europäisches Arbeitsrecht, 3. Aufl. 2024, § 20 Rn. 33; Schaub/*Rinck*, Arbeitsrechts-Handbuch, 20. Auflage 2023, § 153 Rn. 19; MHdB ArbR/*Wybitul*, 6. Aufl. 2024, § 96 Rn. 39.

425 EDSA, Leitlinien 07/2020, Version 2.0, 07.07.2021, Rn. 27.

426 S. Gliederungspunkt C.II.3.a)aa).

427 *Peisker*, Der datenschutzrechtliche Auskunftsanspruch, 2023, S. 204.

428 Franzen/Gallner/Oetker/*Franzen*, 5. Aufl. 2024, Art. 4 DSGVO Rn. 12.

429 *König*, Beschäftigtendatenschutz in der Beratungspraxis, 2020, § 2 Rn. 3.

430 *König*, Beschäftigtendatenschutz in der Beratungspraxis, 2020, § 2 Rn. 3.

431 *Radtke*, Gemeinsame Verantwortlichkeit unter der DSGVO, 2021, S. 223; *König*, Beschäftigtendatenschutz in der Beratungspraxis, 2020, § 2 Rn. 3; Franzen/Gallner/Oetker/*Franzen*, 5. Aufl. 2024, Art. 4 DSGVO Rn. 12.

432 S. hierzu *Flink*, Beschäftigtendatenschutz als Aufgabe des Betriebsrats, 2021, S. 205 ff.

433 BAG, Beschl. v. 07.02.2012 – 1 ABR 46/10, BeckRS 2012, 70023 Rn. 43.

erweiterten Haftung an Bedeutung gewann,[434] neu auf.[435] Der Gesetzgeber beendete die Diskussion, indem er § 79a BetrVG schaffte. Dessen S. 2 legt die Verantwortlichkeit des Arbeitgebers fest, soweit der Betriebsrat zur Erfüllung der in seiner Zuständigkeit liegenden Aufgaben personenbezogene Daten verarbeitet. Allerdings halten Teile der Literatur diese ausdrückliche Zuweisung der Verantwortlichkeit für unionsrechtswidrig.[436] Die Frage wird an dieser Stelle nicht näher behandelt, da die Arbeit kollektivrechtliche Elemente ausklammert.[437] Festgehalten werden kann jedoch, dass grundsätzlich der Arbeitgeber datenschutzrechtlich Verantwortlicher im Beschäftigungskontext ist.

cc) Ausnahme: Mitarbeiterexzess

Ausnahmsweise kann auch der einzelne Mitarbeiter datenschutzrechtlich Verantwortlicher sein.[438] Die von untergeordneten Abteilungen und einzelnen Arbeitnehmern vorgenommenen Datenverarbeitungen werden grundsätzlich dem Arbeitgeber zugerechnet, soweit die Verarbeitung auf Weisung des Arbeitgebers erfolgt bzw. sie sich im Rahmen der Befugnisse des Arbeitgebers bewegen.[439] Im Falle eines sog. Mitarbeiterexzesses kann sich jedoch die Verantwortlichkeit auf den handelnden Arbeitnehmer verschieben.[440] Ein solcher Exzess liegt dann vor, wenn „Handlungen von Beschäftigten […] bei verständiger Würdigung nicht dem Kreis der jeweiligen unternehmerischen Tätigkeit zugerechnet werden können".[441] Die Überschreitung interner Befugnisse allein genügt aber noch nicht für die Annahme eines Mitarbeiterexzesses, soweit die Handlung objektiv zur Förderung der wirtschaftlichen Interessen des Unternehmens erfolgt.[442] Ausgehend davon liegt ein Exzess regelmäßig dann vor, wenn der Arbeitnehmer eine Datenverarbeitung zu eigenen, also privaten Zwecken vornimmt.[443] Private Zwecke

---

434 *Maschmann*, NZA 2020, 1207 (1207).

435 BeckOK DatenschutzR/*Riesenhuber*, 51. Ed. Stand 01.02.2025, § 26 BDSG Rn. 195 ff.

436 *Maschmann*, NZA 2021, 834 (836 f.).

437 S. hierzu umfassend *Flink*, Beschäftigtendatenschutz als Aufgabe des Betriebsrats, 2021 und zu den Folgen des § 79a BetrVG für den Betriebsrat *Brink/Joos*, NZA 2021, 1440.

438 *Ambrock*, ZD 2020, 492 (493).

439 *König*, Beschäftigtendatenschutz in der Beratungspraxis, 2020, § 2 Rn. 4; MHdB ArbR/*Wybitul*, 6. Aufl. 2024, § 96 Rn. 39; *Ambrock*, ZD 2020, 492 (493).

440 *Ambrock*, ZD 2020, 492 (493).

441 DSK, Entschließung, 03.04.2019.

442 *Ambrock*, ZD 2020, 492 (493).

443 OLG Stuttgart, Beschl. v. 25.02.2025 – 16 Ss 336/24, 2 ORbs 16 Ss 336/24, GRUR-RS 2025, 3492 Rn. 9 f.; EDSA, Leitlinien 07/2020, Version 2.0, Rn. 19, 88; *König*, Beschäftigtendatenschutz in der Beratungspraxis, 2020, § 2 Rn. 4; Franzen/Gallner/Oetker/*Franzen*, 5. Aufl. 2024, Art. 4 DSGVO Rn. 12a; Kühling/Buchner/*Hartung*,

wurden etwa in einem Fall angenommen, bei dem eine Mitarbeiterin eines Kreditinstituts Kontodaten mehrerer Kunden abrief, um die Informationen in einer eigenen zivilrechtlichen Streitigkeit zu verwenden.[444]

Bei Vorliegen eines Mitarbeiterexzesses, übernimmt der Arbeitnehmer als Verantwortlicher sämtliche datenschutzrechtliche Pflichten, sodass dieser auch die Konsequenzen ihrer Nichteinhaltung zu tragen hat.[445] Eine gemeinsame Verantwortlichkeit von Arbeitgeber und Arbeitnehmer scheidet bei einem Mitarbeiterexzess grundsätzlich aus, da die Verarbeitung personenbezogener Daten zu privaten Zwecken allein auf der Entscheidung des Arbeitnehmers beruht.[446]

b) Auftragsverarbeiter

Neben dem Verantwortlichen ist der Auftragsverarbeiter ein wichtiger Akteur in der DSGVO. Dieser verarbeitet nach der Begriffsbestimmung in Art. 4 Nr. 8 DSGVO personenbezogene Daten „im Auftrag des Verantwortlichen“. Ob sich die Grundsätze des Art. 5 DSGVO auch an den Auftragsverarbeiter richten, wird in der Literatur unterschiedlich beurteilt.[447]

Befürworter einer unmittelbaren Verpflichtung der Auftragsverarbeiter führen den Wortlaut des Art. 5 Abs. 1 DSGVO an, der aufgrund seiner offenen Formulierung im Passiv keinen Adressaten nennt.[448] Da es nicht auf die Identität der Beteiligten ankomme, habe auch der Auftragsverarbeiter die Pflichten des Art. 5 Abs. 1 DSGVO einzuhalten.[449] Dagegen ist einzuwenden, dass dieser zwingend im Zusammenhang mit Abs. 2 zu lesen ist, wonach der Verantwortliche für die Einhaltung des Abs. 1 verantwortlich ist.[450] Vom Auftragsverarbeiter ist dort keine Rede. Darüber hinaus bliebe bei einer unmittelbaren Verpflichtung des Auftragsverarbeiters unklar, wie er die Datenschutzgrundsätze konkret einhalten und umsetzen soll. *Herbst* wendet zutreffend ein, dass etwa eine Verantwortlichkeit des Auftragsver-

4. Aufl. 2024, Art. 4 Nr. 7 DSGVO Rn. 10; MHdB ArbR/*Wybitul*, 6. Aufl. 2024, § 96 Rn. 39; s. hierzu auch den umfassenden Überblick von *Leibold/Kinzinger*, ZD-Aktuell 2025, 01268.

444 HmbBfDI, Datenschutz Tätigkeitsbericht 2014/2015, S. 225.

445 EDSA, Leitlinien 07/2020, Version 2.0, Rn. 88.

446 *Ambrock*, ZD 2020, 492 (493).

447 Dafür Sydow/Marsch/*Reimer*, 3. Aufl. 2022, Art. 5 DSGVO Rn. 9; NK-DatenschutzR/*Roßnagel*, 2. Aufl. 2025, Art. 5 DSGVO Rn. 4; Spindler/Schuster/*Spindler/Dalby*, 4. Aufl. 2019, Art. 5 DSGVO Rn. 1; a. A. GSSV/*Buchholtz/Stentzel*, 2018, Art. 5 DSGVO Rn. 6; in diese Richtung auch Kühling/Buchner/*Herbst*, 4. Aufl. 2024, Art. 5 DSGVO Rn. 1.

448 Sydow/Marsch/*Reimer*, 3. Aufl. 2022, Art. 5 DSGVO Rn. 7 ff.

449 Sydow/Marsch/*Reimer*, 3. Aufl. 2022, Art. 5 DSGVO Rn. 9.

450 S. Gliederungspunkt C.II.3.a).

arbeiters für die Richtigkeit der Daten nach Art. 5 Abs. 1 lit. d DSGVO nicht mit der Position des Auftragsverarbeiters zusammenpasse.[451]

Eine nähere Betrachtung des Verhältnisses zwischen Verantwortlichen und Auftragsverarbeiter, bestätigt die hier vertretene Auffassung, dass Auftragsverarbeiter keine unmittelbare Pflicht zur Einhaltung der Datenschutzgrundsätze haben.[452] Der Auftragsverarbeiter verarbeitet Daten im Auftrag des Verantwortlichen, sodass er als „verlängerten Arm" des Verantwortlichen handelt. Der Verantwortliche hingegen bleibt alleinverfügungsberechtigter „Herr der Daten".[453] Der Auftragsverarbeiter handelt weisungsgebunden, sodass ihm kein eigener Wertungs- oder Entscheidungsspielraum[454] im Hinblick auf das „Ob" der Verarbeitung[455] zukommt. Er muss die personenbezogenen Daten dem Willen des Verantwortlichen entsprechend verarbeiten.[456] Ein eigener Entscheidungsspielraum kommt dem Auftragsverarbeiter lediglich hinsichtlich der Mittel der Verarbeitung, also dem „Wie" der Verarbeitung, zu.[457] Die Weisungsgebundenheit des Auftragsverarbeiters spiegelt sich auch in der Haftungsverteilung im Rahmen des Art. 82 DSGVO wieder, wonach betroffene Personen wegen eines Verstoßes gegen die DSGVO materiellen oder immateriellen Schadensersatz geltend machen können. Hierbei sieht Art. 82 Abs. 2 S. 1 DSGVO grundsätzlich nur eine Haftung der beteiligten Verantwortlichen vor.[458] Der Auftragsverarbeiter haftet nach Art. 82 Abs. 2 S. 2 DSGVO nur dann, wenn er einer ihm speziell aus der DSGVO auferlegten Pflicht nicht nachgekommen ist oder eine Anweisung des Verantwortlichen nicht beachtet.[459] Die dem Auftragsverarbeiter auferlegten Pflichten ergeben sich primär aus Art. 28 DSGVO,[460] aber auch etwa aus Art. 32 DSGVO,[461] da sich diese Vorschriften ausdrücklich auch an den Auftragsverarbeiter richten. Die in Art. 5 DSGVO geregelten Datenschutzgrundsätze gehören jedoch nicht zum unmittelbaren Pflichtenprogramm des Auftragsverarbeiters, sodass er nicht für Verstöße gegen diese haftet. Vielmehr haftet nur der Verantwortliche für Verstöße gegen die Datenschutzgrundsätze.

---

451 Kühling/Buchner/*Herbst*, 4. Aufl. 2024, Art. 5 DSGVO Rn. 1.
452 Kühling/Buchner/*Herbst*, 4. Aufl. 2024, Art. 5 DSGVO Rn. 1; *Eckhardt*, CCZ 2017, 111 (114).
453 Taeger/Gabel/*Gabel/Lutz*, 4. Aufl. 2022, Art. 28 DSGVO Rn. 2.
454 Taeger/Gabel/*Gabel/Lutz*, 4. Aufl. 2022, Art. 28 DSGVO Rn. 13.
455 SJTK/*Kremer*, 3. Aufl. 2024, Art. 28 DSGVO Rn. 47.
456 BeckOK DatenschutzR/*Spoerr*, 51. Ed. Stand 01.08.2024, Art. 28 DSGVO Rn. 18.
457 SJTK/*Kremer*, 3. Aufl. 2024, Art. 28 DSGVO Rn. 49.
458 Plath/*Plath*, 4. Aufl. 2023, Art. 28 DSGVO Rn. 14.
459 Plath/*Plath*, 4. Aufl. 2023, Art. 28 DSGVO Rn. 14.
460 S. hierzu detailliert Kühling/Buchner/*Bergt*, 4. Aufl. 2024, Art. 82 DSGVO Rn. 27 ff.
461 Kühling/Buchner/*Bergt*, 4. Aufl. 2024, Art. 82 DSGVO Rn. 31.

Folglich richten sich die aus Art. 5 DSGVO ergebenden Pflichten ausschließlich an den Verantwortlichen. Auftragsverarbeiter setzen aufgrund ihrer „datenverarbeitende[n] Hilfsfunktion“[462] die Vorgaben der Datenschutzgrundsätze lediglich faktisch um, ohne dass sie unmittelbar verpflichtet werden.[463] Sie sind im Ergebnis nur mittelbar von den Datenschutzgrundsätzen betroffen.[464]

4. Sanktionierung

Ein weiterer wichtiger Aspekt um Art. 5 DSGVO betrifft die Folgen der Nichteinhaltung der Datenschutzgrundsätze. Die Literatur verweist hierzu auf den Bußgeldtatbestand des Art. 83 Abs. 5 lit. a DSGVO, wonach Datenschutzaufsichtsbehörden bei Verstößen gegen Art. 5 DSGVO Geldbußen von bis zu 20 Millionen Euro oder im Fall eines Unternehmens von bis zu 4 % des gesamten weltweit erzielten Jahresumsatzes des vorangegangenen Geschäftsjahrs verhängen können.[465] In diesem Zusammenhang stellt sich die Frage, ob die Sanktionierung der sehr abstrakt gefassten Datenschutzgrundsätze im Hinblick auf das Bestimmtheitsgebot überhaupt zulässig ist.[466] Nach einem kurzen Überblick über die Grundlagen der Verhängung von Geldbußen nach Art. 83 DSGVO wird die Bestimmtheit des Zweckbindungsgrundsatzes näher untersucht.

a) Allgemeines

Die Voraussetzungen der Verhängung von Geldbußen wegen Datenschutzverstößen richten sich nach Art. 83 DSGVO, der nach Aussage des EuGH ein „Schlüsselelement“ für den Schutz natürlicher Personen bei der Verarbeitung personenbezogener Daten darstellt.[467] Im Vergleich zur DSRL, die eine „uneinheitliche und sehr zurückhaltende Sanktionierungspraxis“ für Datenschutzverstöße vorsah, stellt Art. 83 DSGVO eine „drastische Verschärfung“ dar.[468] Aus EG 148 DSGVO folgt, dass der Gesetzgeber damit

---

462 AG Mannheim, Urt. v. 11.09.2019 – 5 C 1733/19 WEG, BeckRS 2019, 26873 Rn. 23.

463 Spindler/Schuster/*Nink*, 4. Aufl. 2019, Art. 28 DSGVO Rn. 22; *Eckhardt*, CCZ 2017, 111 (114).

464 Selzer/*Selzer*, 2022, Art. 5 DSGVO Rn. 9.

465 Ehmann/Selmayr/*Heberlein*, 3. Aufl. 2024, Art. 5 DSGVO Rn. 5; Gola/Heckmann/*Pötters*, 3. Aufl. 2022, Art. 5 DSGVO Rn. 4.

466 Paal/Pauly/*Frenzel*, 3. Aufl. 2021, Art. 5 DSGVO Rn. 2; Sydow/Marsch/*Reimer*, 3. Aufl. 2022, Art. 5 DSGVO Rn. 62; NK-DatenschutzR/*Roßnagel*, 2. Aufl. 2025, Art. 5 DSGVO Rn. 18; BeckOK DatenschutzR/*Schantz*, 51. Ed. Stand 01.11.2021, Art. 5 DSGVO Rn. 3; DWWS/*Weichert*, 3. Aufl. 2024, Art. 5 DSGVO Rn. 2.

467 EuGH, Urt. v. 05.12.2023 – C-807/21, BeckRS 2023, 34616 Rn. 73.

468 Kühling/Buchner/*Bergt*, 4. Aufl. 2024, Art. 83 DSGVO Rn. 1 f.

das Ziel einer konsequenteren Durchsetzung der Vorschriften der DSGVO verfolgt.[469]

Die deutliche Verschärfung der Sanktionierungspraxis schlägt sich einerseits im Umfang der bußgeldbewehrten Vorschriften und andererseits im Bußgeldrahmen nieder. So erfasst der Bußgeldkatalog des Art. 83 Abs. 4 und Abs. 5 DSGVO nahezu jede Regelung zwischen Art. 5 und Art. 49 DSGVO.[470] Zudem sieht die Vorschrift in Abs. 5 einen Bußgeldrahmen von bis zu 20 Millionen Euro bzw. 4 % des weltweit erzielten Jahresumsatzes vor, je nachdem, welcher Betrag höher ist. Im Falle eines konzernangehörigen Unternehmens soll es für die Geldbuße nach Auffassung des EuGH auf den Jahresumsatz der wirtschaftlichen Einheit i. S. d. Art. 101, 102 AEUV, also auf den gesamten Konzern, ankommen.[471] Eine Geldbuße kann somit den Betrag von 20 Millionen Euro bei Weitem übersteigen.[472]

Die Voraussetzungen für die Verhängung einer Geldbuße nach Art. 83 DSGVO sind jedoch im Detail umstritten, wie die Rs. C-807/21 zeigt.[473] Auf der einen Seite erteilte der EuGH einer verschuldensunabhängigen Haftung nach Art. 83 DSGVO eine Absage, sodass eine Geldbuße wegen eines Datenschutzverstoßes nur dann verhängt werden kann, wenn nachgewiesen ist, dass der Verantwortliche den Verstoß vorsätzlich oder fahrlässig begangen hat.[474] Auf der anderen Seite sei für die Verhängung einer Geldbuße keine Identifizierung einer natürlichen Person erforderlich.[475] Welche konkreten Folgen diese Vorgaben für das nationale Recht und die Praxis haben, ist umstritten, muss aber für die Zwecke dieser Arbeit nicht geklärt werden.[476]

b) (Un)bestimmtheit der Datenschutzgrundsätze?

Der Bußgeldkatalog des Art. 83 DSGVO erfasst zahlreiche Vorschriften, die teils „von einer Vielzahl interpretations- und abwägungsbedürftiger Anforderungen abhängen."[477] Dies trifft insbesondere auch auf die Datenschutz-

---

469 Kühling/Buchner/*Bergt*, 4. Aufl. 2024, Art. 83 DSGVO Rn. 1.

470 *Heckmann*, MMR 2023, 816 (818).

471 EuGH, Urt. v. 05.12.2023 – C-807/21, BeckRS 2023, 34616 Rn. 55 ff.; s. hierzu *Wybitul/Brink*, ZD 2024, 137 (141).

472 Das zeigt etwa ein Fall aus Irland, bei dem die irische Aufsichtsbehörde gegen ein soziales Netzwerk ein Milliardenbußgeld verhängte, s. hierzu *Hoffmann*, ZD-Aktuell 2023, 01249.

473 EuGH, Urt. v. 05.12.2023 – C-807/21, BeckRS 2023, 34616.

474 EuGH, Urt. v. 05.12.2023 – C-807/21, BeckRS 2023, 34616 Rn. 78.

475 EuGH, Urt. v. 05.12.2023 – C-807/21, BeckRS 2023, 34616 Rn. 60.

476 S. hierzu KG Berlin, Beschl. v. 22.01.2024 – 3 Ws 250/21 – 161 AR 84/21, GRUR-RS 2024, 2154; *Grages/Strassemeyer*, CR 2024, 10; *Roßnagel/Rost*, ZD 2024, 183; *Wybitul/Brink*, ZD 2024, 137; *Wybitul/Zhou*, ZD 2024, 301 (302).

477 *Heckmann*, MMR 2023, 816 (818) nennt hierzu etwa Art. 25 DSGVO.

grundsätze des Art. 5 DSGVO zu, die im Detail sehr unterschiedlich interpretiert und ausgelegt werden können.[478] Die abstrakte Formulierung der Datenschutzgrundsätze ist aber nichts Neues, sie hat historische Gründe. Zur Erinnerung: Die Grundsätze für die Verarbeitung personenbezogenen Daten sind erstmals in der Konvention Nr. 108 aus dem Jahr 1981 festgeschrieben worden. Sie sind mit der DSRL und der DSGVO zwar angepasst und ergänzt worden, jedoch im Wesentlichen seit der Konvention Nr. 108 unverändert geblieben.[479] Die Abstraktheit der Grundsätze war in der Konvention Nr. 108 und DSRL sinnvoll und auch geboten. Schließlich stellten sie Vorgaben für die Mitgliedstaaten dar, die sie bei der Umsetzung in nationales Recht zu beachten hatten.[480] Im Kontext der DSGVO stellt die Abstraktheit der Datenschutzgrundsätze den Verantwortlichen aber vor erhebliche Herausforderungen bei der Umsetzung und Einhaltung der Vorgaben. Im Folgenden wird daher die Zweckbindung auf ihre Bestimmtheit hin untersucht.

aa) Unionsrechtlicher Grundsatz der Rechtssicherheit

Die Vorschriften der DSGVO sind nicht an dem sich aus dem Grundgesetz ergebenden Bestimmtheitsgebot zu messen.[481] Vielmehr ist das europäische Primärrecht maßgeblich.[482] Ausgangspunkt ist dort die Rechtsstaatlichkeit als Verfassungsgrundsatz der EU. Eines ihrer Kernbestandteile ist die Rechtssicherheit, aus welcher der EuGH das Bestimmtheitsgebot für Unionsvorschriften ableitet.[483] Danach müssen die Adressaten einer Unionsvorschrift „ihre Rechte und Pflichten eindeutig erkennen und sich darauf einstellen können".[484] Dies gilt vor allem und gerade bei Vorschriften, die „finanzielle Konsequenzen" für den Adressaten haben können.[485] Dies ist bei Art. 5 DSGVO der Fall, da ein Verstoß gegen die Vorschrift nach Art. 83 Abs. 5 lit. a DSGVO bußgeldbewehrt ist.

Darüber hinaus ist auch Art. 49 GRC zu beachten, wonach Strafvorschriften bzw. auch solche, die einen strafrechtlichen Charakter haben, hinrei-

---

478 *Roßnagel*, ZD 2018, 339 (343).
479 S. Gliederungspunkt B. I.3.d).
480 S. Gliederungspunkt C.II.1.
481 So aber *Hoeren*, ZD 2016, 459 (462), der Art. 103 Abs. 2 GG heranzieht.
482 Klaas/Momsen/Wybitul/*Cornelius*, Datenschutzsanktionenrecht, 2023, § 2 Rn. 12.
483 Schulze/Janssen/Kadelbach/*Schmahl*, Europarecht, 4. Aufl. 2020, § 6 Rn. 43.
484 EuGH, Urt. v. 21.06.2007 – C-158/06, BeckRS 2007, 70411 Rn. 25; EuGH, Urt. v. 01.10.1998 – C-209/96, BeckRS 2004, 74985 Rn. 35; EuGH, Urt. v. 13.02.1996 – C-143/93, BeckRS 2004, 74401 Rn. 27.
485 EuGH, Urt. v. 21.06.2007 – C-158/06, BeckRS 2007, 70411 Rn. 26; EuGH, Urt. v. 16.03.2006 – C-94/05, BeckRS 2006, 70224 Rn. 43; Schulze/Janssen/Kadelbach/*Schmahl*, Europarecht, 4. Aufl. 2020, § 6 Rn. 43.

chend bestimmt sein müssen.[486] Der Begriff der Strafe ist weit auszulegen und umfasst daher auch durch die Verwaltung erlassene Sanktionen, die strafrechtlichen Charakter haben.[487] Es handelt sich zwar bei nach Art. 83 DSGVO verhängten Geldbußen um „keine kriminalstrafrechtliche Sanktion im eigentlichen Sinne", jedoch ist der Vorschrift vor allem ein repressiver Charakter zu entnehmen.[488] Schließlich müssen Geldbußen nach Maßgabe des Art. 83 Abs. 1 DSGVO „in jedem Einzelfall wirksam, verhältnismäßig und abschreckend" sein. Eine Restitution oder Wiederherstellung des rechtmäßigen Zustandes steht nicht mehr im Vordergrund.[489] Folglich ist Art. 83 DSGVO als „punitive Sanktion dem ‚Strafrecht im weitesten Sinne' zuzurechnen."[490]

bb) Bestimmtheit der Zweckbindung

Zunächst ist festzustellen, dass der Grundsatz der Zweckbindung in Art. 5 Abs. 1 lit. b DSGVO eine Reihe von unbestimmten Rechtsbegriffen enthält (z. B. „eindeutig", „legitim", „nicht zu vereinbarenden Weise").[491] Die Auslegungsbedürftigkeit einer Vorschrift allein führt noch nicht zu einem Verstoß gegen das unionsrechtliche Bestimmtheitsgebot.[492] Das folgt aus der Existenz des Vorabentscheidungsverfahrens nach Art. 267 AEUV, welches die einheitliche Auslegung und Anwendung des Unionsrechts[493] bezweckt und daher auslegungsbedürftige Vorschriften im europäischen Recht voraussetzt.

Darüber hinaus ist zu berücksichtigen, dass es sich bei der Zweckbindung um keinen neuen Datenschutzgrundsatz handelt, sondern dieser bereits in der Konvention Nr. 108 und der DSRL enthalten war.[494] Die hierzu ergangenen Auslegungshilfen können daher grundsätzlich herangezogen werden und als Anknüpfungspunkt dienen.[495] Zudem wird die Zweckbindung in Bezug auf zweckändernde Weiterverarbeitungen durch die in Art. 6 Abs. 4

486 Jarass/*Jarass*, 4. Aufl. 2021, Art. 49 GRC Rn. 11.
487 Jarass/*Jarass*, 4. Aufl. 2021, Art. 49 GRC Rn. 7.
488 Sydow/Marsch/*Popp*, 3. Aufl. 2022, Art. 83 DSGVO Rn. 2.
489 Klaas/Momsen/Wybitul/*Cornelius*, Datenschutzsanktionenrecht, 2023, § 2 Rn. 7.
490 Sydow/Marsch/*Popp*, 3. Aufl. 2022, Art. 83 DSGVO Rn. 3; so auch *Borchert*, Durchsetzung des Beschäftigtendatenschutzrechts, 2024, S. 531 ff.; Klaas/Momsen/Wybitul/*Cornelius*, Datenschutzsanktionenrecht, 2023, § 2 Rn. 7 ff.
491 Vgl. *Neun/Lubitzsch*, BB 2017, 1538 (1543).
492 Vgl. EuGH, Urt. v. 20.12.2017 – C-516/16, BeckRS 2017, 135799 Rn. 99.
493 EuGH, Urt. v. 16.01.1974 – C-166/73, BeckRS 1974, 106488 Rn. 2 noch zu Art. 177 des EWG-Vertrags; v. d. Groeben/Schwarze/Hatje/*Schwarze/Wunderlich*, 7. Aufl. 2015, Art. 267 AEUV Rn. 3.
494 S. Gliederungspunkt B. I. 3.
495 *Roßnagel*, ZD 2018, 339 (342).

DSGVO genannten Kriterien für die Vereinbarkeitsprüfung konkretisiert.[496] Demzufolge ist der Verantwortliche grundsätzlich in der Lage, die aus der Zweckbindung folgenden Pflichten zu erkennen und sich nach ihnen zu richten. Die Zweckbindung ist jedoch in ihrer derzeitigen Ausgestaltung keineswegs so eindeutig, dass Verstöße gegen die Zweckbindung Gegenstand von Geldbußen von bis zu 20 Millionen Euro bzw. 4 % des weltweit erzielten Jahresumsatzes sein können.[497] Zugleich besteht das Bedürfnis die Zweckbindung als zentralen Grundsatz des Datenschutzes auch effektiv durchzusetzen,[498] da sie anderenfalls leerläuft.

Folglich erscheint daher eine einschränkende Auslegung des Art. 83 Abs. 5 lit. a DSGVO angezeigt, wonach nur evidente Verstöße gegen die Zweckbindung bußgeldbewehrt sein sollen.[499] Dies wäre etwa dann der Fall, wenn der Verantwortliche personenbezogene Daten zum Zwecke der Begehung einer Straftat verarbeitet. Ob die festgelegten Zwecke jedoch eindeutig und hinreichend bestimmt sind,[500] dürfte in aller Regel schwierig zu beurteilen sein. Dem Verantwortlichen sollte daher bei der Umsetzung der Datenschutzgrundsätze ein gewisser Spielraum zugestanden werden.[501] Bei Vorliegen eines Zweifelsfalls, besteht die Möglichkeit, dass Aufsichtsbehörden von ihren übrigen Abhilfebefugnissen des Art. 58 Abs. 2 DSGVO, wie etwa einer Warnung, Verwarnung oder Anweisung, Gebrauch machen. Hierzu hat der EuGH bereits festgestellt, dass der Datenschutzaufsicht bei der Verhängung von Geldbußen ein Ermessen zusteht, da die Geldbuße nur eines von mehreren Abhilfebefugnissen darstellt.[502] Denkbar wäre, dass Aufsichtsbehörden die Zweckbindung und übrigen Grundsätze im Wege einer Anweisung für den Einzelfall konkretisieren.[503] Die Nichtbefolgung einer Anweisung wiederum ist nach Art. 83 Abs. 6 DSGVO bußgeldbewehrt, wobei der Bußgeldrahmen dem des Art. 83 Abs. 5 DSGVO entspricht.[504] Dies ist gerecht-

496 Ehmann/Selmayr/*Heberlein*, 3. Aufl. 2024, Art. 5 DSGVO Rn. 6; s. Gliederungspunkt E. I.2.b).

497 Klaas/Momsen/Wybitul/*Cornelius*, Datenschutzsanktionenrecht, 2023, § 2 Rn. 14; NK-DatenschutzR/*Roßnagel*, 2. Aufl. 2025, Art. 5 DSGVO Rn 18; Taeger/Gabel/*Voigt*, 4. Aufl. 2022, Art. 5 DSGVO Rn. 7.

498 S. hierzu umfassend *Borchert*, Durchsetzung des Beschäftigtendatenschutzrechts, 2024.

499 *Schantz/Wolff*, Das neue Datenschutzrecht, 2017, Rn. 1118; Klaas/Momsen/Wybitul/*Cornelius*, Datenschutzsanktionenrecht, 2023, § 2 Rn. 14; Gola/Heckmann/*Gola*, 3. Aufl. 2022, Art. 83 DSGVO Rn. 32; in diese Richtung auch DWWS/*Weichert*, 3. Aufl. 2024, Art. 5 DSGVO Rn. 1 und *Hoeren*, ZD 2016, 459 (462), die eine enge Auslegung fordern.

500 S. Gliederungspunkte D.II.3; D.II.3.b).

501 Ähnlich zu Art. 25 DSGVO *Heckmann,* MMR 2023, 816 (818).

502 EuGH, Urt. v. 26.09.2024 – C-768/21, GRUR-RS 2024, 25192 Rn. 37.

503 NK-DatenschutzR/*Roßnagel*, 2. Aufl. 2025, Art. 5 DSGVO Rn. 18.

504 NK-DatenschutzR/*Roßnagel*, 2. Aufl. 2025, Art. 5 DSGVO Rn. 18.

fertigt, da der Verantwortliche die aus der Anweisung folgenden Pflichten eindeutig erkennen und sein Verhalten nach ihnen ausrichten kann. Darüber hinaus sind Aufsichtsbehörden nach dem Grundsatz der Verhältnismäßigkeit ohnehin dazu gehalten, für den konkreten Einzelfall verhältnismäßige Maßnahmen zu ergreifen.[505] Dies gilt umso mehr bei abstrakten Grundsätzen, die eine Vielzahl unbestimmter Rechtsbegriffe enthalten.

5. Zwischenfazit

Die Datenschutzgrundsätze des Art. 5 DSGVO nehmen eine zentrale Stellung in der DSGVO ein. Sie stellen unmittelbar geltendes Recht dar, aus denen konkrete Pflichten folgen, die bei jeder Verarbeitung personenbezogener Daten und damit auch im Beschäftigungskontext zu beachten sind. Die zentrale Rechtsgrundlage des deutschen Beschäftigtendatenschutzes nach § 26 Abs. 1 S. 1 Alt. 1 BDSG kann nach einer Entscheidung des EuGH grundsätzlich nicht mehr aufrechterhalten werden. Auch § 26 Abs. 5 BDSG, der auf die Datenschutzgrundsätze Bezug nimmt, kommt keine eigenständige Bedeutung zu. Beide Vorschriften erlangen nur dann eigenständige Bedeutung, wenn personenbezogene Beschäftigtendaten im Falle der nichtautomatisierten Datenverarbeitung in einem Dateisystem gespeichert sind oder gespeichert werden sollen.

Art. 5 DSGVO richtet sich ausschließlich an Verantwortliche i. S. d. Art. 4 Nr. 7 DSGVO, im Beschäftigungskontext also grundsätzlich an den Arbeitgeber. Ausnahmsweise verschiebt sich die Verantwortlichkeit im Falle eines Mitarbeiterexzesses auf den handelnden Arbeitnehmer. Auftragsverarbeiter sind nicht zur Einhaltung der Datenschutzgrundsätze verpflichtet, da sie die Pflichten des Art. 5 DSGVO nur im Auftrag des Verantwortlichen faktisch umsetzen. Sie sind lediglich mittelbar von den Grundsätzen betroffen.

Der Grundsatz der Zweckbindung enthält zwar eine Reihe von unbestimmten Rechtsbegriffen. Er verstößt aber nicht gegen das aus dem unionsrechtlichen Grundsatz der Rechtssicherheit folgende Bestimmtheitsgebot. Allerdings ist in diesem Zusammenhang eine einschränkende Auslegung des Art. 83 Abs. 5 lit. a DSGVO angezeigt, sodass in aller Regel nur bei evidenten Verstößen gegen die Zweckbindung eine Geldbuße gerechtfertigt ist. Bei Zweifelsfällen besteht die Möglichkeit, dass Aufsichtsbehörden die Zweckbindung durch eine Anweisung für den Einzelfall konkretisieren. Die Nichtbefolgung einer Anweisung ist wiederum bußgeldbewehrt und auch gerechtfertigt, da der Verantwortliche in einem solchen Fall seine Pflichten eindeutig erkennen und sich nach ihnen ausrichten kann.

505 Taeger/Gabel/*Grittmann*, 4. Aufl. 2022, Art. 58 DSGVO Rn. 22; Gola/Heckmann/*Nguyen*, 3. Aufl. 2022, Art. 58 DSGVO Rn. 14.

III. Verhältnis der Zweckbindung zu anderen Datenschutzgrundsätzen

Im Folgenden wird das Verhältnis der Zweckbindung zu den jeweils anderen in Art. 5 DSGVO geregelten Grundsätzen näher betrachtet. Dadurch werden strukturelle Verbindungen innerhalb der Datenschutzgrundsätze aufgezeigt.

1. Rechtmäßigkeit

Der Grundsatz der Rechtmäßigkeit nach Art. 5 Abs. 1 lit. a Var. 1 DSGVO verlangt, dass personenbezogene Daten „auf rechtmäßige Weise" verarbeitet werden. Dieses Erfordernis kann eng, aber auch weit ausgelegt werden.[506] Nach dem engen Verständnis stellt Art. 6 Abs. 1 DSGVO eine Konkretisierung des Grundsatzes der Rechtmäßigkeit dar, sodass für jede Datenverarbeitung eine Rechtsgrundlage vorliegen muss.[507] Folgt man hingegen dem weiten Verständnis, müsste eine Datenverarbeitung über das Vorliegen einer Rechtsgrundlage hinaus auch sämtlichen weiteren Anforderungen der DSGVO genügen.[508] Richtigerweise ist dem Grundsatz der Rechtmäßigkeit ein enges Verständnis zugrunde zu legen, da sämtliche Vorschriften der DSGVO ohnehin zu beachten sind. Ein weites Verständnis des Grundsatzes hätte über Art. 83 Abs. 5 lit. a DSGVO, wonach ein Verstoß gegen Art. 5 DSGVO bußgeldbewehrt ist, zur Folge, dass ausnahmslos jeder Verstoß gegen die DSGVO durch die „Hintertür" bebußt werden könnte, was im Hinblick auf die Bestimmtheit und Verhältnismäßigkeit sehr problematisch wäre.[509] Für das enge Verständnis spricht zudem, dass der Grundsatz der Rechtmäßigkeit ebenso wie die Zweckbindung in Art. 8 Abs. 2 S. 1 GRC verankert ist. Danach dürfen personenbezogene Daten nur „mit Einwilligung der betroffenen Person oder auf einer sonstigen gesetzlich geregelten legitimen Grundlage verarbeitet werden."[510] Zudem bestätigt EG 40

506 Kühling/Buchner/*Herbst*, 4. Aufl. 2024, Art. 5 DSGVO Rn. 8 f.; Plath/*Plath*, 4. Aufl. 2023, Art. 5 DSGVO Rn. 4; BeckOK DatenschutzR/*Schantz*, 51. Ed. Stand 01.11.2021, Art. 5 DSGVO Rn. 5.

507 *König*, Beschäftigtendatenschutz in der Beratungspraxis, 2020, § 3 Rn. 13; Kühling/Buchner/*Herbst*, 4. Aufl. 2024, Art. 5 DSGVO Rn. 8; Auernhammer/*Kramer*, 8. Aufl. 2023, Art. 5 DSGVO Rn. 10; Plath/*Plath*, 4. Aufl. 2023, Art. 5 DSGVO Rn. 3; *Kramer*, DSB 2017, 6 (6).

508 Kühling/Buchner/*Herbst*, 4. Aufl. 2024, Art. 5 DSGVO Rn. 9; BeckOK DatenschutzR/*Schantz*, 51. Ed. Stand 01.11.2021, Art. 5 DSGVO Rn. 5.

509 Kühling/Buchner/*Herbst*, 4. Aufl. 2024, Art. 5 DSGVO Rn. 10; Plath/*Plath*, 4. Aufl. 2023, Art. 5 DSGVO Rn. 4; Spindler/Schuster/*Spindler/Dalby*, 4. Aufl. 2019, Art. 5 DSGVO Rn. 4; Taeger/Gabel/*Voigt*, 4. Aufl. 2022, Art. 5 DSGVO Rn. 9.

510 Kühling/Buchner/*Herbst*, 4. Aufl. 2024, Art. 5 DSGVO Rn. 10; Plath/*Plath*, 4. Aufl. 2023, Art. 5 DSGVO Rn. 3; BeckOK DatenschutzR/*Schantz*, 51. Ed. Stand 01.11.2021, Art. 5 DSGVO Rn. 5.

DSGVO, dass der Begriff „Rechtmäßigkeit“ in der DSGVO das Erfordernis des Vorliegens einer Einwilligung oder anderen Rechtsgrundlage meint.[511] Somit wird der Grundsatz der Rechtmäßigkeit im Kern durch Art. 6 Abs. 1 DSGVO konkretisiert.[512]

Art. 6 Abs. 1 DSGVO enthält sechs Rechtsgrundlagen, von denen bei jeder Verarbeitung personenbezogener Daten mindestens eine erfüllt sein muss.[513] Dem liegt das Prinzip des „Verbot[s] mit Erlaubnisvorbehalt“ zugrunde.[514] Bei näherer Betrachtung der einzelnen Rechtsgrundlagen fällt auf, dass die in Art. 6 Abs. 1 UAbs. 1 lit. a DSGVO geregelte Einwilligung als einzige Rechtsgrundlage die Zweckbindung aufgreift. Hiernach ist eine Datenverarbeitung rechtmäßig, wenn die betroffene Person „ihre Einwilligung zu der Verarbeitung der sie betreffenden personenbezogenen Daten für *einen oder mehrere bestimmte Zwecke* gegeben [hat]“.[515] Die Bezugnahme auf die Zwecke der Datenverarbeitung wirft die Frage auf, warum Art. 6 Abs. 1 UAbs. 1 lit. a DSGVO die Verarbeitungszwecke bei der Einwilligung ausdrücklich aufgreift, da der Grundsatz der Zweckbindung ohnehin bei jeder Verarbeitung personenbezogener Daten zu beachten ist.[516] Dass eine Einwilligung nicht nur zu einem einzigen Zweck, sondern auch zu mehreren Zwecken erteilt werden kann, ergibt sich bereits unmittelbar aus Art. 5 Abs. 1 lit. b Hs. 1 DSGVO, dessen Wortlaut in der Mehrzahl („Zwecke“) formuliert ist.[517] Hintergrund des nochmaligen Aufgreifens der Zweckbindung in Art. 6 Abs. 1 UAbs. 1 lit. a DSGVO dürfte die Betonung des Bestimmtheitserfordernisses sein. Denn pauschale Einwilligungen sind unwirksam.[518] Sie können nach Art. 4 Nr. 11 DSGVO nur für „den bestimmten Fall“ erteilt werden. Durch die Angabe eines oder mehrerer bestimmter Zwecke soll die betroffene Person in die Lage versetzt werden, das Ausmaß der beabsichtigten Datenverarbeitung zu erkennen, zu der sie einwilligt.[519] Zudem stellt sie

---

511 Kühling/Buchner/*Herbst*, 4. Aufl. 2024, Art. 5 DSGVO Rn. 8.

512 Ehmann/Selmayr/*Heberlein*, 3. Aufl. 2024, Art. 5 DSGVO Rn. 11; Gola/Heckmann/*Schulz*, 3. Aufl. 2022, Art. 6 DSGVO Rn. 1; Taeger/Gabel/*Voigt*, 4. Aufl. 2022, Art. 5 DSGVO Rn. 11.

513 Gola/Heckmann/*Schulz*, 3. Aufl. 2022, Art. 6 DSGVO Rn. 1.

514 Auernhammer/*Kramer*, 8. Aufl. 2023, Art. 5 DSGVO Rn. 10; Gola/Heckmann/*Schulz*, 3. Aufl. 2022, Art. 6 DSGVO Rn. 2 präferiert die Bezeichnung „Verbotsprinzip“; *Roßnagel*, NJW 2019, 1 (4 f.) kritisiert die Bezeichnungen „Verbotsprinzip“ und „Verbot mit Erlaubnisvorbehalt“ als ungenau und spricht sich stattdessen für die Bezeichnung „Erlaubnisprinzip“ aus.

515 Hervorhebung durch den Verfasser.

516 S. Gliederungspunkt C.II.2.

517 S. Gliederungspunkt D.II.1.b).

518 *Voigt*, Die datenschutzrechtliche Einwilligung, 2020, S. 121; Gola/Heckmann/*Schulz*, 3. Aufl. 2022, Art. 6 DSGVO Rn. 24.

519 *Voigt*, Die datenschutzrechtliche Einwilligung, 2020, S. 121.

ein gewisses Maß an Kontrolle sowie Transparenz für die betroffene Person sicher und ermöglicht eine Einwilligung in informierter Weise.[520] Inhaltlich ergeben sich jedoch keine Unterschiede zu den anderen Rechtsgrundlagen des Art. 6 Abs. 1 DSGVO im Hinblick auf die Festlegung der Zwecke. Die Verarbeitungszwecke müssen auch bei einer Einwilligung legitim, eindeutig und hinreichend bestimmt sein.[521]

Im Ergebnis ist festzuhalten, dass die Zweckbindung unabhängig von der jeweils im konkreten Einzelfall einschlägigen Rechtsgrundlage zu beachten ist. Nach dem Grundsatz der Rechtmäßigkeit muss jede Verarbeitung personenbezogener Daten auf einer Rechtsgrundlage des Art. 6 Abs. 1 DSGVO beruhen. Legt der Verantwortliche mehrere Verarbeitungszwecke fest, muss auch jeder einzelne Zweck von einer Rechtsgrundlage abgedeckt sein.[522]

2. Treu und Glauben

Nach Art. 5 Abs. 1 lit. a Var. 2 DSGVO müssen personenbezogene Daten „nach Treu und Glauben" verarbeitet werden. In der englischen Sprachfassung wird der Grundsatz mit *fairly* bzw. *fairness* übersetzt.[523] Der Inhalt dieses Grundsatzes ist „nur sehr schwer positiv zu umschreiben",[524] obwohl er bereits in der Konvention Nr. 108 und der DSRL enthalten war und auch in Art. 8 Abs. 2 S. 1 GRC verankert ist.[525] Der Grundsatz kann jedenfalls nicht mit der „Leistung nach Treu und Glauben" aus § 242 BGB gleichgesetzt werden,[526] da die DSGVO als unionsrechtliche Verordnung autonom auszulegen ist.[527] Die Datenschutzgrundsätze tragen als zentrale Regelungen der DSGVO maßgeblich zur Rechtsvereinheitlichung bei, sodass nicht auf das mitgliedstaatliche Recht zurückgegriffen werden kann.

Für die Bestimmung des Inhalts des Grundsatzes der Verarbeitung nach Treu und Glauben ist ein Blick auf die Rechtsprechung des EuGH aufschluss-

---

520 EDSA, Leitlinien 05/2020, Version 1.1, 04.05.2020, Rn. 55.

521 EDSA, Leitlinien 05/2020, Version 1.1, 04.05.2020, Rn. 56; *Bender*, Die Freiwilligkeit der datenschutzrechtlichen Einwilligung, 2021, S. 59; BeckOK DatenschutzR/*Albers/Veit*, 51. Ed. Stand 01.02.2025, Art. 6 DSGVO Rn. 15.

522 S. zur Frage, ob bei einer zweckändernden Weiterverarbeitung eine neue Rechtsgrundlage des Art. 6 Abs. 1 DSGVO erforderlich ist Gliederungspunkt E. I. 3.

523 Paal/Pauly/*Frenzel*, 3. Aufl. 2021, Art. 5 DSGVO Rn. 18.

524 Gola/Heckmann/*Pötters*, 3. Aufl. 2022, Art. 5 DSGVO Rn. 9.

525 NK-DatenschutzR/*Roßnagel*, 2. Aufl. 2025, Art. 5 DSGVO Rn. 46.

526 *Piltz/Quiel*, in: *Taeger* (Hrsg.), Den Wandel begleiten, 2020, S. 4; Taeger/Gabel/*Voigt*, 4. Aufl. 2022, Art. 5 DSGVO Rn. 13.

527 *Piltz/Quiel*, in: *Taeger* (Hrsg.), Den Wandel begleiten, 2020, S. 4; *Roßnagel/Geminn*, Datenschutz-Grundverordnung verbessern, 2020, S. 46; NK-DatenschutzR/*Roßnagel*, 2. Aufl. 2025, Art. 5 DSGVO Rn. 46.

reich: Er leitete aus dem Grundsatz noch unter der DSRL unter anderem die Pflicht einer Verwaltungsbehörde ab, der betroffenen Person mitzuteilen, wenn sie ihre personenbezogenen Daten an eine andere Behörde weiterleitet.[528] In dieser Pflicht kommt nach heutigem Verständnis der Grundsatz der Transparenz zum Ausdruck. Dass das Gericht hierfür nicht unmittelbar auf den Transparenzgrundsatz zurückgriff, lag schlicht daran, dass ein solcher in der DSRL nicht geregelt war.[529] Erst die DSGVO nahm den Grundsatz der Transparenz erstmals ausdrücklich auf.[530] Auch Beispiele aus der Literatur, wie etwa „Videomaterial, das zur Abwehr und Aufklärung von Straftaten aufgezeichnet wurde, zur Leistungskontrolle bei Beschäftigten eingesetzt wird", werden bereits von anderen Grundsätzen erfasst – hier von der Zweckbindung, da die Verwendung der Daten zur Leistungskontrolle im geschilderten Fall in aller Regel eine Zweckänderung darstellt.[531]

Dies führt zu der Frage, ob dem Grundsatz der Verarbeitung nach Treu und Glauben unter der DSGVO überhaupt ein eigener Anwendungsbereich verbleibt.[532] Konkrete Handlungspflichten lassen sich dem Grundsatz nicht entnehmen.[533] Teile der Literatur sehen den Grundsatz der Verarbeitung nach Treu und Glauben daher als „Auffangtatbestand".[534] Ein solches Verständnis ist angesichts des unionsrechtlichen Bestimmtheitsgebots[535] bedenklich. Eine Geldbuße nach Art. 83 Abs. 5 lit. a DSGVO wegen eines Verstoßes gegen den Grundsatz der Verarbeitung nach Treu und Glauben dürfte kaum zu rechtfertigen sein.[536] Letztlich fehlt es an Vorgaben und Leitlinien, die den Grundsatz auf ein Rechtsicherheit schaffendes Fundament stellen.[537]

3. Transparenz

Der Grundsatz der Transparenz nach Art. 5 Abs. 1 lit. a Var. 3 DSGVO sieht vor, dass personenbezogene Daten „in einer für die betroffene Person nach-

---

528 EuGH, Urt. v. 01.10.2015 – C-201/14, BeckRS 2015, 81219 Rn. 34.

529 NK-DatenschutzR/*Roßnagel*, 2. Aufl. 2025, Art. 5 DSGVO Rn. 45.

530 Gola/Heckmann/*Pötters*, 3. Aufl. 2022, Art. 5 DSGVO Rn. 2, 11.

531 Gola/Heckmann/*Pötters*, 3. Aufl. 2022, Art. 5 DSGVO Rn. 10; NK-DatenschutzR/*Roßnagel*, 2. Aufl. 2025, Art. 5 DSGVO Rn. 45.

532 Kühling/Buchner/*Herbst*, 4. Aufl. 2024, Art. 5 DSGVO Rn. 17.

533 *Piltz/Quiel*, in: *Taeger* (Hrsg.), Den Wandel begleiten, 2020, S. 7.

534 *König*, Beschäftigtendatenschutz in der Beratungspraxis, 2020, § 3 Rn. 15; Kühling/Buchner/*Herbst*, 4. Aufl. 2024, Art. 5 DSGVO Rn. 17; NK-DatenschutzR/*Roßnagel*, 2. Aufl. 2025, Art. 5 DSGVO Rn. 47.

535 S. Gliederungspunkt C.II.4.b)aa).

536 Vgl. *Piltz/Quiel*, in: *Taeger* (Hrsg.), Den Wandel begleiten, 2020, S. 7.

537 *Roßnagel/Geminn*, Datenschutz-Grundverordnung verbessern, 2020, S. 46 f. schlagen eine Umbenennung des Grundsatzes von „Treu und Glauben" zu „Fairness" vor und fordern den EDSA auf, entsprechende Leitlinien für den Grundsatz zu formulieren.

vollziehbaren Weise verarbeitet werden [müssen]". Die Transparenz der Datenverarbeitung wurde unter der DSRL noch aus dem Grundsatz der Verarbeitung nach Treu und Glauben abgeleitet.[538] Der Grundsatz der Transparenz hat erst durch die DSGVO einen Platz in den Datenschutzgrundsätzen gefunden.[539] Ziel ist es, die Datenverarbeitung sowohl retrospektiv als auch prospektiv transparent zu machen.[540] Die betroffene Person soll zum einen entsprechend dem Wortlaut der Vorschrift die Datenverarbeitung in der Rückschau bzw. während sie stattfindet, nachvollziehen können. Zum anderen soll die betroffene Person nach EG 39 S. 2 DSGVO auch bereits im Vorfeld der Datenverarbeitung Klarheit über die künftige Datenverarbeitung haben.[541]

Die Möglichkeit einer nachträglichen Kontrolle folgt bereits aus dem Primärrecht. Nach Art. 8 Abs. 2 S. 2 GRC steht jeder Person das Recht zu, Auskunft über die sie betreffenden erhobenen Daten zu erhalten. Das Recht auf Auskunft wird auf sekundärrechtlicher Ebene durch Art. 15 DSGVO konkretisiert.[542] Die Stärkung der Transparenz im Vorfeld deutet bereits EG 39 S. 2 DSGVO an, der ausdrücklich auf künftig stattfindende Verarbeitungen Bezug nimmt. Dies spiegelt sich in der DSGVO vor allem durch den Ausbau der Informationspflichten in Gestalt der Art. 13 und 14 wider,[543] die den Transparenzgrundsatz konkretisieren.[544]

Der Zusammenhang zwischen Transparenz- und Zweckbindungsgrundsatz ergibt sich bereits unmittelbar aus dem Wortlaut der Art. 13 ff. DSGVO: Nach Art. 13 Abs. 1 lit. c und Art. 14 Abs. 1 lit. c DSGVO ist der Verantwortliche verpflichtet, die betroffene Person bei Erhebung der personenbezogenen Daten über die Verarbeitungszwecke zu informieren. Dadurch soll eine Überprüfung der Zwecke im Vorfeld der Datenverarbeitung ermöglicht werden.[545] EG 60 S. 1 DSGVO unterstreicht die Bedeutung der Unterrichtung über die Verarbeitungszwecke. Der Auskunftsanspruch nach Art. 15 Abs. 1 DSGVO gewährt der betroffenen Person das Recht auf Auskunft über seine personenbezogenen Daten. Dazu gehört nach lit. a auch die Information

---

538 S. Gliederungspunkt C.III.2.

539 Gola/Heckmann/*Pötters*, 3. Aufl. 2022, Art. 5 DSGVO Rn. 2, 11.

540 BeckOK DatenschutzR/*Schantz*, 51. Ed. Stand 01.11.2021, Art. 5 DSGVO Rn. 11; Taeger/Gabel/*Voigt*, 4. Aufl. 2022, Art. 5 DSGVO Rn. 16.

541 BeckOK DatenschutzR/*Schantz*, 51. Ed. Stand 01.11.2021, Art. 5 DSGVO Rn. 11; Taeger/Gabel/*Voigt*, 4. Aufl. 2022, Art. 5 DSGVO Rn. 16.

542 S. zum Auskunftsgrundrecht *Peisker*, Der datenschutzrechtliche Auskunftsanspruch, 2023, S. 65 ff.

543 Ehmann/Selmayr/*Heberlein*, 3. Aufl. 2024, Art. 5 DSGVO Rn. 18; NK-DatenschutzR/*Roßnagel*, 2. Aufl. 2025, Art. 5 DSGVO Rn. 51 f.

544 SJTK/*Jaspers/Schwartmann/Hermann*, 3. Aufl. 2024, Art. 5 DSGVO Rn. 14; Taeger/Gabel/*Voigt*, 4. Aufl. 2022, Art. 5 DSGVO Rn. 5, 18.

545 BeckOK DatenschutzR/*Schmidt-Wudy*, 51. Ed. Stand 01.02.2025, Art. 14 DSGVO Rn. 44.

über die Zwecke der Datenverarbeitung.[546] Diese Pflicht entspricht denen der Art. 13 Abs. 1 lit. c und Art. 14 Abs. 1 lit. c DSGVO.[547] Die Informationspflichten beschränken sich aber nicht nur auf die ursprünglichen Zwecke der Datenerhebung. Vielmehr sehen Art. 13 Abs. 3 und Art. 14 Abs. 4 DSGVO auch dann eine Informationspflicht vor, wenn der Verantwortliche beabsichtigt die personenbezogenen Daten für einen anderen Zweck weiterzuverarbeiten.[548] Diese Instrumente sorgen dafür, dass die betroffene Person stets über die Verarbeitungszwecke informiert ist bzw. sie sich diese Information vom Verantwortlichen beschaffen kann. Somit steuert der Grundsatz der Transparenz maßgeblich zur Verwirklichung der Zweckbindung bei. Der Grundsatz der Transparenz stärkt[549] somit den Zweckbindungsgrundsatz und sichert ihn zugleich ab.[550]

4. Datenminimierung

Der Grundsatz der Datenminimierung nach Art. 5 Abs. 1 lit. c DSGVO regelt, dass personenbezogene Daten „dem Zweck angemessen und erheblich sowie auf das für die Zwecke der Verarbeitung notwendige Maß beschränkt sein [müssen]". Die einzelnen Merkmale des Grundsatzes „sind kaum trennscharf zu definieren".[551] In der Literatur werden teilweise die einzelnen Merkmale der Datenminimierung mit denen der Verhältnismäßigkeitsprüfung gleichgesetzt.[552] Die Rechtsprechung hingegen unterscheidet nicht zwischen den einzelnen Merkmalen.[553] Die Datenminimierung ist Ausfluss des Prinzips der Erforderlichkeit[554] und verfolgt im Kern eine Reduzierung in mehrerlei Hinsicht: die Reduzierung des Personenbezugs,[555] der Anzahl

---

546 S. hierzu *Peisker*, Der datenschutzrechtliche Auskunftsanspruch, 2023, S. 315 ff.; *Deingruber*, Das Recht auf Auskunft gemäß Art. 15 DSGVO, 2024, S. 171 ff.

547 Kühling/Buchner/*Bäcker*, 4. Aufl. 2024, Art. 15 DSGVO Rn. 12.

548 Paal/Pauly/*Paal/Hennemann*, 3. Aufl. 2021, Art. 13 DSGVO Rn. 33; s. Gliederungspunkt E.III.

549 *Schantz*, NJW 2016, 1841 (1844).

550 *Ebner*, Weniger ist Mehr?, 2022, S. 209; *Peisker*, Der datenschutzrechtliche Auskunftsanspruch, 2023, S. 315.

551 Kühling/Buchner/*Herbst*, 4. Aufl. 2024, Art. 5 DSGVO Rn. 57.

552 So BeckOK DatenschutzR/*Schantz*, 51. Ed. Stand 01.11.2021, Art. 5 DSGVO Rn. 24 ff.; a. A. NK-DatenschutzR/*Roßnagel*, 2. Aufl. 2025, Art. 5 DSGVO Rn. 120.

553 EuGH, Urt. v. 22.06.2021 – C-439/19, BeckRS 2021, 15289 Rn. 98; OVG Hamburg, Beschl. v. 29.11.2023 – 3 Bs 146/23, BeckRS 2023, 39313 Rn. 12.

554 *Albrecht/Jotzo*, Das neue Datenschutzrecht der EU, 2017, Teil 2 Rn. 6; NK-DatenschutzR/*Roßnagel*, 2. Aufl. 2025, Art. 5 DSGVO Rn. 116; MHdB ArbR/*Wybitul*, 6. Aufl. 2024, § 96 Rn. 66.

555 NK-DatenschutzR/*Roßnagel*, 2. Aufl. 2025, Art. 5 DSGVO Rn. 125; Gola/Heckmann/*Pötters*, 3. Aufl. 2022, Art. 5 DSGVO Rn. 23 spricht von einer „Verringerung der Anzahl der verarbeiteten Daten".

und des Maßes der Nutzungen von Daten[556] sowie der Anzahl der betroffenen Personen.[557] Aus dem Grundsatz der Datenminimierung folgt jedoch keine absolute Reduzierung oder Beschränkung der Datenmenge.[558] Vielmehr sollen Grundrechtseingriffe auf das unvermeidbar Erforderliche beschränkt werden.[559] Bezugspunkt der Datenminimierung sind die Verarbeitungszwecke.[560] Folglich ergänzt der Grundsatz der Datenminimierung die Zweckbindung und baut sie aus, sodass er als Unterfall der Zweckbindung bezeichnet wird.[561] Der Unionsgesetzgeber hat in Art. 25 Abs. 1 DSGVO dabei ausdrücklich normiert, dass die Datenschutzgrundsätze, wie etwa die Datenminimierung bereits bei Umsetzung der geeigneten technischen und organisatorischen Maßnahmen zu berücksichtigen sind.[562]

5. Richtigkeit

Nach dem Grundsatz der Richtigkeit aus Art. 5 Abs. 1 lit. d DSGVO müssen personenbezogene Daten „sachlich richtig und erforderlichenfalls auf dem neuesten Stand sein; es sind alle angemessenen Maßnahmen zu treffen, damit personenbezogene Daten, die im Hinblick auf die Zwecke ihrer Verarbeitung unrichtig sind, unverzüglich gelöscht oder berichtigt werden“. Fraglich ist zunächst, ob der Richtigkeitsgrundsatz auch auf Werturteile Anwendung findet. Bei ihnen handelt es sich zunächst um personenbezogene Daten.[563] Sie sind aber im Gegensatz zu Tatsachen subjektiver Natur und somit keinem Beweis zugänglich, sodass die Einordnung in „richtig“ oder „unrichtig“ vom Ansatz her bereits unzutreffend ist.[564] Somit ist der Grund-

556 Gola/Heckmann/*Pötters*, 3. Aufl. 2022, Art. 5 DSGVO Rn. 23; NK-DatenschutzR/*Roßnagel*, 2. Aufl. 2025, Art. 5 DSGVO Rn. 130.
557 Gola/Heckmann/*Pötters*, 3. Aufl. 2022, Art. 5 DSGVO Rn. 23; NK-DatenschutzR/*Roßnagel*, 2. Aufl. 2025, Art. 5 DSGVO Rn. 131.
558 Kühling/Buchner/*Herbst*, 4. Aufl. 2024, Art. 5 DSGVO Rn. 56.
559 NK-DatenschutzR/*Roßnagel*, 2. Aufl. 2025, Art. 5 DSGVO Rn. 125.
560 Kühling/Buchner/*Herbst*, 4. Aufl. 2024, Art. 5 DSGVO Rn. 56; MHdB ArbR/*Wybitul*, 6. Aufl. 2024, § 96 Rn. 66.
561 *König*, Beschäftigtendatenschutz in der Beratungspraxis, 2020, § 3 Rn. 28; Kühling/Buchner/*Herbst*, 4. Aufl. 2024, Art. 5 DSGVO Rn. 56; Gola/Heckmann/*Pötters*, 3. Aufl. 2022, Art. 5 DSGVO Rn. 16; *Roßnagel*, ZD 2018, 339 (341); vgl. *Holthausen*, RdA 2021, 19 (24): „Der Grundsatz der Datenminimierung steht in einer engen Wechselbeziehung zum Grundsatz der Zweckbindung.“
562 Ehmann/Selmayr/*Heberlein*, 3. Aufl. 2024, Art. 5 DSGVO Rn. 31; s. Gliederungspunkt C.III.7.
563 S. Gliederungspunkt C.II.2.a)aa).
564 Kühling/Buchner/*Herbst*, 4. Aufl. 2024, Art. 5 DSGVO Rn. 60; SJTK/*Jaspers/Schwartmann/Hermann*, 3. Aufl. 2024, Art. 5 DSGVO Rn. 64; NK-DatenschutzR/*Roßnagel*, 2. Aufl. 2025, Art. 5 DSGVO Rn. 140; *Roßnagel*, ZD 2018, 339 (341); a.A. BeckOK DatenschutzR/*Schantz*, 51. Ed. Stand 01.11.2021, Art. 5 DSGVO Rn. 27.

satz der Richtigkeit nur auf Tatsachen anzuwenden. Anders als beim Recht auf Berichtigung aus Art. 16 DSGVO, wonach der Verantwortliche auf Verlangen der betroffenen Person unrichtige Daten berichtigen muss, besteht für ihn nach Art. 5 Abs. 1 lit. d Hs. 2 DSGVO die Pflicht, aktiv angemessene Maßnahmen zu treffen, um die Richtigkeit der verarbeiteten personenbezogenen Daten zu gewährleisten.[565] Nach dem Wortlaut des Grundsatzes kommt es für die Richtigkeit der Daten auf die Verarbeitungszwecke an.[566] Dementsprechend müssen nur die unrichtigen Daten berichtigt werden, die für die Verarbeitungszwecke relevant sind.[567] Aufgrund der engen Verknüpfung mit den Zwecken der Datenverarbeitung stellt auch der Grundsatz der Richtigkeit eine Ergänzung des Zweckbindungsgrundsatzes dar.[568] Andere unrichtige Daten, die für die Zwecke keine Bedeutung haben, dürften im Übrigen bereits für die Verarbeitung nicht erforderlich sein,[569] sodass ihre Verarbeitung gegen den Grundsatz der Datenminimierung verstößt.[570]

6. Speicherbegrenzung

Der Grundsatz der Speicherbegrenzung nach Art. 5 Abs. 1 lit. e DSGVO fordert, dass personenbezogene Daten „in einer Form gespeichert werden [müssen], die die Identifizierung der betroffenen Personen nur so lange ermöglicht, wie es für die Zwecke, für die sie verarbeitet werden, erforderlich ist“. Dieser Grundsatz regelt die zeitliche Komponente der Verarbeitung personenbezogener Daten und stellt ebenfalls eine Konkretisierung der Zweckbindung dar, da für die Dauer der Speicherfrist die Zwecke der Datenverarbeitung maßgeblich sind.[571] Damit soll nach EG 39 S. 8 DSGVO die Speicherfrist für personenbezogene Daten auf das unbedingt erforderliche Mindestmaß beschränkt bleiben. Um dies sicherzustellen, sieht EG 39 S. 10 DSGVO vor, dass der Verantwortliche Fristen für die Löschung der Daten bestimmt oder die Daten regelmäßig überprüft. In der Praxis läuft es

565 SJTK/*Jaspers/Schwartmann/Hermann*, 3. Aufl. 2024, Art. 5 DSGVO Rn. 69; Gola/Heckmann/*Pötters*, 3. Aufl. 2022, Art. 5 DSGVO Rn. 25; NK-DatenschutzR/*Roßnagel*, 2. Aufl. 2025, Art. 5 DSGVO Rn. 143; BeckOK DatenschutzR/*Schantz*, 51. Ed. Stand 01.11.2021, Art. 5 DSGVO Rn. 28.

566 Ehmann/Selmayr/*Heberlein*, 3. Aufl. 2024, Art. 5 DSGVO Rn. 32; Kühling/Buchner/*Herbst*, 4. Aufl. 2024, Art. 5 DSGVO Rn. 62.

567 Paal/Pauly/*Frenzel*, 3. Aufl. 2021, Art. 5 DSGVO Rn. 41; Ehmann/Selmayr/*Heberlein*, 3. Aufl. 2024, Art. 5 DSGVO Rn. 32; SJTK/*Jaspers/Schwartmann/Hermann*, 3. Aufl. 2024, Art. 5 DSGVO Rn. 67.

568 *Roßnagel*, ZD 2018, 339 (344).

569 Paal/Pauly/*Frenzel*, 3. Aufl. 2021, Art. 5 DSGVO Rn. 41.

570 S. Gliederungspunkt C.III.4.

571 Gola/Heckmann/*Pötters*, 3. Aufl. 2022, Art. 5 DSGVO Rn. 26.

auf die Implementierung von Löschkonzepten hinaus.[572] Darüber hinaus hat der Unionsgesetzgeber auch für die Löschung personenbezogener Daten mit Art. 17 DSGVO ein entsprechendes Betroffenenrecht geregelt. Nach Art. 17 Abs. 1 lit. a DSGVO kann eine betroffene Person die unverzügliche Löschung derjenigen personenbezogenen Daten verlangen, die für die Zwecke der Datenverarbeitung nicht mehr notwendig sind.[573]

7. Integrität und Vertraulichkeit

Nach dem Grundsatz der Integrität und Vertraulichkeit aus Art. 5 Abs. 1 lit. f DSGVO müssen personenbezogene Daten „in einer Weise verarbeitet werden, die eine angemessene Sicherheit der personenbezogenen Daten gewährleistet, einschließlich Schutz vor unbefugter oder unrechtmäßiger Verarbeitung und vor unbeabsichtigtem Verlust, unbeabsichtigter Zerstörung oder unbeabsichtigter Schädigung durch geeignete technische und organisatorische Maßnahmen". Dieser Grundsatz, der auch als „Systemdatenschutz" bezeichnet wird,[574] regelt keine materiell-rechtlichen Voraussetzungen einer Datenverarbeitung, sondern stellt formelle Vorgaben für die Datensicherheit auf.[575] Welche konkreten Maßnahmen der Verantwortliche umzusetzen hat, ergibt sich durch die Konkretisierung des Grundsatzes in Art. 32 DSGVO.[576] Nach dieser Vorschrift treffen der Verantwortliche und der Auftragsverarbeiter „geeignete technische und organisatorische Maßnahmen, um ein dem Risiko angemessenes Schutzniveau zu gewährleisten". Danach richtet sich die Geeignetheit der Maßnahmen nach dem Risiko der Datenverarbeitung, sodass „die Maßnahmen umso wirksamer sein müssen, je höher die drohenden Schäden sind."[577] Bei der Auswahl der Maßnahmen sind nach Art. 32 Abs. 1 DSGVO acht Kriterien zu berücksichtigen: der Stand der Technik, die Implementierungskosten, die Art, der Umfang, die Umstände, die Zwecke der Verarbeitung sowie die unterschiedliche Eintrittswahrscheinlichkeit und Schwere des Risikos für die Rechte und Freiheiten natürlicher Personen.[578] Die Verarbeitungszwecke können somit die Datensicherheit beeinflussen.

572 SJTK/*Jaspers/Schwartmann/Hermann*, 3. Aufl. 2024, Art. 5 DSGVO Rn. 77; Taeger/Gabel/*Voigt*, 4. Aufl. 2022, Art. 5 DSGVO Rn. 34.

573 Taeger/Gabel/*Voigt*, 4. Aufl. 2022, Art. 5 DSGVO Rn. 37; s. Gliederungspunkt D.III.2.b).

574 SJTK/*Jaspers/Schwartmann/Hermann*, 3. Aufl. 2024, Art. 5 DSGVO Rn. 78; Sydow/Marsch/*Reimer*, 3. Aufl. 2022, Art. 5 DSGVO Rn. 48.

575 Gola/Heckmann/*Pötters*, 3. Aufl. 2022, Art. 5 DSGVO Rn. 29.

576 BeckOK DatenschutzR/*Schantz*, 51. Ed. Stand 01.11.2021, Art. 5 DSGVO Rn. 35.

577 Ehmann/Selmayr/*Hladjk*, 3. Aufl. 2024, Art. 32 DSGVO Rn. 4.

578 Ehmann/Selmayr/*Hladjk*, 3. Aufl. 2024, Art. 32 DSGVO Rn. 4.

Darüber hinaus wird der Grundsatz der Integrität und Vertraulichkeit durch Art. 25 DSGVO konkretisiert.[579] Dieser normiert zwei Prinzipien, die den Verantwortlichen dazu verpflichten, seine Systeme bereits *ex ante* auf einen effektiven Datenschutz auszurichten.[580] Die Überschrift des Art. 25 DSGVO umschreibt die beiden Prinzipien als Datenschutz durch Technikgestaltung (*privacy by design*) und datenschutzfreundliche Voreinstellungen (*privacy by default*).[581] Ziel des Datenschutzes durch Technikgestaltung ist nach Abs. 1 die wirksame Umsetzung der Datenschutzgrundsätze.[582] Der Verantwortliche muss nach Abs. 2 zudem sicherstellen, dass „durch Voreinstellung nur personenbezogene Daten, deren Verarbeitung für den jeweiligen bestimmten Verarbeitungszweck erforderlich ist, verarbeitet werden." Daraus folgt, dass der Verantwortliche die Verwirklichung des Zweckbindungsgrundsatzes von Anfang an beachten muss, indem er geeignete technische und organisatorische Maßnahmen trifft.[583] Art. 25 Abs. 1 DSGVO greift im Hinblick auf die umzusetzenden Maßnahmen auf die gleichen Kriterien des Art. 32 DSGVO zurück.[584] Beide Vorschriften weisen eine hohe Schnittmenge auf, sind aber nicht gleichzusetzen,[585] da Art. 25 DSGVO nicht die Datensicherheit betrifft.[586] Die Schaffung einer angemessenen Datensicherheit, wie Art. 32 DSGVO sie fordert, zielt nicht unmittelbar auf die Verwirklichung und Einhaltung der Datenschutzgrundsätze ab, sondern ist Grundlage eines wirksamen Datenschutzes durch Technik.[587]

Zusammengefasst kann gesagt werden, dass der Grundsatz der Integrität und Vertraulichkeit insgesamt auf die Sicherung der Grundsätze des Art. 5 DSGVO abzielt, indem die getroffenen Maßnahmen Datenverarbeitungen, die den Grundsätzen zuwiderlaufen, unterbinden.[588]

---

579 Gola/Heckmann/*Pötters*, 3. Aufl. 2022, Art. 5 DSGVO Rn. 30.

580 Gola/Heckmann/*Nolte/Werkmeister*, 3. Aufl. 2022, Art. 25 DSGVO Rn. 2; s. auch zum zeitlichen Aspekt Ehmann/Selmayr/*Baumgartner*, 3. Aufl. 2024, Art. 25 DSGVO Rn. 24.

581 Taeger/Gabel/*Lang*, 4. Aufl. 2022, Art. 25 DSGVO Rn. 3; Plath/*Plath*, 4. Aufl. 2023, Art. 25 DSGVO Rn. 1.

582 Sydow/Marsch/*Mantz*, 3. Aufl. 2022, Art. 25 DSGVO Rn. 18; Plath/*Plath*, 4. Aufl. 2023, Art. 25 DSGVO Rn. 1.

583 Plath/*Plath*, 4. Aufl. 2023, Art. 25 DSGVO Rn. 21.

584 Kühling/Buchner/*Hartung*, 4. Aufl. 2024, Art. 25 DSGVO Rn. 19.

585 Taeger/Gabel/*Lang*, 4. Aufl. 2022, Art. 25 DSGVO Rn. 18; Paal/Pauly/*Martini*, 3. Aufl. 2021, Art. 25 DSGVO Rn. 4a.

586 Paal/Pauly/*Martini*, 3. Aufl. 2021, Art. 25 DSGVO Rn. 4a.

587 Paal/Pauly/*Martini*, 3. Aufl. 2021, Art. 25 DSGVO Rn. 4a.

588 NK-DatenschutzR/*Roßnagel*, 2. Aufl. 2025, Art. 5 DSGVO Rn. 168.

8. Rechenschaftspflicht

Nach der in Art. 5 Abs. 2 DSGVO geregelten Rechenschaftspflicht ist der Verantwortliche für die Einhaltung der in Abs. 1 genannten Grundsätze verantwortlich, deren Einhaltung er auch nachweisen können muss. Aus diesem Grundsatz lassen sich zwei Elemente entnehmen: Zum einen die Einhaltung der Datenschutzgrundsätze und zum anderen die Nachweispflicht.[589] Die ausdrückliche Zuweisung der Verantwortung an den Verantwortlichen dürfte der Klarstellung dienen,[590] da Abs. 1 aufgrund seiner Formulierung im Passiv keinen Normadressaten nennt.[591] Die Nachweispflicht ist neu hinzugekommen[592] und legt dem Verantwortlichen umfassende Dokumentationspflichten auf.[593] Der Verantwortliche muss im Falle einer Überprüfung durch die Aufsichtsbehörde nachweisen können, dass er die Grundsätze des Art. 5 Abs. 1 DSGVO eingehalten hat.[594] Beide Elemente sind Ausdruck des im angelsächsischen Raum entwickelten Accountability-Prinzips, welches die Gesamtverantwortung für die Datenverarbeitung verdeutlichen soll.[595] Der Rechenschaftspflicht kommt bei der Einhaltung der Zweckbindung besondere Bedeutung zu, da der Zweckbindungsgrundsatz in Art. 5 Abs. 1 lit. b DSGVO selbst keine Vorgaben macht, wie der Verantwortliche die festgelegten Zwecke zu dokumentieren hat.[596] Folglich stehen auch diese beiden Grundsätze in einem sehr engen Zusammenhang.

9. Zwischenfazit

Die Zweckbindung nimmt innerhalb der Datenschutzgrundsätze des Art. 5 DSGVO eine zentrale Rolle ein. Die Grundsätze der Datenminimierung, Richtigkeit und Speicherbegrenzung konkretisieren und ergänzen die Zweckbindung, da sie sich nach den Zwecken der Datenverarbeitung richten. Die Grundsätze der Transparenz, Integrität und Vertraulichkeit sowie die Rechenschaftspflicht sichern die Einhaltung der Zweckbindung ab. Erst das Zusammenwirken der Grundsätze sorgt dafür, dass die Zweckbindung

589 Kühling/Buchner/*Herbst*, 4. Aufl. 2024, Art. 5 DSGVO Rn. 77.

590 Paal/Pauly/*Frenzel*, 3. Aufl. 2021, Art. 5 DSGVO Rn. 51 hält die Regelung für sprachlich missglückt und die „Verantwortung des Verantwortlichen“ für redundant.

591 S. Gliederungspunkt C.II.3.a).

592 Sydow/Marsch/*Reimer*, 3. Aufl. 2022, Art. 5 DSGVO Rn. 56; BeckOK DatenschutzR/*Schantz*, 51. Ed. Stand 01.11.2021, Art. 5 DSGVO Rn. 37; Taeger/Gabel/*Voigt*, 4. Aufl. 2022, Art. 5 DSGVO Rn. 40.

593 Sydow/Marsch/*Reimer*, 3. Aufl. 2022, Art. 5 DSGVO Rn. 56; Taeger/Gabel/*Voigt*, 4. Aufl. 2022, Art. 5 DSGVO Rn. 40.

594 Kühling/Buchner/*Herbst*, 4. Aufl. 2024, Art. 5 DSGVO Rn. 79.

595 Ehmann/Selmayr/*Heberlein*, 3. Aufl. 2024, Art. 5 DSGVO Rn. 39; NK-DatenschutzR/*Roßnagel*, 2. Aufl. 2025, Art. 5 DSGVO Rn. 174.

596 S. Gliederungspunkt D.II.4.b).

zur Geltung kommt und eingehalten wird. Der Grundsatz der Rechtmäßigkeit steht neben dem Grundsatz der Zweckbindung und ist ebenfalls bei jeder Datenverarbeitung zu beachten. Lediglich der Zusammenhang zwischen dem Grundsatz der Verarbeitung nach Treu und Glauben und der Zweckbindung ist unter der DSGVO unklar.

IV. Fazit zu Kapitel C.: Die Zweckbindung als Kerngrundsatz des Datenschutzes

Die Datenschutzgrundsätze des Art. 5 sind das Herzstück der DSGVO. Die aus ihnen folgenden Pflichten stellen unmittelbar geltendes Recht dar und richten sich im Beschäftigungskontext grundsätzlich an den Arbeitgeber als Verantwortlichen. Der Auftragsverarbeiter hingegen setzt die Grundsätze lediglich faktisch im Auftrag des Verantwortlichen um. Der Grundsatz der Zweckbindung enthält zwar eine Reihe von unbestimmten Rechtsbegriffen, verstößt aber nicht gegen das aus dem unionsrechtlichen Grundsatz der Rechtssicherheit folgende Bestimmtheitsgebot. Dennoch sind Geldbußen nach Art. 83 Abs. 5 lit. a DSGVO wegen Verstößen gegen die Zweckbindung angesichts ihrer Auslegungsbedürftigkeit restriktiv zu handhaben.

Zudem stehen die Datenschutzgrundsätze nicht isoliert nebeneinander. Vielmehr ergänzen sie sich gegenseitig und prägen im Zusammenspiel miteinander die DSGVO. Dabei nimmt die Zweckbindung innerhalb der Datenschutzgrundsätze eine zentrale Stellung ein, da sich die Grundsätze der Datenminimierung, Richtigkeit und Speicherbegrenzung nach den Zwecken der Datenverarbeitung richten. Die Verarbeitungszwecke sind somit maßgeblich für die Prüfung der Zulässigkeit einer Datenverarbeitung. Die Grundsätze der Transparenz, der Integrität und Vertraulichkeit sowie die Rechenschaftspflicht sichern die Einhaltung der Zweckbindung ab, indem die betroffene Person über die Verarbeitungszwecke informiert wird, die Systeme auf die Einhaltung der datenschutzrechtlichen Vorgaben ausgerichtet sind und der Verantwortliche die Einhaltung dokumentieren muss.

D. Die Zweckfestlegung und Zweckbindung im engeren Sinne, Art. 5 Abs. 1 lit. b Hs. 1 DSGVO

Nachdem in den beiden vorangegangen Kapiteln das Fundament gelegt wurde, wendet sich dieses Kapitel dem Grundsatz der Zweckbindung selbst zu. Dabei steht Art. 5 Abs. 1 lit. b Hs. 1 DSGVO im Mittelpunkt, dessen Wortlaut an dieser Stelle noch einmal wiederholt werden soll:

> „Personenbezogene Daten müssen [...] b) für festgelegte, eindeutige und legitime Zwecke erhoben werden und dürfen nicht in einer mit diesen Zwecken nicht zu vereinbarenden Weise weiterverarbeitet werden; [...]".

Zunächst wird der Begriff des Zwecks in der DSGVO definiert und von anderen Begriffen abgegrenzt (I.). Anschließend wird der erste Bestandteil der Zweckbindung, nämlich die Zweckfestlegung, näher untersucht (II.). Dort werden vorab in einem allgemeinen Abschnitt grundlegende Aspekte der Zweckfestlegung behandelt. Daraufhin werden die Tatbestandsmerkmale „legitim" und „eindeutig" untersucht. In diesem Zusammenhang wird auch der zentralen Frage nach dem Detaillierungsgrad der Zwecke nachgegangen. Zudem soll ein Blick auf die Modalitäten im Hinblick auf Zeitpunkt und Form der Zweckfestlegung geworfen werden. Der letzte Abschnitt dieses Kapitels setzt sich mit dem zweiten Bestandteil des Grundsatzes, der Zweckbindung im engeren Sinne, auseinander (III.). Leitende Fragestellungen sind hier zum einen, welche Akteure an die festgelegten Verarbeitungszwecke gebunden sind und zum anderen, wie lange die Bindung an die Zwecke besteht.

I. Begriff des Zwecks in der DSGVO

Die historischen und philosophischen Wurzeln des Zweckbegriffs lassen sich bis in die Antike zurückverfolgen.[597] Dies führt aber für die Zwecke dieser Arbeit zu weit, sodass sich dieser Abschnitt auf eine Untersuchung des Zwecks im datenschutzrechtlichen Sinne beschränkt.

---

597 S. hierzu etwa Ritter/Gründer/Gabriel/*Hoffmann*, Historisches Wörterbuch der Philosophie, 2004, Zweck; Ziel.

1. Zweck als Ziel der Datenverarbeitung

Der Begriff des Zwecks wird in der DSGVO nicht legaldefiniert,[598] obwohl die Verordnung mehr als hundert Mal auf den Begriff Bezug nimmt.[599] Vielmehr setzt die DSGVO den Begriff voraus. Der Duden definiert „Zweck" als „etwas, was jemand mit einer Handlung beabsichtigt, zu bewirken, zu erreichen sucht". Der Zweck sei „[Beweggrund und] Ziel einer Handlung".[600] Die Handlung, um deren Zweck es in der DSGVO geht, ist die Verarbeitung personenbezogener Daten. Das ergibt sich unter anderem aus dem Katalog der Begriffsbestimmungen des Art. 4 DSGVO, in dem an mehreren Stellen von „Zwecke[n] […] der Verarbeitung" die Rede ist.[601] So folgt etwa aus Nr. 7 zur Definition des Verantwortlichen, dass dieser über die Zwecke und Mittel der Datenverarbeitung entscheidet.[602] Der Verarbeitungszweck beantwortet die Frage nach dem *Warum* bzw. *Wozu* der Datenverarbeitung.[603] Konkreter ausgedrückt geht es um die Frage, *welches Ziel* der Verantwortliche mit der Verarbeitung personenbezogener Daten verfolgt.[604] Demnach stellt der Zweck den Zustand dar, den der Verantwortliche mit der Datenverarbeitung erreichen möchte.[605]

2. Abgrenzungen

Der Begriff des Zwecks in der DSGVO reicht nach der obigen Definition sehr weit, sodass er von anderen, ihm teilweise ähnlichen bzw. verwandten Konzepten und Begriffen abgegrenzt werden muss.

---

598 *Marosi*, (Gem-)Einsame Verantwortlichkeit im Datenschutzrecht, 2024, S. 92; *Sens*, Der Zweckbindungsgrundsatz der DSGVO beim Machine Learning im Vertrieb, 2024, S. 88; *Roth*, Verzeichnis von Verarbeitungstätigkeiten, 2023, Rn. 287.

599 *Roth*, Verzeichnis von Verarbeitungstätigkeiten, 2023, Rn. 287.

600 Cornelsen, Duden online, Zweck, eckige Klammern im Original; s. hierzu unter Berücksichtigung der englischen Sprachfassung der DSGVO *Sens*, Der Zweckbindungsgrundsatz der DSGVO beim Machine Learning im Vertrieb, 2024, S. 89.

601 Art. 4 Nr. 7, 9 und 16 lit. a DSGVO.

602 S. zum Begriff des Verantwortlichen Gliederungspunkt C.II.3.a)aa).

603 EDSA, Leitlinien 07/2020, Version 2.0, 07.07.2021, Rn. 35; NK-DatenschutzR/*Roßnagel*, 2. Aufl. 2025, Art. 5 DSGVO Rn. 68; *Ziegenhorn/Schulz-Große*, ZD 2023, 581 (582); ähnlich *Marosi*, (Gem-)Einsame Verantwortlichkeit im Datenschutzrecht, 2024, S. 93 der den Zweck als das „Wofür" der Verarbeitung versteht.

604 EDSA, Leitlinien 07/2020, Version 2.0, 07.07.2021, Rn. 35.

605 *Hoffmann*, Zweckbindung als Kernpunkt eines prozeduralen Datenschutzansatzes, 1991, S. 83; NK-DatenschutzR/*Roßnagel*, 2. Aufl. 2025, Art. 5 DSGVO Rn. 68; *Sens*, Der Zweckbindungsgrundsatz der DSGVO beim Machine Learning im Vertrieb, 2024, S. 91 definiert den Begriff des Zwecks in der DSGVO als „die Intention des Verantwortlichen hinter der Datenverarbeitung einschließlich des konkreten Eingriffes in den Schutzbereich des Rechts auf Schutz personenbezogener Daten der betroffenen Person, den er hierdurch herbeizuführen beabsichtigt."

a) Mittel der Datenverarbeitung

Der Verarbeitungszweck ist zunächst von den „Mitteln" der Verarbeitung zu unterscheiden.[606] Beide Begriffe werden in Art. 4 Nr. 7 DSGVO genannt, wonach der Verantwortliche „über die Zwecke und Mittel der Verarbeitung von personenbezogenen Daten" entscheidet. Während sich der Zweck auf das *Warum* bzw. *Wozu* der Datenverarbeitung bezieht, geht es bei den Mitteln um das *Wie* der Datenverarbeitung, also *auf welche Weise* der Verarbeitungszweck erreicht werden soll.[607] Davon sind einerseits „zentrale Elemente der Ausgestaltung einer Verarbeitung, etwa deren Dauer, die Art und den Umfang der verarbeiteten Daten sowie Zugangsrechte", und andererseits „Aspekte der praktischen Umsetzung, insbes. in technischer und organisatorischer Hinsicht – etwa die Auswahl von Hard- und Software sowie die Festlegung detaillierter Sicherheitsmaßnahmen" – erfasst.[608] Somit stellt etwa der Einsatz von KI zur Verarbeitung personenbezogener Daten grundsätzlich ein Mittel zur Erreichung eines Verarbeitungszwecks dar.[609]

b) Aufgabe und Handlung

Darüber hinaus ist der Zweck von der „Aufgabe" und der „Handlung" abzugrenzen.[610] Bei der Aufgabe handelt es sich zwar um keinen datenschutzrechtlichen Begriff aus der DSGVO. Das Konzept der Aufgabe nimmt aber bei der Verarbeitung personenbezogener Daten eine wichtige Funktion ein, da sie das Bindeglied zwischen Verarbeitungszweck und der konkreten Datenverarbeitung darstellt.[611] Für diesen Ansatz kann auf frühe, grundlegende Werke des Informationsrechts zurückgegriffen werden: *Podlech* definiert eine Aufgabe als „eine Menge von Verhaltensanweisungen" an eine Stelle, die sie ausführt.[612] Die Verhaltensanweisungen leiten sich aus dem vom Verantwortlichen festgelegten Zweck ab.[613] Demnach folgen die Verhaltens-

---

606 *Sens*, Der Zweckbindungsgrundsatz der DSGVO beim Machine Learning im Vertrieb, 2024, S. 89 f.

607 EDSA, Leitlinien 07/2020, Version 2.0, Rn. 35; NK-DatenschutzR/*Petri/Stief*, 2. Aufl. 2025, Art. 4 Nr. 7 DSGVO Rn. 21.

608 NK-DatenschutzR/*Petri/Stief*, 2. Aufl. 2025, Art. 4 Nr .7 DSGVO Rn. 21; EDSA, Leitlinien 07/2020, Version 2.0, Rn. 40 unterscheidet an dieser Stelle zwischen „wesentlichen" und „nicht-wesentlichen" Mitteln der Datenverarbeitung.

609 *Bortnikov/Dukart*, ZD 2024, 558 (559).

610 *Roth*, Verzeichnis von Verarbeitungstätigkeiten, 2023, Rn. 291 ff.

611 S. hierzu die sehr anschauliche Visualisierung von *Roth*, Verzeichnis von Verarbeitungstätigkeiten, 2023, Rn. 293 Abb. 9.

612 *Podlech*, in: *Bräutigam/Höller/Scholz* (Hrsg.), Datenschutz als Anforderung an die Systemgestaltung, 1990, S. 351; ähnlich *Hoffmann*, Zweckbindung als Kernpunkt eines prozeduralen Datenschutzansatzes, 1991, S. 82.

613 *Roth*, Verzeichnis von Verarbeitungstätigkeiten, 2023, Rn. 293 Abb. 9.

anweisungen der Festlegung des Verarbeitungszwecks zeitlich nach. Die einzelnen Verhaltensanweisungen lösen wiederum Handlungen in Form von Verarbeitungen i. S. d. Art. 4 Nr. 2 DSGVO aus.[614] Verfolgt man die Kette zurück, erfüllt ein Verarbeitungsvorgang (Handlung) eine Verhaltensanweisung (Aufgabe), die ihrerseits den ursprünglich festgelegten Zweck verwirklicht.[615] Nach diesem Ansatz ergeben sich die einzelnen Verarbeitungsschritte nicht unmittelbar aus dem Verarbeitungszweck selbst. Vielmehr folgen diese aus vom Zweck abgeleiteten Aufgaben.[616]

c) Berechtigtes Interesse

Schließlich ist der Verarbeitungszweck auch vom „berechtigten Interesse" i. S. d. Art. 6 Abs. 1 UAbs. 1 lit. f DSGVO abzugrenzen. Bei dieser Vorschrift handelt es sich um eine Rechtsgrundlage, die den Grundsatz der Rechtmäßigkeit ausfüllt.[617] Ihr wird im Katalog der Erlaubnistatbestände des Art. 6 Abs. 1 DSGVO mitunter die Funktion einer „Auffangklausel" zugeschrieben.[618] Diese Zuschreibung wird dem Tatbestand jedoch nicht gerecht, da er gleichrangig neben den anderen Rechtsgrundlagen steht und ihm in der Praxis ein großer Anwendungsbereich zukommt.[619]

Nach Art. 6 Abs. 1 UAbs. 1 lit. f DSGVO ist eine Datenverarbeitung rechtmäßig, wenn sie „zur Wahrung der berechtigten Interessen des Verantwortlichen oder eines Dritten erforderlich [ist], sofern nicht die Interessen oder Grundrechte und Grundfreiheiten der betroffenen Person, die den Schutz personenbezogener Daten erfordern, überwiegen". Nach der Rechtsprechung des EuGH sind dem Tatbestand drei Voraussetzungen zu entnehmen, die kumulativ vorliegen müssen: 1. die Wahrnehmung berechtigter Interessen des Verantwortlichen oder eines Dritten, 2. die Erforderlichkeit der Verarbeitung für die Verwirklichung des berechtigten Interesses und 3. kein Überwiegen der Interessen oder Grundrechte und Grundfreiheiten der Person, deren Daten geschützt werden sollen, gegenüber den berechtigten Interessen.[620]

---

614 *Roth*, Verzeichnis von Verarbeitungstätigkeiten, 2023, Rn. 293 Abb. 9; s. zum Begriff der Verarbeitung Gliederungspunkt C.II.2.a)bb).

615 *Roth*, Verzeichnis von Verarbeitungstätigkeiten, 2023, Rn. 293 Abb. 9.

616 *Roth*, Verzeichnis von Verarbeitungstätigkeiten, 2023, Rn. 293 Abb. 9.

617 S. zum Grundsatz der Rechtmäßigkeit Gliederungspunkt C.III.1.

618 Kühling/Buchner/*Buchner/Petri*, 4. Aufl. 2024, Art. 6 DSGVO Rn. 141.

619 Auernhammer/*Kramer*, 8. Aufl. 2023, Art. 6 DSGVO Rn. 66; Taeger/Gabel/*Taeger*, 4. Aufl. 2022, Art. 6 DSGVO Rn. 106.

620 EuGH, Urt. v. 07.12.2023 – C-26/22, C-64/22, GRUR-RS 2023, 34945 Rn. 74 f.; EuGH, Urt. v. 04.07.2023 – C-252/21, GRUR-RS 2023, 15772 Rn. 105 f.; EuGH, Urt. v. 17.06.2021 – C-597/19, GRUR-RS 2021, 14534 Rn. 105 f.; EDSA, Guidelines 1/2024, Version 1.0, 08.10.2024, Rn. 6.

Auf allen drei Stufen der Prüfung kommt es maßgeblich auf die berechtigten Interessen des Verantwortlichen oder eines Dritten an. Somit stellt sich die Frage, was man unter Interessen i. S. d. Art. 6 Abs. 1 UAbs. 1 lit. f DSGVO überhaupt versteht. Die Verordnung selbst definiert auch diesen Begriff nicht. EG 47 S. 6 und 7 DSGVO bieten aber einen ersten Anhaltspunkt, da sie konkrete Beispiele benennen. Danach sollen etwa die „Verarbeitung personenbezogener Daten im für die Verhinderung von Betrug unbedingt erforderlichen Umfang" sowie die „Verarbeitung personenbezogener Daten zum Zwecke der Direktwerbung" berechtigte Interessen darstellen.[621] Letzteres Beispiel, das den Begriff des Zwecks enthält, deutet bereits auf die Nähe der beiden Begriffe „Zweck" und „Interesse" hin. Möchte man sich dem Begriff des Interesses abstrakt nähern, bietet der EDSA eine Definition:

> „An ‚interest', on the other hand, is the broader stake or benefit that a controller or third party may have in engaging in a specific processing activity."[622]

Das Interesse stellt danach das Bestreben des Verantwortlichen im weiteren Sinne oder den Nutzen, den der Verantwortliche oder ein Dritter aus der Verarbeitung ziehen könnte, dar.[623] Die Literatur versteht unter Interesse jedes ideelle oder wirtschaftliche Interesse.[624] Der Begriff des Interesses reicht somit weiter als der des Zwecks, der lediglich das konkrete Ziel der Datenverarbeitung abbildet.[625] Dementsprechend sind die berechtigten Interessen des Art. 6 Abs. 1 UAbs. 1 lit. f DSGVO auch allgemeiner formuliert als die Verarbeitungszwecke.[626]

Eine klare Grenzziehung zwischen den beiden Begriffen kann jedoch im Einzelfall schwierig sein, wie das folgende Beispiel der Art. 29-Datenschutzgruppe belegt:

> „Beispielsweise kann ein Unternehmen ein *Interesse* daran haben, die Gesundheit und Sicherheit der Mitarbeiter, die in seinem Kernkraftwerk beschäftigt sind, sicherzustellen. In diesem Zusammenhang kann das Unternehmen den *Zweck* verfolgen, als Beitrag zur Gewährleistung der Gesundheit und Sicherheit des Personals beson-

621 *Durmus*, DSB 2020, 12 (12).
622 EDSA, Guidelines 1/2024, Version 1.0, 08.10.2024, Rn. 14.
623 So die Formulierung der Art. 29-Datenschutzgruppe, WP 217, 09.04.2014, S. 30 f.
624 Kühling/Buchner/*Buchner/Petri*, 4. Aufl. 2024, Art. 6 DSGVO Rn. 146a; Auernhammer/*Kramer*, 8. Aufl. 2023, Art. 6 DSGVO Rn. 72.
625 Vgl. EDSA, Guidelines 1/2024, Version 1.0, 08.10.2024, Rn. 14; *Durmus*, DSB 2020, 12 (13).
626 *Durmus*, DSB 2020, 12 (13).

> dere Verfahren der Zugangskontrolle einzuführen, der die Verarbeitung bestimmter spezieller personenbezogener Daten rechtfertigt."[627]

Das genannte Interesse „Gesundheit und Sicherheit der Mitarbeiter" beschreibt auch einen Zustand, der mit der Datenverarbeitung erreicht werden soll. Es handelt sich somit auch um ein Ziel der Datenverarbeitung und mithin um einen Verarbeitungszweck.[628] Überschneidungen zwischen den Begriffen „Zweck" und „Interesse" sind daher nicht auszuschließen.[629]

3. Zwischenfazit

Unter dem Begriff des Zwecks versteht die DSGVO den Verarbeitungszweck, also das Ziel, das der Verantwortliche mit einer Datenverarbeitung verfolgt. Es geht um das *Warum* bzw. *Wozu* der Datenverarbeitung. In Abgrenzung dazu beziehen sich die Mittel der Verarbeitung auf das *Wie* der Datenverarbeitung. Der Verarbeitungszweck ist zudem von der Aufgabe und Handlung sowie vom berechtigten Interesse zu unterscheiden. Aus dem festgelegten Verarbeitungszweck lassen sich Aufgaben ableiten. Aufgabe meint eine Menge von Verhaltensanweisungen, aus denen sich wiederum einzelne Handlungen in Form von Verarbeitungen i. S. d. Art. 4 Nr. 2 DSGVO ableiten. Die Aufgabe stellt somit das Bindeglied zwischen Verarbeitungszweck und der konkreten Verarbeitung personenbezogener Daten dar. Der Begriff des Interesses findet sich in der Rechtsgrundlage des Art. 6 Abs. 1 UAbs. 1 lit. f DSGVO und beschreibt den Nutzen, den der Verantwortliche aus der Datenverarbeitung zieht. Das Interesse reicht weiter als der Verarbeitungszweck, weshalb das Interesse allgemeiner formuliert sein kann, wobei Überschneidungen zwischen den beiden Begriffen nicht auszuschließen sind.

II. Zweckfestlegung

Die Zweckfestlegung bildet den ersten Bestandteil des Zweckbindungsgrundsatzes. Dieser ist elementar für den zweiten Bestandteil, der Zweckbindung im engeren Sinne, da die festgelegten Zwecke zum einen über die

---

627 Art. 29-Datenschutzgruppe, WP 217, 09.04.2014, S. 31, Hervorhebung im Original; s. auch die Beispiele von *v. Grafenstein*, The Principle of Purpose Limitation in Data Protection Laws, 2018, S. 317.

628 Das gewählte Beispiel der Art. 29-Datenschutzgruppe eignet sich daher kaum, um den Unterschied zwischen Interesse und Zweck aufzuzeigen. An dieser Stelle zeigt sich aber, dass es zum Begriff des berechtigten Interesses nach Art. 6 Abs. 1 UAbs. 1 lit. f DSGVO weiteren Forschungsbedarf gibt.

629 Vgl. *v. Grafenstein*, The Principle of Purpose Limitation in Data Protection Laws, 2018, S. 317; *Durmus*, DSB 2020, 12 (13).

Reichweite der Zweckbindung entscheiden. Zum anderen spielt er bei der Frage, ob eine zweckändernde Weiterverarbeitung möglich ist, eine maßgebliche Rolle. Schließlich kommt eine Zweckänderung denklogisch nur dann in Betracht, wenn zuvor ein Zweck festgelegt wurde. Zentrale Fragen um die Zweckfestlegung sind bislang kaum geklärt und sollen in diesem Abschnitt untersucht werden. Dazu gehört die Frage, was genau unter „legitimen" und „eindeutigen" Zwecken zu verstehen ist. Beide Begriffe sind unbestimmt und nicht einheitlich in die verschiedenen Sprachfassungen der DSGVO übertragen worden, was die Auslegung erschwert. Zudem ist auch der Detaillierungsgrad der Zwecke von elementarer Bedeutung für die Zweckbindung und ihre Wirkung, sodass die hierfür maßgeblichen Kriterien strukturiert und durch Anwendung auf konkrete Beispiele aus dem Beschäftigungskontext veranschaulicht werden. Zu guter Letzt widmet sich dieser Abschnitt auch den Modalitäten im Hinblick auf Zeitpunkt und Form der Zweckfestlegung.

1. Grundlagen

Bevor die einzelnen Tatbestandsmerkmale des Zweckbindungsgrundsatzes behandelt werden, sind vorab in einem allgemeinen Abschnitt grundlegende Aspekte der Zweckfestlegung zu klären. So wird zunächst die Zweckfestlegung des Art. 5 Abs. 1 lit. b Hs. 1 DSGVO von der Zweckfestlegung des Art. 6 Abs. 3 S. 2 DSGVO abgegrenzt. Darüber hinaus wird es darum gehen, dass der Verantwortliche auch eine Mehrheit von Zwecken festlegen kann, wobei diese aber nicht auf Vorrat festgelegt werden dürfen.

a) Abgrenzung zu Art. 6 Abs. 3 S. 2 DSGVO

Die Pflicht zur Festlegung der Verarbeitungszwecke nach Art. 5 Abs. 1 lit. b Hs. 1 DSGVO ist von der in Art. 6 Abs. 3 S. 2 DSGVO geregelten Zweckfestlegung in Rechtsgrundlagen zu unterscheiden. Letztere Vorschrift richtet sich nicht an Verantwortliche, sondern an den Gesetzgeber, wie die Systematik des Art. 6 DSGVO zeigt. Denn bei Art. 6 Abs. 3 DSGVO handelt es sich um eine Öffnungsklausel, wonach Mitgliedstaaten Rechtsgrundlagen für Datenverarbeitungen nach Art. 6 Abs. 1 UAbs. 1 lit. c und e DSGVO schaffen können.[630] Danach ist die Verarbeitung personenbezogener Daten rechtmäßig, wenn sie „zur Erfüllung einer rechtlichen Verpflichtung erforderlich [ist], der der Verantwortliche unterliegt" (lit. c) oder „für die Wahrnehmung einer Aufgabe erforderlich [ist], die im öffentlichen Interesse liegt oder in Ausübung öffentlicher Gewalt erfolgt, die dem Verantwortlichen übertragen

630 Taeger/Gabel/*Taeger*, 4. Aufl. 2022, Art. 6 DSGVO Rn. 153; s. zum Verhältnis zwischen Abs. 2 und Abs. 3 *Ziegenhorn/Krüger*, ZD 2024, 610.

wurde“ (lit. e). Diese Tatbestände rechtfertigen allein jedoch noch keine Datenverarbeitung. Vielmehr bedürfen sie einer mitgliedstaatlichen oder unionsrechtlichen Vorschrift, die dem Verantwortlichen eine rechtliche Pflicht auferlegt oder eine im öffentlichen Interesse liegende Aufgabe überträgt.[631] Die eigentlichen Rechtsgrundlagen sind somit im Recht der Mitgliedstaaten oder im Unionsrecht zu finden.[632] Welche inhaltlichen Anforderungen diese Vorschriften zu erfüllen haben, regelt Art. 6 Abs. 3 DSGVO. Dazu gehört nach S. 2 Alt. 1, dass der Gesetzgeber den Zweck der Verarbeitung in der Rechtsgrundlage festlegt. Dies gilt jedenfalls für Datenverarbeitungen auf Grundlage des Art. 6 Abs. 1 UAbs. 1 lit. c DSGVO.[633] Ob das Erfordernis der Zweckfestlegung auch für Art. 6 Abs. 1 UAbs. 1 lit. e DSGVO gilt, ist aufgrund des missverständlich formulierten S. 2 Alt. 2 umstritten, muss aber für die Zwecke dieser Arbeit nicht abschließend geklärt werden.[634]

Die Pflicht des Gesetzgebers, den Zweck der Verarbeitung in der jeweiligen Rechtsgrundlage festzulegen, unterscheidet sich grundlegend von der Pflicht des Verantwortlichen, die Zwecke der konkreten Datenverarbeitung festzulegen.[635] Anders als bei der Zweckfestlegung nach Art. 5 Abs. 1 lit. b Hs. 1 DSGVO fehlt in Art. 6 Abs. 3 S. 2 DSGVO das Merkmal, dass die Zwecke in den Rechtsgrundlagen „eindeutig“ sein müssen.[636] Daraus folgt, dass die Zwecke in den Rechtsgrundlagen nicht ausdrücklich genannt werden müssen, sondern sich auch implizit aus dem Kontext ergeben können.[637] Grund hierfür ist, dass die Zweckfestlegung durch den Verantwortlichen die Grenzen der konkreten Datenverarbeitung setzt und an die sich zahlreiche andere Vorgaben aus der DSGVO orientieren, was bei der Zweckfestlegung durch den Gesetzgeber nicht der Fall ist.[638]

Schließlich ist der Verantwortliche auch dann zur Zweckfestlegung nach Art. 5 Abs. 1 lit. b Hs. 1 DSGVO verpflichtet, wenn der Gesetzgeber den Zweck der Datenverarbeitung bereits aufgrund von Art. 6 Abs. 3 S. 2

631 NK-DatenschutzR/*Roßnagel*, 2. Aufl. 2025, Art. 6 Abs. 1 DSGVO Rn. 54 bezeichnet Art. 6 Abs. 1 UAbs. 1 lit. c DSGVO daher als „Scharniernorm“.

632 NK-DatenschutzR/*Roßnagel*, 2. Aufl. 2025, Art. 6 Abs. 1 DSGVO Rn. 54; *Spies*, ZD 2022, 75 (79).

633 Ehmann/Selmayr/*Heberlein*, 3. Aufl. 2024, Art. 6 DSGVO Rn. 63.

634 S. hierzu NK-DatenschutzR/*Roßnagel*, 2. Aufl. 2025, Art. 6 Abs. 3 DSGVO Rn. 29 und *Spies*, ZD 2022, 75 (79), die die Zweckfestlegung zur Vermeidung von Wertungswidersprüchen auch für Rechtsgrundlagen nach Art. 6 Abs. 1 UAbs. 1 lit. e DSGVO bejahen.

635 *Spies*, ZD 2022, 75 (81).

636 *Spies*, ZD 2022, 75 (80); s. zum Begriff der Eindeutigkeit Gliederungspunkt D.II.3.

637 Paal/Pauly/*Frenzel*, 3. Aufl. 2021, Art. 6 DSGVO Rn. 41; Auernhammer/*Kramer*, 8. Aufl. 2023, Art. 6 DSGVO Rn. 93; SJTK/*Schwartmann/Jacquemain*, 3. Aufl. 2024, Art. 6 Abs. 2 und 3 DSGVO Rn. 219.

638 *Spies*, ZD 2022, 75 (80).

DSGVO in der Rechtsgrundlage festgelegt hat. Denn die Pflicht zur Festlegung der Verarbeitungszwecke gilt für den Verantwortlichen aufgrund des klaren Wortlauts des Art. 5 Abs. 1 lit. b Hs. 1 DSGVO unabhängig von der Rechtsgrundlage, auf die die Verarbeitung gestützt wird.[639]

b) Mehrheit von Zwecken

Der Verantwortliche kann nach dem Wortlaut des Art. 5 Abs. 1 lit. b Hs. 1 DSGVO, der den Begriff des Zwecks im Plural formuliert („Zwecke"), auch mehrere Verarbeitungszwecke festlegen.[640] Die Verarbeitung personenbezogener Daten ist nicht auf einen einzigen Zweck beschränkt. Art. 6 Abs. 1 UAbs. 1 lit. a DSGVO bestätigt diese Auslegung, wonach eine Einwilligung für „einen oder mehrere bestimmte Zwecke" erteilt werden kann.[641]

In der Literatur wird teilweise vertreten, dass nur eine begrenzte Mehrheit von Zwecken festgelegt werden dürfe.[642] Eine solche Begrenzung findet jedoch keine Stütze im Wortlaut des Art. 5 Abs. 1 lit. b Hs. 1 DSGVO. Voraussetzung für die Festlegung mehrerer Zwecke ist insbesondere, dass jeder einzelne Zweck den Grundsatz der Rechtmäßigkeit erfüllt.[643] Sofern also jeder Verarbeitungszweck durch eine Rechtsgrundlage des Art. 6 Abs. 1 DSGVO gerechtfertigt ist, spricht nichts dagegen, dass der Verantwortliche auch mehrere Zwecke festlegen und verfolgen darf. Zudem folgt auch aus der Funktion der Zweckbindung keine quantitative Begrenzung im Hinblick auf die Zweckfestlegung. Die primäre Funktion der Zweckbindung besteht darin, Datenströme und -verarbeitungen zu begrenzen – und zwar auf die festgelegten Zwecke.[644] Legt der Verantwortliche einen oder mehrere Zwecke fest, erfüllt die Zweckbindung dadurch ihre Funktion, indem Datenverarbeitungen auf den oder die festgelegten Zwecke begrenzt werden. Schließlich ist nach der anderen Ansicht unklar, wie hoch eine Obergrenze zahlenmäßig anzusetzen wäre. Eine konkrete Obergrenze zu benennen wäre kaum möglich und ließe sich überdies nicht mit dem Ziel der DSGVO vereinbaren, den freien Verkehr personenbezogener Daten zu ermöglichen.[645]

---

639 *Spies*, ZD 2022, 75 (80 f.); so auch Kühling/Buchner/*Herbst*, 4. Aufl. 2024, Art. 5 DSGVO Rn. 35; a. A. *Schantz/Wolff*, Das neue Datenschutzrecht, 2017, Rn. 404.

640 Art. 29-Datenschutzgruppe, WP 203, 02.04.2013, S. 16; Kühling/Buchner/*Herbst*, 4. Aufl. 2024, Art. 5 DSGVO Rn. 36; SJTK/*Jaspers/Schwartmann/Hermann*, 3. Aufl. 2024, Art. 5 DSGVO Rn. 46; Plath/*Plath*, 4. Aufl. 2023, Art. 5 DSGVO Rn. 7; MHdB ArbR/*Wybitul*, 6. Aufl. 2024, § 96 Rn. 62.

641 Ähnlich EG 32 S. 5 DSGVO; MHdB ArbR/*Wybitul*, 6. Aufl. 2024, § 96 Rn. 62.

642 *Götz*, Big Data im Personalmanagement, 2020, S. 126 f.; Kühling/Buchner/*Herbst*, 4. Aufl. 2024, Art. 5 DSGVO Rn. 21.

643 EuGH, Urt. v. 20.10.2022 – C-77/21, GRUR-RS 2022, 28068 Rn. 27.

644 S. Gliederungspunkt B.III.2.

645 Art. 1 Abs. 1 DSGVO.

Aus den gleichen Erwägungen lässt sich der DSGVO auch kein Gebot entnehmen, wonach die Zwecke miteinander zusammenhängen müssen. Vielmehr können Verantwortliche auch mehrere unzusammenhängende Zwecke festgelegen,[646] sofern sie jeweils durch eine Rechtsgrundlage des Art. 6 Abs. 1 DSGVO gerechtfertigt sind.

c) Keine Zwecke auf Vorrat

Das BVerfG hat bereits im Volkszählungsurteil festgestellt, dass „die Sammlung nicht anonymisierter Daten auf Vorrat zu unbestimmten oder noch nicht bestimmbaren Zwecken“ mit dem Recht auf informationelle Selbstbestimmung grundsätzlich nicht zu vereinbaren ist.[647] In der DSGVO folgt das Verbot der Erhebung personenbezogener Daten zu unbekannten Zwecken im Umkehrschluss aus dem Gebot der Zweckfestlegung.[648] Hiervon zu unterscheiden und in der Literatur kaum thematisiert ist hingegen die Festlegung von Zwecken, die zwar bestimmt sind, aber zum Zeitpunkt der Datenerhebung gar nicht ernsthaft verfolgt werden. Eine solche Vorgehensweise widerspricht dem Grundsatz der Zweckbindung und ist daher ebenfalls verboten. Darauf deutet bereits EG 39 S. 6 DSGVO hin, wonach die Verarbeitungszwecke „zum Zeitpunkt der Erhebung der personenbezogenen Daten feststehen“ sollten und gerade nicht vage oder noch ungewiss sein dürfen. Ähnliches gilt auch für die berechtigten Interessen nach Art. 6 Abs. 1 UAbs. 1 lit. f DSGVO. Das berechtigte Interesse muss dem EuGH zufolge zum Zeitpunkt der Datenverarbeitung bestehen und darf „nicht hypothetisch“, also weder fiktiv noch spekulativ sein.[649] Diese Vorgabe kann aufgrund der Nähe der beiden Begriffe „Zweck“ und „Interesse“[650] durchaus auf die Zweckfestlegung übertragen werden. Entscheidendes Argument ist

---

646 In diese Richtung auch MHdB ArbR/*Wybitul*, 6. Aufl. 2024, § 96 Rn. 62, wobei die betroffene Person dadurch nicht vom eigentlichen Verarbeitungsziel abgelenkt werden dürfe.

647 BVerfG, Urt. v. 15.12.1983 – 1 BvR 209/83 u. a., BVerfGE 65, 1 (46); so auch im Kontext der DSGVO Ehmann/Selmayr/*Heberlein*, 3. Aufl. 2024, Art. 5 DSGVO Rn. 20; NK-DatenschutzR/*Roßnagel*, 2. Aufl. 2025, Art. 5 DSGVO Rn. 72; BeckOK DatenschutzR/*Schantz*, 51. Ed. Stand 01.11.2021, Art. 5 DSGVO Rn. 13; Taeger/Gabel/*Voigt*, 4. Aufl. 2022, Art. 5 DSGVO Rn. 23; MHdB ArbR/*Wybitul*, 6. Aufl. 2024, § 96 Rn. 61; *Spies*, ZD 2022, 75 (76); *Ziegenhorn/Schulz-Große*, ZD 2023, 581 (583).

648 BeckOK DatenschutzR/*Schantz*, 51. Ed. Stand 01.11.2021, Art. 5 DSGVO Rn. 13; Taeger/Gabel/*Voigt*, 4. Aufl. 2022, Art. 5 DSGVO Rn. 23.

649 EuGH, Urt. v. 11.12.2019 – C-708/18, BeckRS 2019, 31011 Rn. 44; so auch VG Bremen, Urt. v. 23.04.2025 – 4 K 2873/23, GRUR-RS 2025, 8910 Rn. 45; EDSA, Guidelines 1/2024, Version 1.0, 08.10.2024, Rn. 17; BeckOK DatenschutzR/*Albers/Veit*, 51. Ed. Stand 01.02.2025, Art. 6 DSGVO Rn. 68.

650 S. Gliederungspunkt D. I.2.c).

aber, dass die Voraussetzungen der zweckändernden Weiterverarbeitung[651] umgangen werden würden, wenn es dem Verantwortlichen erlaubt wäre, von vornherein eine Vielzahl von Zwecken für die Zukunft festzulegen, denen er vielleicht irgendwann einmal nachgeht, sie aber zum Zeitpunkt der Zweckfestlegung nicht ernsthaft verfolgt bzw. für die es keinen Anlass gibt.[652]

Demnach darf der Verantwortliche keine hypothetischen Zwecke auf Vorrat festlegen. Allerdings muss es dem Verantwortlichen bei tatsächlich verfolgten Zwecken möglich sein, später von der Datenverarbeitung Abstand nehmen zu können und sie nicht durchzuführen, da dadurch Grundrechtseingriffe vermieden werden. Eine Festlegung von Zwecken zwingt nicht dazu, die Datenverarbeitung tatsächlich durchzuführen.

d) Zwischenfazit

Die Zweckfestlegung durch den Verantwortlichen nach Art. 5 Abs. 1 lit. b Hs. 1 DSGVO ist von der in Art. 6 Abs. 3 S. 2 DSGVO geregelten Zweckfestlegung in Rechtsgrundlagen zu unterscheiden. Letztere richtet sich an den Gesetzgeber und betrifft Rechtsgrundlagen für Datenverarbeitungen nach Art. 6 Abs. 1 UAbs. 1 lit. c DSGVO. Der Verantwortliche ist bei der Zweckfestlegung nicht auf einen einzigen Verarbeitungszweck beschränkt. Vielmehr kann er auch mehrere Zwecke festlegen, sofern für jeden einzelnen Zweck eine Rechtsgrundlage des Art. 6 Abs. 1 DSGVO vorliegt. Allerdings darf der Verantwortliche keine hypothetischen Zwecke auf Vorrat festlegen, die er zum Zeitpunkt der Zweckfestlegung nicht ernsthaft verfolgt.

2. Legitimität der Zwecke

Die Verarbeitungszwecke müssen gemäß Art. 5 Abs. 1 lit. b Hs. 1 DSGVO „legitim" sein. Hierbei handelt es sich um einen unbestimmten Rechtsbegriff,[653] der mangels Verweises auf das Recht der Mitgliedstaaten unionsrechtlich autonom auszulegen ist.[654] Bevor aber der Begriff der Legitimität näher beleuchtet wird, soll vorab auf die Bedeutung der Stellungnahmen der Art. 29-Datenschutzgruppe sowie der Leitlinien des EDSA eingegangen

---

651 S. Gliederungspunkt E.II.

652 BeckOK DatenschutzR/*Schantz*, 51. Ed. Stand 01.11.2021, Art. 5 DSGVO Rn. 26 behandelt diesen Aspekt im Rahmen des Grundsatzes der Datenminimierung beim Merkmal der Angemessenheit.

653 *Roßnagel/Geminn*, Datenschutz-Grundverordnung verbessern, 2020, S. 47 Fn. 146.

654 S. die Ausführungen zur unionsautonomen Auslegung am Beispiel des Begriffs „Vertrag" aus Art. 6 Abs. 1 UAbs. 1 lit. b DSGVO von *König*, Datenschutz und Vertrag, 2024, S. 7 ff.

werden, da diese die Auslegung der DSGVO – und damit auch die Zweckbindung und den Begriff der Legitimität[655] – maßgeblich prägen.

a) Vorab: Bedeutung der Stellungnahmen der Art. 29-Datenschutzgruppe und des EDSA für die Auslegung der DSGVO

Beschäftigt man sich mit der Auslegung der DSGVO, stößt man unweigerlich auf Stellungnahmen der Art. 29-Datenschutzgruppe oder auf Leitlinien des EDSA. Um ihre Bedeutung nachzuvollziehen, ist zunächst zu erörtern, was die Art. 29-Datenschutzgruppe überhaupt ist – oder besser gesagt, was sie war. Wie bereits aus dem Namen hervorgeht, wurde die Art. 29-Datenschutzgruppe auf Grundlage des Art. 29 DSRL eingesetzt.[656] Sie war unabhängig und setzte sich aus Vertretern der Aufsichtsbehörden in den Mitgliedstaaten sowie aus Vertretern einzelner Institutionen und Organe der damals existierenden Europäischen Gemeinschaft zusammen.[657] Ihre Aufgabe bestand gemäß Art. 30 DSRL im Wesentlichen darin, auf eine einheitliche Anwendung und Umsetzung der sich aus der DSRL ergebenden Vorgaben in den Mitgliedstaaten hinzuwirken. Hierzu veröffentlichte die Art. 29-Datenschutzgruppe während ihres Bestehens zahlreiche Stellungnahmen zu verschiedenen datenschutzrechtlichen Themen – so auch zum Grundsatz der Zweckbindung.[658] Aufgrund ihrer im Kern lediglich beratenden Funktion hatten die Stellungnahmen für die Auslegung der DSRL keine verbindliche Wirkung. Sie trugen jedoch als *soft law* wesentlich zur einheitlichen Interpretation der DSRL bei.[659]

Der EDSA, der in den Art. 68 ff. DSGVO geregelt ist, löste die Art. 29-Datenschutzgruppe mit Anwendbarkeit der DSGVO ab.[660] Er setzt sich aus den nationalen Aufsichtsbehörden sowie dem Europäischen Datenschutzbeauftragten zusammen.[661] Der Gesetzgeber verlieh dem Ausschuss eigene Rechtspersönlichkeit[662] und stattete ihn mit deutlich weitreichenderen Befugnissen aus, wie der Aufgabenkatalog des Art. 70 Abs. 1 S. 2 DSGVO zeigt. Der EDSA ist etwa in der Lage bei grenzüberschreitenden Datenverarbeitungen in Kooperations- und Kohärenzverfahren zwischen nationalen

655 Eine Stellungnahme der Art. 29-Datenschutzgruppe aus dem Jahr 2013 behandelt auch den datenschutzrechtlichen Grundsatz der Zweckbindung, Art. 29-Datenschutzgruppe, WP 203, 02.04.2013.
656 NK-DatenschutzR/*Schiedermair*, 2. Aufl. 2025, Art. 68 DSGVO Rn. 4.
657 Art. 29 Abs. 1 S. 2 und Abs. 2 DSRL.
658 Art. 29-Datenschutzgruppe, WP 203, 02.04.2013.
659 Kühling/Buchner/*Dix*, 4. Aufl. 2024, Art. 68 DSGVO Rn. 2.
660 Art. 94 Abs. 2 S. 2 DSGVO.
661 Art. 68 Abs. 3 DSGVO.
662 Art. 68 Abs. 1 DSGVO.

Aufsichtsbehörden nach Art. 60 ff. DSGVO verbindliche Entscheidungen gegenüber den Aufsichtsbehörden herbeizuführen.[663] Nach Art. 70 Abs. 1 S. 2 lit. e DSGVO hat der EDSA zudem die Aufgabe, Fragen, die die Anwendung der DSGVO betreffen, zu prüfen und „Leitlinien, Empfehlungen und bewährte Verfahren zwecks Sicherstellung einer einheitlichen Anwendung dieser Verordnung" bereitzustellen. Auch die Leitlinien des EDSA haben wie die Stellungnahmen der Art. 29-Datenschutzgruppe keine verbindliche Wirkung,[664] da die letztverbindliche Auslegung der DSGVO dem EuGH obliegt.[665] Aufgrund der sehr weitreichenden Befugnisse des EDSA kommt den Leitlinien aber eine erhebliche Bedeutung bei der Auslegung der DSGVO zu.[666] Sie haben eine „gewichtige Orientierungsfunktion".[667]

Zu Beginn seiner Tätigkeit im Mai 2018 hat der EDSA insgesamt 16 Stellungnahmen der Art. 29-Datenschutzgruppe übernommen, die diese ab 2016 zur Vorbereitung auf die DSGVO publizierte.[668] Daraus folgt aber nicht, dass ältere Stellungnahmen, wie etwa die zur Zweckbindung aus dem Jahr 2013, die unter der DSRL entstanden sind, keine Bedeutung mehr haben. Sie bieten weiterhin eine wichtige Orientierung bei der Auslegung bestimmter Vorschriften aus der DSGVO, wie beispielsweise die Rs. C-77/22 zeigt, bei der der Generalanwalt *Pikamäe* in seinen Schlussanträgen ausdrücklich auf die Stellungnahme 03/2023 der Art. 29-Datenschutzgruppe zum Grundsatz der Zweckbindung verwies.[669] Dadurch, dass der EuGH in der überwiegenden Anzahl der Fälle den Generalanwälten folgt,[670] haben die Ausführungen der Art. 29-Datenschutzgruppe nach wie vor Einfluss auf die Auslegung der DSGVO, auch wenn der EuGH selbst nicht ausdrücklich auf die Stellungnahmen der Art. 29-Datenschutzgruppe Bezug nimmt.

Vor diesem Hintergrund nehmen die Stellungnahmen der Art. 29-Datenschutzgruppe bei der Auslegung unbestimmter Rechtsbegriffe aus der DSGVO eine besondere Stellung ein. Da die vorliegende Arbeit den Anspruch hat, zu praxisgerechten Lösungen und Ergebnissen zu kommen, wird

---

663 Sydow/Marsch/*Schöndorf-Haubold*, 3. Aufl. 2022, Art. 68 DSGVO Rn. 15; *Weber/Dehnert*, ZD 2021, 63 (63).

664 Kühling/Buchner/*Dix*, 4. Aufl. 2024, Art. 70 DSGVO Rn. 8.

665 Vgl. Art. 19 Abs. 1 S. 2 EUV; Auer-Reinsdorff/Conrad/*Conrad/Treeger*, Handbuch IT- und Datenschutzrecht, 3. Aufl. 2019, § 34 Rn. 160.

666 Gola/Heckmann/*Ngyuen*, 3. Aufl. 2022, Art. 70 DSGVO Rn. 8.

667 Auer-Reinsdorff/Conrad/*Conrad/Treeger*, Handbuch IT- und Datenschutzrecht, 3. Aufl. 2019, § 34 Rn. 160.

668 EDSA, Endorsement 1/2018, 25.05.2018.

669 GA *Pikamäe*, Schlussantr. v. 31.03.2022 – C-77/21, BeckRS 2022, 5909 Rn. 42.

670 Bergmann/*Bergmann*, Handlexikon der Europäischen Union, 6. Aufl. 2022, Generalanwalt (EuGH) zufolge in bis zu 80 % der Fälle, „was ihre rechtspolitische Bedeutung auch als Impulsgeber für die Fortentwicklung des Unionsrechts unterstreicht."

im Folgenden regelmäßig auf die Stellungnahme der Art. 29-Datenschutzgruppe zum Grundsatz der Zweckbindung Bezug genommen.[671]

b) Maßstab für die Beurteilung der Legitimität

Das Merkmal der Legitimität schränkt die Festlegung der Zwecke qualitativ ein, da nicht jeder beliebige Zweck verfolgt werden darf. Umstritten ist aber der Prüfungsmaßstab, an der die Legitimität der Zwecke zu messen ist. Nach dem engen Verständnis nehme der Begriff der Legitimität ausschließlich Bezug auf den Grundsatz der Rechtmäßigkeit aus Art. 5 Abs. 1 lit. a Var. 1 DSGVO, sodass bereits das Vorliegen einer Rechtsgrundlage die Anforderung an einen legitimen Zweck erfülle.[672] Die Art. 29-Datenschutzgruppe hingegen legte das Merkmal weit aus und verlangte neben dem Vorliegen einer Rechtsgrundlage, dass ein legitimer Zweck mit der gesamten Rechtsordnung im Einklang steht.[673] Dieser Ansicht wird im Folgenden zugestimmt.

aa) Enges Verständnis: Rechtmäßigkeitsgrundsatz als Maßstab

Das im Zweckbindungsgrundsatz aufgeführte Merkmal der Legitimität verlangt nicht nur das Vorliegen einer Rechtsgrundlage aus Art. 6 Abs. 1 DSGVO. Diese Voraussetzung ergibt sich bereits unmittelbar aus dem Grundsatz der Rechtmäßigkeit nach Art. 5 Abs. 1 lit. a Var. 1 DSGVO, der neben und unabhängig von der Zweckbindung bei jeder Verarbeitung personenbezogener Daten einzuhalten ist.[674] Eine weitere Bezugnahme auf den Grundsatz der Rechtmäßigkeit durch das Merkmal der Legitimität erschließt sich daher nicht. Hieran ändert auch EG 39 S. 6 DSGVO nichts, wonach die Zwecke „rechtmäßig" sein sollen.[675] Ein Blick auf die anderen Sprachfassungen der DSGVO und die Entstehungsgeschichte zeigt, dass es sich hierbei um einen Redaktionsfehler handelt. Denn sowohl die englische als auch die französische Sprachfassung verwenden in EG 39 S. 6 DSGVO übereinstimmend mit dem Wortlaut des Art. 5 Abs. 1 lit. b Hs. 1 DSGVO die Begriffe „legitimate" bzw. „légitimes". Dass die deutsche Sprachfassung in

671 Art. 29-Datenschutzgruppe, WP 203, 02.04.2013.

672 EuGH, Urt. v. 24.02.2022 – C-175/20, BeckRS 2022, 2616 Rn. 66; SJTK/*Jaspers/Schwartmann/Hermann*, 3. Aufl. 2024, Art. 5 DSGVO Rn. 46; so im Ergebnis auch *Schantz/Wolff*, Das neue Datenschutzrecht, 2017, Rn. 407; Specht/Mantz/*Mantz/Marosi*, Handbuch Europäisches und deutsches Datenschutzrecht, 2019, § 3 Rn. 87.

673 Art. 29-Datenschutzgruppe, WP 203, 02.04.2013, S. 19 f.

674 DSK, Erfahrungsbericht zur Anwendung der DS-GVO, 2019, S. 13; Kühling/Buchner/*Buchner/Petri*, 4. Aufl. 2024, Art. 6 DSGVO Rn. 184.

675 Spindler/Schuster/*Spindler/Dalby*, 4. Aufl. 2019, Art. 5 DSGVO Rn. 8 spricht in diesem Zusammenhang von einer „sprachliche[n] Verwirrung".

EG 39 S. 6 DSGVO von „rechtmäßig[en]“ Zwecken und in Art. 5 Abs. 1 lit. b Hs. 1 DSGVO von „legitime[n]“ Zwecken spricht, ist auf die Konvention Nr. 108 sowie die DSRL zurückzuführen. Diese enthielten in ihren jeweiligen deutschen Sprachfassungen den Begriff „rechtmäßig“,[676] während die anderen Sprachfassungen bereits einheitlich die Begriffe „legitimate“ bzw. „légitimes“ verwendeten.[677] Die DSGVO passte den Wortlaut des Art. 5 Abs. 1 lit. b Hs. 1 DSGVO an die anderen Sprachfassungen an. Dabei vergaß man offenbar, auch den Wortlaut des EG 39 S. 6 DSGVO entsprechend anzupassen. Hätte der Gesetzgeber mit dem Merkmal der Legitimität auf den Rechtmäßigkeitsgrundsatz Bezug nehmen wollen, hätte es näher gelegen, durchgehend den Begriff „rechtmäßig“ oder im Englischen den Begriff „lawfully“ zu verwenden.

Schließlich ist anzumerken, dass derartige sprachliche Inkonsistenzen nicht nur in den Sprachfassungen der DSGVO auftreten: Nach Art. 6 Abs. 1 der Richtlinie 2000/78/EG, auch bekannt als Gleichbehandlungsrahmenrichtlinie, können Ungleichbehandlungen wegen des Alters durch ein „legitimes Ziel“ gerechtfertigt werden. In der gleichen Vorschrift sowie in Art. 2 Abs. 2 lit. b RL 2000/78/EG ist jedoch von „rechtmäßige[n] Ziele[n]“ die Rede, während die englische Sprachfassung durchgehend die Bezeichnung „legitimate aim“ verwendet.[678] Zwar lässt sich die Auslegung zum Begriff der Legitimität aus der Richtlinie 2000/78/EG aufgrund des anderen Kontextes nicht auf die DSGVO übertragen.[679] Das Beispiel macht aber deutlich, dass sich widersprechende Sprachfassungen im Europarecht kein Einzelfall sind und die Auslegung erschweren.[680]

---

676 Ehmann/Selmayr/*Heberlein*, 3. Aufl. 2024, Art. 5 DSGVO Rn. 22; BeckOK DatenschutzR/*Schantz*, 51. Ed. Stand 01.11.2021, Art. 5 DSGVO Rn. 17; *Monreal*, ZD 2016, 507 (509).

677 Ehmann/Selmayr/*Heberlein*, 3. Aufl. 2024, Art. 5 DSGVO Rn. 22.

678 S. hierzu MüKoBGB/*Thüsing*, 10. Aufl. 2025, § 3 AGG Rn. 50, der auf die unterschiedliche Begrifflichkeit in der deutschen Umsetzung in § 10 AGG („legitimes Ziel“) und § 3 Abs. 2 AGG („rechtmäßiges Ziel“) hinweist, obwohl der Maßstab identisch ist.

679 Bei legitimen Zielen i. S. d. Art. 6 Abs. 1 RL 2000/78/EG handelt es sich nach der Rechtsprechung des EuGH um sozialpolitische Ziele, EuGH, Urt. v. 05.03.2009 – C-388/07, BeckRS 2009, 70260 Rn. 49; Franzen/Gallner/Oetker/*Mohr*, 5. Aufl. 2024, Art. 6 RL 2000/78/EG Rn. 7. Es gilt die Relativität der Rechtsbegriffe, wonach „[d]erselbe Begriff […] in verschiedenen Zusammenhängen Unterschiedliches bedeuten [kann]“, Riesenhuber/*Riesenhuber*, Europäische Methodenlehre, 4. Aufl. 2021, § 10 Rn. 20.

680 Riesenhuber/*Riesenhuber*, Europäische Methodenlehre, 4. Aufl. 2021, § 10 Rn. 14 sieht in der Sprachvielfalt „[d]as wichtigste eigenständige Problem der Wortlautauslegung im Unionsrecht“.

bb) Weites Verständnis: Gesamte Rechtsordnung als Maßstab

Das Merkmal der Legitimität ist über den Grundsatz der Rechtmäßigkeit hinaus weit auszulegen.[681] Angesichts der „groben Filterfunktion", die dem Merkmal zugeschrieben wird,[682] sind Zwecke richtigerweise dann legitim, wenn sie mit der gesamten Rechtsordnung im Einklang stehen.[683] Ein solches Verständnis deckt sich auch mit der Auslegung der berechtigten Interessen i. S. d. Art. 6 Abs. 1 UAbs. 1 lit. f DSGVO, die ebenfalls mit der gesamten Rechtsordnung im Einklang stehen müssen.[684] Eine einheitliche Auslegung ist deshalb angezeigt, da die anderen Sprachfassungen der DSGVO nicht von „berechtigten Interessen", sondern von „legitimate interests" bzw. „intérêts légitimes" sprechen.[685]

Des Weiteren stellt sich einerseits die Frage, was konkret mit der gesamten Rechtsordnung gemeint ist, und andererseits, welche Anforderungen an das „im Einklang stehen" zu stellen sind.

(1) Inhalt und Umfang der „gesamten Rechtsordnung"

Die gesamte Rechtsordnung umfasst sämtliche Formen des Rechts, sowohl positives als auch Gewohnheitsrecht sowie einfaches Recht und Verfassungsrecht.[686] Legitime Zwecke erfordern demnach, dass die Zwecke mit anwendbarem Datenschutzrecht ebenso wie mit sonstigem Recht, wie etwa

---

681 Art. 29-Datenschutzgruppe, WP 203, 02.04.2013, S. 19 f.; *Koning*, The purpose and limitations of purpose limitation, 2020, S. 64.

682 Plath/*Plath*, 4. Aufl. 2023, Art. 5 DSGVO Rn. 8; BeckOK DatenschutzR/*Schantz*, 51. Ed. Stand 01.11.2021, Art. 5 DSGVO Rn. 17.

683 Art. 29-Datenschutzgruppe, WP 203, 02.04.2013, S. 19 f.; *König*, Beschäftigtendatenschutz in der Beratungspraxis, 2020, § 3 Rn. 23; Ehmann/Selmayr/*Heberlein*, 3. Aufl. 2024, Art. 5 DSGVO Rn. 22; BeckOK DatenschutzR/*Schantz*, 51. Ed. Stand 01.11.2021, Art. 5 DSGVO Rn. 17; Spindler/Schuster/*Spindler/Dalby*, 4. Aufl. 2019, Art. 5 DSGVO Rn. 8; *Monreal*, ZD 2016, 507 (509); *Ziegenhorn/Schulz-Große*, ZD 2023, 581 (584); so auch Plath/*Plath*, 4. Aufl. 2023, Art. 5 DSGVO Rn. 8, der aber gegenüber der engen Auslegung nur geringe praktische Auswirkungen sieht.

684 EDSA, Guidelines 1/2024, Version 1.0, 08.10.2024, Rn. 17; Kühling/Buchner/*Buchner/Petri*, 4. Aufl. 2024, Art. 6 DSGVO Rn. 146a; NK-DatenschutzR/*Schantz*, 2. Aufl. 2025, Art. 6 Abs. 1 DSGVO Rn. 100; Gola/Heckmann/*Schulz*, 3. Aufl. 2022, Art. 6 DSGVO Rn. 61; SJTK/*Schwartmann/Klein*, 3. Aufl. 2024, Art. 6 Abs. 1 S. 1 lit. f DSGVO Rn. 154; Taeger/Gabel/*Taeger*, 4. Aufl. 2022, Art. 6 DSGVO Rn. 129; *Herfurth*, ZD 2018, 514 (514).

685 Vgl. Ehmann/Selmayr/*Heberlein*, 3. Aufl. 2024, Art. 6 DSGVO Rn. 40.

686 Art. 29-Datenschutzgruppe, WP 203, 02.04.2013, S. 20: „The requirement of legitimacy means that the purposes must be ‚in accordance with the law' in the broadest sense. This includes all forms of written and common law, primary and secondary legislation, municipal decrees, judicial precedents, constitutional principles, fundamental rights, other legal principles, as well as jurisprudence, as such ‚law' would be interpreted and

Arbeits- oder Verbraucherrecht, im Einklang stehen.[687] Das Erfordernis eines legitimen Zwecks sorgt dafür, dass die rechtliche Beurteilung einer Datenverarbeitung nicht ausschließlich isoliert nach dem Datenschutzrecht erfolgt. Die Legitimität des Zwecks stellt sicher, dass ein nach der Rechtsordnung unerlaubtes Ziel zugleich auch datenschutzwidrig ist, und führt zu einer Vereinheitlichung der Rechtsordnung. Demzufolge kann sich die Beurteilung der Legitimität eines Zwecks im Laufe der Zeit ändern, wenn sich die Rechtsordnung entsprechend ändert.[688] Das Merkmal der Legitimität hält somit einen Mechanismus bereit, der gewährleistet, dass das Datenschutzrecht mit der Entwicklung der übrigen Rechtsordnung Schritt hält.

In diesem Zusammenhang stellt sich die Frage, mit welcher Rechtsordnung die Zwecke im Einklang stehen müssen, also ob sie ausschließlich am europäischen Recht oder auch am jeweiligen nationalen Recht zu messen sind. Die Art. 29-Datenschutzgruppe äußerte sich nicht ausdrücklich zu dieser Frage. Da ihre Ausführungen auf der DSRL basierten, die von den Mitgliedstaaten in nationales Recht umgesetzt werden musste, spricht vieles dafür, dass die Zwecke unter der DSRL auch mit dem nationalen Recht vereinbar sein mussten. Ein solches Verständnis ist aber mit dem vollharmonisierenden Charakter der DSGVO nicht zu vereinbaren, sodass die Zwecke in der Konsequenz ausschließlich an der europäischen Rechtsordnung zu messen sind. Für den Beschäftigungskontext dürften sich jedoch kaum Unterschiede ergeben, da das nationale Arbeitsrecht zunehmend durch europarechtliche Vorgaben geprägt wird.[689]

(2) Anforderung an das „im Einklang stehen" mit der gesamten Rechtsordnung

Zu guter Letzt stellt sich die Frage, wann ein Verarbeitungszweck mit der europäischen Rechtsordnung im Einklang steht: Muss die Rechtsordnung den verfolgten Zweck ausdrücklich billigen[690] oder genügt es, wenn der Zweck lediglich nicht gegen die Rechtsordnung verstößt, also wenn sie

taken into account by competent courts."; *Sens*, Der Zweckbindungsgrundsatz der DSGVO beim Machine Learning im Vertrieb, 2024, S. 95.

687 Art. 29-Datenschutzgruppe, WP 203, 02.04.2013, S. 20: „[…] the purposes must be in accordance with all provisions of applicable data protection law, as well as other applicable laws such as employment law, contract law, consumer protection law, and so on."

688 Art. 29-Datenschutzgruppe, WP 203, 02.04.2013, S. 20.

689 S. zur „Europäisierung des Arbeitsrechts" Schaub/*Ahrendt*, Arbeitsrechts-Handbuch, 20. Auflage 2023, § 1 Rn. 10.

690 In diese Richtung NK-DatenschutzR/*Roßnagel*, 2. Aufl. 2025, Art. 5 DSGVO Rn. 91.

nicht im Widerspruch zur Rechtsordnung steht?[691] Aufgrund der groben Filterfunktion des Merkmals der Legitimität sind Verarbeitungszwecke richtigerweise bereits dann legitim, wenn die Zwecke nicht im Widerspruch zur Rechtsordnung stehen. Denn die Verarbeitungszwecke müssen nach dem Wortlaut lediglich „legitim" und gerade nicht „erlaubt" sein.[692] Zudem würde das Erfordernis einer ausdrücklichen oder konkludenten Billigung eines Zwecks durch die Rechtsordnung den freien Verkehr personenbezogener Daten übermäßig einschränken, da Verarbeitungszwecke, zu denen das europäische Recht keine Stellung nimmt, nicht verfolgt werden dürften. Folglich sind Zwecke bereits dann legitim, wenn sie nicht im Widerspruch zur Rechtsordnung stehen.

c) Zwischenfazit

Die Zwecke einer Datenverarbeitung werden qualitativ durch das Merkmal der Legitimität eingeschränkt, ihm kommt eine „grobe Filterfunktion" zu. Die Legitimität beschränkt sich jedoch nicht auf den Grundsatz der Rechtmäßigkeit, sodass Zwecke über das Erfordernis des Vorliegens einer Rechtsgrundlage für die Datenverarbeitung hinaus nur dann legitim sind, wenn sie mit der gesamten Rechtsordnung im Einklang stehen. Die Zwecke sind ausschließlich am europäischen Recht zu messen, wobei sämtlichen Formen des Rechts zu berücksichtigen sind. Die Zwecke stehen mit der gesamten Rechtsordnung im Einklang, wenn sie nicht im Widerspruch zu ihr stehen.

3. Eindeutigkeit der Zwecke

Nach Art. 5 Abs. 1 lit. b Hs. 1 DSGVO müssen die festgelegten Zwecke nicht nur „legitim", sondern auch „eindeutig" sein.[693] Hierbei handelt es sich ebenfalls um einen unbestimmten Rechtsbegriff,[694] der unionsautonom auszulegen ist. Das Merkmal findet sich auf europäischer Ebene erstmals in der DSRL wieder[695] und hat dadurch seinen Weg in die DSGVO gefunden. Ein einheitliches Verständnis zum Merkmal der Eindeutigkeit hat sich aber bislang noch nicht herausgebildet. Vielmehr zeigen sich auch hier wieder sprachliche Inkonsistenzen in den verschiedenen Sprachfassungen der DSGVO.

---

691 Vgl. SPHD/*Sartor*, 2023, Art. 6 GDPR Rn. 58, der diese Frage im Kontext der „legitimate interests" aus Art. 6 Abs. 1 UAbs. 1 lit. f DSGVO aufwirft. Da der Begriff der Legitimität in der DSGVO einheitlich ausgelegt werden sollte, lässt sich die Frage auch auf Art. 5 Abs. 1 lit. b DSGVO übertragen.

692 Vgl. SPHD/*Sartor*, 2023, Art. 6 GDPR Rn. 59.

693 Diese Vorgabe findet sich auch in EG 39 S. 6 DSGVO wieder.

694 *Roßnagel/Nebel/Richter*, ZD 2015, 455 (457 f.).

695 *Koning*, The purpose and limitations of purpose limitation, 2020, S. 69.

a) Sprachliche Inkonsistenz in den Sprachfassungen der DSGVO

Der in der deutschen Sprachfassung der DSGVO verwendete Begriff „eindeutig“ wird so verstanden, dass die Zwecke unmissverständlich („unambiguous“) sein müssen.[696] Dies sei dann der Fall, wenn er von anderen denkbaren Zwecken abgegrenzt werden könne und Zweifel an der Bedeutung des Zwecks ausgeschlossen seien.[697] Die englische sowie die französische Sprachfassung der DSGVO hingegen verwenden die Begriffe „explicit“ bzw. „explicites“.[698] Diese entsprechen im Deutschen eher dem Begriff „explizit“ und sind auf das lateinische Wort „explicare“ zurückführen, das so viel wie „unfold, unravel, explain“ bedeutet.[699] Damit wird die Art und Weise der Darstellung der Verarbeitungszwecke in den Vordergrund gestellt.[700] Teile der Literatur schreiben dem Merkmal der Eindeutigkeit unter Berücksichtigung der anderen Sprachfassungen der DSGVO daher eine „kommunikative Konnotation“ zu.[701] Daraus folge, dass der Verarbeitungszweck der betroffenen Person mitgeteilt[702] und erklärt werden müsse.[703] In diese

696 Art. 29-Datenschutzgruppe, WP 203, 02.04.2013, S. 17 Fn. 42. Das entspricht auch Art. 26 Abs. 1 DSA, wonach Werbung auf Online-Plattformen „in klarer, präziser und eindeutiger Weise“ gekennzeichnet sein muss. In der englischen Sprachfassung des DSA heißt es „in a clear, concise and unambiguous manner“, NK-DSA/*Grisse*, 2023, Art. 26 DSA Rn. 37.

697 *Peisker*, Der datenschutzrechtliche Auskunftsanspruch, 2023, S. 316; Auernhammer/*Kramer*, 8. Aufl. 2023, Art. 5 DSGVO Rn. 27; NK-DatenschutzR/*Roßnagel*, 2. Aufl. 2025, Art. 5 DSGVO Rn. 76; *Monreal*, ZD 2016, 507 (509). Dieses Verständnis deckt sich mit dem allgemeinen Sprachgebrauch, wonach der Begriff als „(in Bedeutung, Inhalt, Sinn) völlig klar, unmissverständlich“, „jeden Zweifel ausschließend, sich klar und deutlich zeigend“ oder „nur eine, keine andere Deutung zulassend“ verstanden werden kann, Cornelsen, Duden online, eindeutig.

698 Dieser sprachliche Unterschied bestand bereits unter der DSRL, Art. 29-Datenschutzgruppe, WP 203, 02.04.2013, S. 17 Fn. 42; *v. Grafenstein*, The Principle of Purpose Limitation in Data Protection Laws, 2018, S. 249 f.; Auer-Reinsdorff/Conrad/*Conrad/Treeger*, Handbuch IT- und Datenschutzrecht, 3. Aufl. 2019, § 34 Rn. 130.

699 Art. 29-Datenschutzgruppe, WP 203, 02.04.2013, S. 17 Fn. 42; *Monreal*, ZD 2016, 507 (509) sieht daher im Merkmal der Eindeutigkeit ein „Merkmal des Erklärens“.

700 Nach der Art. 29-Datenschutzgruppe zielen beide Begriffe „eindeutig“ und „explicit“ auf die Festlegung nachvollziehbarer und abgrenzbarer Zwecke ab. Während sich die deutsche Sprachfassung mit dem Begriff „eindeutig“ auf das Endergebnis fokussiere, stelle die englische sowie die französische Sprachfassung mit dem Begriff „explicit“ bzw. „explicites“ auf die Art und Weise der Darstellung der Zwecke ab, Art. 29-Datenschutzgruppe, WP 203, 02.04.2013, S. 17 f.

701 Kühling/Buchner/*Herbst*, 4. Aufl. 2024, Art. 5 DSGVO Rn. 35; BeckOK DatenschutzR/*Schantz*, 51. Ed. Stand 01.11.2021, Art. 5 DSGVO Rn. 16.

702 *Sens*, Der Zweckbindungsgrundsatz der DSGVO beim Machine Learning im Vertrieb, 2024, S. 97; BeckOK DatenschutzR/*Schantz*, 51. Ed. Stand 01.11.2021, Art. 5 DSGVO Rn. 16.

703 *Monreal*, ZD 2016, 507 (509).

Richtung geht auch die Rechtsprechung des EuGH, wonach Zwecke dann eindeutig seien, wenn sie „klar angegeben“ werden.[704]

Die Zuschreibung eines kommunikativen Elements ist zwar vor dem Hintergrund, dass alle Sprachfassungen eines europäischen Rechtsackts verbindlich sind und somit gleichrangig nebeneinanderstehen,[705] konsequent. Dies war unter der DSRL auch sinnvoll, da diese keinen eigenständigen Transparenzgrundsatz enthielt.[706] Allerdings kommt der kommunikativen Komponente des Merkmals im Rahmen der DSGVO nur eine geringe praktische Bedeutung zu. Denn die Kommunikation der Zwecke gegenüber der betroffenen Person wird bereits umfassend durch den Grundsatz der Transparenz nach Art. 5 Abs. 1 lit. a Var. 3 DSGVO geregelt. Die Pflicht zur Mitteilung der Verarbeitungszwecke folgt aus Art. 13 Abs. 1 lit. c, Abs. 3 und Art. 14 Abs. 1 lit. c, Abs. 4 DSGVO. Die Art und Weise der Darstellung der Mitteilung ist in Art. 12 Abs. 1 DSGVO geregelt.[707]

Demnach sind Zwecke nach der deutschen Sprachfassung richtigerweise dann eindeutig, wenn sie unmissverständlich sind, also von anderen Zwecken klar abgegrenzt werden können. Die Literatur schließt daraus die Festlegung konkreter bzw. bestimmter Zwecke.[708] Zu allgemein oder vage gefasste Zwecke würden das Merkmal der Eindeutigkeit nicht erfüllen.[709] Diese Schlussfolgerung ist aber nicht zwingend. Vielmehr folgt die Festlegung konkreter Zwecke bereits aus dem Grundsatz der Zweckbindung selbst, wie die nachfolgende Untersuchung des Detaillierungsgrads der Zwecke zeigen wird.[710]

---

704 EuGH, Urt. v. 20.10.2022 – C-77/21, GRUR-RS 2022, 28068 Rn. 27; EuGH, Urt. v. 24.02.2022 – C-175/20, BeckRS 2022, 2616 Rn. 65.

705 EuGH, Urt. v. 06.10.1982 – C-283/81, BeckRS 1982, 108239 Rn. 18; Riesenhuber/*Pechstein/Drechsler*, Europäische Methodenlehre, 4. Aufl. 2021, § 7 Rn. 17.

706 S. Gliederungspunkt C.III.3.

707 S. insbesondere zu den Vorgaben des Art. 12 Abs. 1 S. 1 DSGVO Gliederungspunkt D.II.3.b)bb).

708 v. d. Bussche/Voigt/*Voigt*, Konzerndatenschutz, 2. Aufl. 2019, Teil 3 Kap. 2 Rn. 8; Ehmann/Selmayr/*Heberlein*, 3. Aufl. 2024, Art. 5 DSGVO Rn. 21; SJTK/*Jaspers/Schwartmann/Hermann*, 3. Aufl. 2024, Art. 5 DSGVO Rn. 46; Gola/Heckmann/*Pötters*, 3. Aufl. 2022, Art. 5 DSGVO Rn. 15; Selzer/*Selzer*, 2022, Art. 5 DSGVO Rn. 16; Spindler/Schuster/*Spindler/Dalby*, 4. Aufl. 2019, Art. 5 DSGVO Rn. 8; Sydow/Marsch/*Reimer*, 3. Aufl. 2022, Art. 5 DSGVO Rn. 22; Taeger/Gabel/*Voigt*, 4. Aufl. 2022, Art. 5 DSGVO Rn. 24.

709 Franzen/Gallner/Oetker/*Franzen*, 5. Aufl. 2024, Art. 5 DSGVO Rn. 5; Gola/Heckmann/*Pötters*, 3. Aufl. 2022, Art. 5 DSGVO Rn. 15; Selzer/*Selzer*, 2022, Art. 5 DSGVO Rn. 16; *Schantz*, NJW 2016, 1841 (1843 f.).

710 S. Gliederungspunkt D.II.3.b)aa).

b) Detaillierungsgrad der Zwecke

Die Frage, wie detailliert die Zwecke einer Datenverarbeitung festgelegt werden müssen, ist von elementarer Bedeutung, da sie über den Umfang und die Reichweite der Zweckbindung entscheidet.[711] Die „Kraft des Zweckbindungsgrundsatzes“ hänge davon ab, wie eng oder weit die Zwecke festgelegt werden.[712] Wie bereits festgestellt, konkretisieren die Grundsätze der Datenminimierung, Richtigkeit und Speicherbegrenzung den Zweckbindungsgrundsatz, da sie sich nach den Verarbeitungszwecken richten.[713] Die festgelegten Zwecke sind somit Dreh- und Angelpunkt jeder Datenverarbeitung.[714] Je weiter die Zwecke der Datenverarbeitung gefasst sind, über desto mehr Verarbeitungsmöglichkeiten verfügt der Verantwortliche.[715] Darüber hinaus sind die ursprünglich festgelegten Zwecke Grundlage und Ausgangspunkt für die Prüfung der Zulässigkeit zweckändernder Weiterverarbeitungen.[716]

Angesichts der Bedeutung des Detaillierungsgrads der Zwecke ist es erstaunlich, dass die DSGVO den erforderlichen Detaillierungsgrad der Verarbeitungszwecke nicht genau benennt bzw. hierfür auch kaum Kriterien bereithält.[717] Lediglich das Merkmal der Eindeutigkeit aus Art. 5 Abs. 1 lit. b Hs. 1 DSGVO bietet einen ersten Anhaltspunkt. Im Folgenden werden die maßgeblichen Kriterien für die Bestimmung des Detaillierungsgrads der Verarbeitungszwecke herausgearbeitet. Diese werden am Ende des Abschnitts auf konkrete Beispiele aus dem Beschäftigungskontext angewendet.

---

711 NK-DatenschutzR/*Roßnagel*, 2. Aufl. 2025, Art. 5 DSGVO Rn. 84.

712 BeckOK DatenschutzR/*Wolff/v. Ungern-Sternberg*, 51. Ed. Stand 01.11.2024, Syst. A. Rn. 27.

713 S. Gliederungspunkt C.III.9.

714 Paal/Pauly/*Frenzel*, 3. Aufl. 2021, Art. 5 DSGVO Rn. 23; BeckOK DatenschutzR/*Schantz*, 51. Ed. Stand 01.11.2021, Art. 5 DSGVO Rn. 13.

715 *Leibold*, Die Verarbeitung personenbezogener Daten im Bewerbungsverfahren, 2024, S. 130; *Däubler*, Gläserne Belegschaften, 10. Aufl. 2025, Rn. 125; NK-DatenschutzR/*Roßnagel*, 2. Aufl. 2025, Art. 5 DSGVO Rn. 71; *Gola/Jaspers*, RDV 2018, 145 (146); *Ziegenhorn/Schulz-Große*, ZD 2023, 581 (583).

716 Franzen/Gallner/Oetker/*Franzen*, 5. Aufl. 2024, Art. 5 DSGVO Rn. 6; s. Gliederungspunkt E.II.2.

717 *Leibold*, Die Verarbeitung personenbezogener Daten im Bewerbungsverfahren, 2024, S. 130; Specht/Mantz/*Ströbel/Wybitul*, Handbuch Europäisches und deutsches Datenschutzrecht, 2019, § 10 Rn. 105; DWWS/*Weichert*, 3. Aufl. 2024, Art. 5 DSGVO Rn. 36; MHdB ArbR/*Wybitul*, 6. Aufl. 2024, § 96 Rn. 62; *Veil*, NJW 2018, 3337 (3340). Außerhalb der DSGVO sah § 3 Abs. 3 S. 1 BeschDG-RefE eine Regelung zum Detaillierungsgrad der Verarbeitungszwecke vor, der in der Literatur aber teilweise kritisch gesehen wurde, *Roth/Wybitul*, BB 2024, 2999 (3001).

aa) Bestimmtheit der Zwecke

Dass die Zwecke der Datenverarbeitung grundsätzlich hinreichend bestimmt zu fassen sind,[718] kann zunächst aus EG 39 S. 6 DSGVO entnommen werden. Danach müssen die Zwecke der Datenverarbeitung „bestimmt" sein. Die englische Sprachfassung verwendet hierfür den Begriff „specific", welcher sich auch in Art. 5 Abs. 1 lit. b Hs. 1 DSGVO in der Bezeichnung „specified" wiederfindet, weshalb die Art. 29-Datenschutzgruppe die Frage des Detaillierungsgrads der Zwecke auch unter diesem Begriff behandelte.[719] In der deutschen Sprachfassung hingegen kommt die Bestimmtheit der Zwecke in Art. 5 Abs. 1 lit. b Hs. 1 DSGVO in der Bezeichnung „festgelegt" kaum zum Ausdruck.

Unabhängig davon, ob man die Bestimmtheit der Zwecke unter Berücksichtigung der englischen Sprachfassung normativ unmittelbar in Art. 5 Abs. 1 lit. b DSGVO verankert oder EG 39 S. 6 DSGVO heranzieht, folgt das Erfordernis der Festlegung bestimmter Zwecke bereits aus der Funktion der Zweckbindung: Das Hauptanliegen der Zweckbindung besteht in ihrer Begrenzungsfunktion, indem Datenverarbeitungen auf die festgelegten Zwecke begrenzt und Grundrechtseingriffe auf das Erforderliche reduziert werden.[720] Da jede Datenverarbeitung an den festgelegten Zwecken zu messen ist, kann das mit der Begrenzungsfunktion verbundene Ziel der Vermeidung weiterer Grundrechtseingriffe nur erreicht werden, wenn die Verarbeitungszwecke hinreichend präzise gefasst sind.[721] Die festgelegten Zwecke müssen somit in der Lage sein, die Verarbeitungsmöglichkeiten des Verantwortlichen einzuschränken. Demzufolge verbietet der Grundsatz der Zweckbindung bereits aus sich heraus weit gefasste Zwecke.[722]

bb) Vorhersehbarkeit für die betroffene Person

Darüber hinaus beeinflusst auch der Grundsatz der Transparenz den Detaillierungsgrad der Zwecke. Die betroffene Person muss anhand der fest-

718 Vgl. ArbG Düsseldorf, Urt. v. 05.03.2020 – 9 Ca 6557/18, BeckRS 2020, 11910 Rn. 48.

719 Art. 29-Datenschutzgruppe, WP 203, 02.04.2013, S. 15 f.; so auch *Hahn*, EDPL 2021, 31 (38).

720 S. Gliederungspunkt B.III.2.

721 *Schantz/Wolff*, Das neue Datenschutzrecht, 2017, Rn. 405; Kühling/Buchner/*Herbst*, 4. Aufl. 2024, Art. 5 DSGVO Rn. 35; Specht/Mantz/*Mantz/Marosi*, Handbuch Europäisches und deutsches Datenschutzrecht, 2019, § 3 Rn. 86. Bereits das BVerfG stellte in der Volkszählungsentscheidung die Vorgabe auf, dass Zwecke „bereichsspezifisch und präzise" zu bestimmen seien. Diese Vorgabe richtete sich jedoch ausdrücklich an den Gesetzgeber, BVerfG, Urt. v. 15.12.1983 – 1 BvR 209/83 u. a., BVerfGE 65, 1 (46).

722 NK-DatenschutzR/*Roßnagel*, 2. Aufl. 2025, Art. 5 DSGVO Rn. 77; BeckOK DatenschutzR/*Wolff/v. Ungern-Sternberg*, 51. Ed. Stand 01.11.2024, Syst. A. Rn. 27.

gelegten Zwecke beurteilen können, welche Verarbeitungen zulässig sind und welche nicht, damit sie gegebenenfalls von ihren Betroffenenrechten Gebrauch machen kann.[723] Das setzt voraus, dass die betroffene Person die mit den Zwecken verbundenen Datenverarbeitungen vorhersehen kann.[724] Dies geht aber nicht so weit, dass jeder Verarbeitungsschritt erkennbar sein muss. Die Aufgabe des Zwecks besteht gerade darin, die Datenverarbeitung zu strukturieren und mehrere Verarbeitungsschritte zusammenzufassen.[725] Für die Vorhersehbarkeit ist entscheidend, dass die betroffene Person die Tragweite der Datenverarbeitung, also die mit ihr verbundenen Gefahren, erkennen kann.[726] Je stärker die Belastung für die betroffene Person ist, desto genauer muss sie über die Datenverarbeitung durch eine konkrete Zweckfestlegung aufgeklärt werden.[727]

Keine Kriterien für den Detaillierungsgrad der Zwecke stellen hingegen die in Art. 12 Abs. 1 S. 1 DSGVO genannten Vorgaben dar. Danach müssen die Informationen und Auskünfte nach den Art. 13 ff. DSGVO, die auch die Zwecke der Datenverarbeitung umfassen,[728] „in präziser, transparenter, verständlicher und leicht zugänglicher Form in einer klaren und einfachen Sprache“ übermittelt werden. Diese Vorschrift konkretisiert den Transparenzgrundsatz und regelt allgemeine Anforderungen an die Art und Weise der Zurverfügungstellung der Informationen. Hierbei handelt es sich aber aufgrund der systematischen Stellung der Vorschrift am Anfang des Kapitels III der DSGVO („Rechte der betroffenen Personen“) und des Wortlauts („in […] Form“) lediglich um formelle bzw. stilistische[729] Anforderungen an die Informationserteilung und nicht um inhaltliche, materielle Vorgaben.[730]

---

723 Art. 29-Datenschutzgruppe, WP 203, 02.04.2013, S. 15; Kühling/Buchner/*Herbst*, 4. Aufl. 2024, Art. 5 DSGVO Rn. 35; DWWS/*Weichert*, 3. Aufl. 2024, Art. 5 DSGVO Rn. 36; *Spies*, ZD 2022, 75 (76); in diese Richtung auch DSB-OK/*Schmidt*, 2023, Art. 5 DSGVO Rn. 16.

724 ArbG Düsseldorf, Urt. v. 05.03.2020 – 9 Ca 6557/18, BeckRS 2020, 11910 Rn. 47; Art. 29-Datenschutzgruppe, WP 203, 02.04.2013, S. 15.

725 S. Gliederungspunkt B.III.2.

726 VG Bremen, Urt. v. 23.04.2025 – 4 K 2873/23, GRUR-RS 2025, 8910 Rn. 41; Auernhammer/*Kramer*, 8. Aufl. 2023, Art. 5 DSGVO Rn. 27; BeckOK DatenschutzR/*Schantz*, 51. Ed. Stand 01.11.2021, Art. 5 DSGVO Rn. 15; *Spies*, ZD 2022, 75 (76).

727 DWWS/*Weichert*, 3. Aufl. 2024, Art. 5 DSGVO Rn. 36; BeckOK DatenschutzR/*Wolff/v. Ungern-Sternberg*, 51. Ed. Stand 01.11.2024, Syst. A. Rn. 28.1; *Spies*, ZD 2022, 75 (76); so auch *Ernst*, ZD 2017, 110 (113) in Bezug auf die Einwilligung.

728 Art. 13 Abs. 1 lit. c, Art. 14 Abs. 1 lit. c und Art. 15 Abs. 1 lit. a DSGVO.

729 *Peisker*, Der datenschutzrechtliche Auskunftsanspruch, 2023, S. 351; Gola/Heckmann/*Franck*, 3. Aufl. 2022, Art. 12 DSGVO Rn. 17; BeckOK DatenschutzR/*Quaas*, 51. Ed. Stand 01.02.2025, Art. 12 DSGVO Rn. 17.

730 In diese Richtung aber Kühling/Buchner/*Bäcker*, 4. Aufl. 2024, Art. 12 DSGVO Rn. 11; BeckOK DatenschutzR/*Quaas*, 51. Ed. Stand 01.02.2025, Art. 12 DSGVO Rn. 11.

cc) Kontext der Datenverarbeitung

Daneben kann der Detaillierungsgrad der Zwecke im Einzelfall auch durch den Kontext der Datenverarbeitung beeinflusst werden.[731] Zu berücksichtigende Faktoren können etwa die Anzahl der betroffenen Personen, der von der Verarbeitung betroffene geografische Bereich oder das im Verarbeitungskontext übliche Maß der Datenverarbeitung sein.[732] Somit können im Einzelfall auch etwas weiter gefasste Zwecke zulässig sein, sofern sie in der Lage sind, die Verarbeitungsmöglichkeiten des Verantwortlichen zu begrenzen, für die betroffenen Personen nachvollziehbar sind sowie die Tragweite der Datenverarbeitung erkennen lassen.[733]

dd) Beispiele: Verarbeitungszwecke im Beschäftigungskontext

Die gesammelten Erkenntnisse zum Detaillierungsgrad der Zwecke werden im Folgenden auf konkrete Beispiele aus dem Beschäftigungskontext angewendet. Dabei werden nicht nur im Hinblick auf den Detaillierungsgrad zulässige Verarbeitungszwecke, sondern auch unzulässige Zwecke in den Blick genommen. Letztere zeigen besonders deutlich auf, worauf es für den Detaillierungsgrad ankommt. Daher wird sich ausgehend von unzulässigen Zwecken schrittweise zu den zulässigen Zwecken herangetastet.

(1) Negativbeispiele

Ein erstes Negativbeispiel ist etwa eine Verarbeitung „zum Zwecke des Beschäftigungsverhältnisses“,[734] da dieser festgelegte Zweck pauschal sämtliche Verarbeitungszwecke im Beschäftigungskontext umfasst.[735] Zudem ist für die betroffene Person kaum nachvollziehbar, welche Datenverarbeitungen vorgenommen werden und welche nicht. Das gilt auch für den Zusatz, wenn Daten „zum Zwecke des Beschäftigungsverhältnisses, namentlich zu dessen Abwicklung und Beendigung, zur Erfüllung bestehender rechtlicher

731 Art. 29-Datenschutzgruppe, WP 203, 02.04.2013, S. 16; *Voigt/v. d. Bussche*, EU-Datenschutz-Grundverordnung (DSGVO), 2. Aufl. 2024, S. 165.

732 Art. 29-Datenschutzgruppe, WP 203, 02.04.2013, S. 51; v. d. Bussche/Voigt/*Voigt*, Konzerndatenschutz, 2. Aufl. 2019, Teil 3 Kap. 2 Rn. 9; Taeger/Gabel/*Voigt*, 4. Aufl. 2022, Art. 5 DSGVO Rn. 24.

733 Auernhammer/*Kramer*, 8. Aufl. 2023, Art. 5 DSGVO Rn. 27; in diese Richtung auch Paal/Pauly/*Frenzel*, 3. Aufl. 2021, Art. 5 DSGVO Rn. 27, der „unbestimmte, aber bestimmbare Begriffe innerhalb einer Zweckbestimmung mit einer hinreichenden Quantität und Qualität (Gestaltungshöhe)“ für zulässig hält.

734 So auch *König*, Beschäftigtendatenschutz in der Beratungspraxis, 2020, § 3 Rn. 23; ähnlich *Köllmann*, Implementierung elektronischer Überwachungseinrichtungen durch Betriebsvereinbarungen vor dem Hintergrund der DSGVO, 2021, S. 203.

735 Vgl. ArbG Düsseldorf, Urt. v. 05.03.2020 – 9 Ca 6557/18, BeckRS 2020, 11910 Rn. 48.

Verpflichtungen und zur Wahrnehmung berechtigter Interessen nach § 26 BDSG bzw. Art. 6 Abs. 1 lit. (b,) c und f DSGVO“ verarbeitet werden.[736] Das ArbG Düsseldorf weist zu Recht darauf hin, dass diese Zweckbeschreibung nahezu die gesamte Bandbreite an denkbaren Zwecken im Beschäftigtenverhältnis abdeckt.[737] Insbesondere ersetzt die Nennung der Rechtsgrundlagen nicht die Festlegung konkreter Verarbeitungszwecke.[738] Die Grundsätze der Rechtmäßigkeit und der Zweckbindung stehen nebeneinander und sind kumulativ zu erfüllen.[739] So unterscheidet auch Art. 13 Abs. 1 lit. c DSGVO bei der Informationspflicht ausdrücklich zwischen den Verarbeitungszwecken und den Rechtsgrundlagen der Verarbeitung.

Darüber hinaus genügt auch eine Verarbeitung „zum Zwecke der Compliance“ nicht den Anforderungen an einen bestimmten Zweck.[740] Unabhängig davon, ob eine englische Bezeichnung den Transparenzanforderungen genügt,[741] wäre auch die deutsche Bezeichnung „Rechtstreue“[742] zu vage, da unter den Begriff „alle Maßnahmen eines Unternehmens zur Einhaltung aller für das Unternehmen relevanten Gesetze durch seine Mitarbeiter verstanden [werden].“[743] Eine Ableitung von konkreten Maßnahmen ist angesichts der Weite des Compliance-Begriffs nur schwer möglich, sodass eine betroffene Person kaum in der Lage wäre, die Tragweite der Datenverarbeitung zu erkennen, zumal Unternehmen bei der Umsetzung von Compliance-Maßnahmen einen weiten Ermessensspielraum haben.[744] „Compliance“ als Verarbeitungszweck ist somit nicht dazu geeignet, Datenverarbeitungen zu begrenzen. Vielmehr ist dieser Zweck derart weit gefasst, dass die Voraussetzungen einer zweckändernden Weiterverarbeitung leerlaufen würden.

---

736 ArbG Düsseldorf, Urt. v. 05.03.2020 – 9 Ca 6557/18, BeckRS 2020, 11910 Rn. 48.

737 ArbG Düsseldorf, Urt. v. 05.03.2020 – 9 Ca 6557/18, BeckRS 2020, 11910 Rn. 48.

738 *Gola/Thüsing*, Handbuch Beschäftigtendatenschutz, 9. Aufl. 2025, Rn. 1413; *Gola/Jaspers*, RDV 2018, 145 (146); so auch *Peisker*, Der datenschutzrechtliche Auskunftsanspruch, 2023, S. 315 im Rahmen der Auskunft über die Verarbeitungszwecke nach Art. 15 Abs. 1 lit. a DSGVO.

739 DSK, Erfahrungsbericht zur Anwendung der DS-GVO, 2019, S. 13; Kühling/Buchner/*Buchner/Petri*, 4. Aufl. 2024, Art. 6 DSGVO Rn. 184.

740 So auch *König*, Beschäftigtendatenschutz in der Beratungspraxis, 2020, § 3 Rn. 23.

741 Art. 12 Abs. 1 S. 1 DSGVO.

742 Schaub/Koch/*Koch*, Arbeitsrecht von A–Z, 29. Aufl. 2025, Compliance; Grobys/Panzer-Heemeier/*Mengel*, Arbeitsrecht, 4. Aufl. 2023, Compliance.

743 Schaub/Koch/*Koch*, Arbeitsrecht von A–Z, 29. Aufl. 2025, Compliance; s. auch zum Compliance-Begriff *Böhm*, Non-Compliance und Arbeitsrecht, 2011, S. 30 f.; Thüsing/*Thüsing*, Beschäftigtendatenschutz und Compliance, 3. Aufl. 2021, § 2 Rn. 2.

744 *Steffen/Stöhr*, RdA 2017, 43 (52).

(2) Positivbeispiele

Nachdem negative Beispiele betrachtet wurden, wird der Blick nun auf Verarbeitungszwecke gerichtet, die die Anforderungen an hinreichend bestimmte Zwecke erfüllen.

So sind etwa Verarbeitungen zum Zwecke der „Durchführung des Bewerbungsverfahrens“ grundsätzlich hinreichend bestimmt.[745] Mit einer solchen Zweckbeschreibung sind regelmäßig bestimmte Datenverarbeitungen verbunden, wie etwa die Beurteilung der Qualifikation des Bewerbers anhand der Bewerbungsunterlagen[746] oder die Kontaktaufnahme durch den Arbeitgeber. Eine betroffene Person kann aufgrund des Kontexts der Datenverarbeitung den Umfang der Datenverarbeitung erkennen. Da die Durchführung des Bewerbungsverfahrens ein in sich abgeschlossener und abgrenzbarer Prozess ist, ist sie als Verarbeitungszweck auch dazu geeignet, den Handlungsspielraum des Arbeitgebers bei der Datenverarbeitung einzuschränken.

Das Gleiche gilt auch für die Verarbeitung personenbezogener Daten zum Zwecke der „Durchführung des betrieblichen Eingliederungsmanagements“.[747] Hierbei handelt es sich um ein in § 167 Abs. 2 SGB IX geregeltes Verfahren, dessen Ziel darin besteht, das Arbeitsverhältnis arbeitsunfähiger Arbeitnehmer zu erhalten, indem die Arbeitsunfähigkeit durch verschiedene Maßnahmen, wie behinderungsgerechte Gestaltung der Arbeit oder Umschulungen, überwunden und vorgebeugt wird.[748] Auch wenn die konkreten Maßnahmen zum Zeitpunkt der Festlegung des Verarbeitungszwecks noch nicht feststehen und erst im Laufe des Verfahrens ermittelt werden, wird der Arbeitgeber durch den bei der Datenerhebung festgelegten Zweck „Durchführung des betrieblichen Eingliederungsmanagements“ in seinen Verarbeitungsmöglichkeiten hinreichend eingeschränkt. Denn anders als bei der Verarbeitung zum Zwecke der „Compliance“[749] sind die Maßnahmen im Rahmen des betrieblichen Eingliederungsmanagements aufgrund des Ziels der Erhaltung des Arbeitsverhältnisses für den Arbeitnehmer grundsätzlich

---

745 So auch *König*, Beschäftigtendatenschutz in der Beratungspraxis, 2020, § 3 Rn. 24; ähnlich DSK, Verzeichnis von Verarbeitungstätigkeiten, 2018, S. 5, die nur „Bewerbungsverfahren“ als Verarbeitungszweck aufführt.

746 S. das Beispiel der Art. 29-Datenschutzgruppe, WP 203, 02.04.2013, S. 52; *Leibold*, Die Verarbeitung personenbezogener Daten im Bewerbungsverfahren, 2024, S. 131 sieht in der Verarbeitung „zur Überprüfung der Geeignetheit des Bewerbers für die konkrete Stellenbesetzung“ einen eigenen Zweck.

747 So auch *Schmidt/Plote*, NZA 2022, 1297 (1301); *König*, Beschäftigtendatenschutz in der Beratungspraxis, 2020, § 3 Rn. 24 bezieht noch die „Einladung zum Betrieblichen Eingliederungsmanagement“ mit ein.

748 Grobys/Panzer-Heemeier/*Düwell*, Arbeitsrecht, 4. Aufl. 2023, Betriebliches Eingliederungsmanagement, Rn. 14.

749 S. Gliederungspunkt D.II.3.b)dd)(1).

positiv. Im Übrigen genügt die Bezeichnung „betriebliches Eingliederungsmanagement“ auch den Anforderungen des Transparenzgrundsatzes, da die betroffene Person nach § 167 Abs. 2 S. 4 SGB IX „auf die Ziele des betrieblichen Eingliederungsmanagements sowie auf Art und Umfang der hierfür erhobenen und verwendeten Daten hinzuweisen [ist].“

Schließlich entsprechen auch folgende Verarbeitungszwecke in aller Regel den Bestimmtheitsanforderungen: „Lohn- und Gehaltsabrechnung“[750], „Arbeitszeiterfassung“[751], „Anwesenheits- und Urlaubsplanung“[752]. All diese Zwecke haben gemein, dass sie einen bestimmten Bereich des Beschäftigungsverhältnisses erfassen, sodass betroffene Personen erkennen können, wofür ihre personenbezogenen Daten verwendet werden.

c) Zwischenfazit

Der Detaillierungsgrad der Verarbeitungszwecke ist in der DSGVO nicht ausdrücklich geregelt. Das Merkmal der Eindeutigkeit bietet einen ersten Anhaltspunkt, wobei der Begriff nicht einheitlich in sämtliche Sprachfassungen der DSGVO übertragen worden ist. Während der Begriff „eindeutig“ in der deutschen Sprachfassung auf die Festlegung unmissverständlicher und klar abgrenzbarer Verarbeitungszwecke abzielt, fokussieren sich die englische und französische Sprachfassung mit den Begriffen „explicit“ bzw. „explicites“ auf die Art und Weise der Darstellung der Zwecke. Diese wird aber in der DSGVO umfassend durch den Grundsatz der Transparenz geregelt. Das Erfordernis der Festlegung bestimmter Zwecke folgt ausdrücklich aus EG 39 S. 6 DSGVO sowie unmittelbar aus Art. 5 Abs. 1 lit. b Hs. 1 DSGVO, wenn man die englische Sprachfassung heranzieht („specified“). Zudem gebietet die Zweckbindung bereits selbst aufgrund ihrer Begrenzungsfunktion die Festlegung hinreichend bestimmter Zwecke. Darüber hinaus muss die betroffene Person auf Grundlage der Zwecke die Tragweite der Datenverarbeitung erkennen können. Der Detaillierungsgrad kann schließlich im Einzelfall auch durch den Kontext der Datenverarbeitung beeinflusst werden.

4. Modalitäten der Zweckfestlegung

Nachdem in den vorangegangenen Abschnitten wesentliche inhaltliche Aspekte der Zweckfestlegung behandelt wurden, wendet sich dieser Abschnitt

---

750 So auch DSK, Verzeichnis von Verarbeitungstätigkeiten, 2018, S. 5; MHdB ArbR/*Wybitul*, 6. Aufl. 2024, § 96 Rn. 62; *Gola/Jaspers*, RDV 2018, 145 (146).

751 So auch DSK, Verzeichnis von Verarbeitungstätigkeiten, 2018, S. 5; *König*, Beschäftigtendatenschutz in der Beratungspraxis, 2020, § 3 Rn. 24; *Gola/Jaspers*, RDV 2018, 145 (146).

752 So auch *König*, Beschäftigtendatenschutz in der Beratungspraxis, 2020, § 3 Rn. 24.

nun den Modalitäten im Hinblick auf Zeitpunkt und Form der Zweckfestlegung zu. In diesem Zusammenhang werden auch die Informations- und Dokumentationspflichten aus der DSGVO in den Blick genommen.

a) Zeitpunkt

Die Verarbeitungszwecke sind spätestens mit der Erhebung der personenbezogenen Daten festzulegen.[753] Hierfür spricht zunächst der Wortlaut des Art. 5 Abs. 1 lit. b Hs. 1 DSGVO, wonach personenbezogene Daten für „festgelegte […] Zwecke erhoben werden [müssen]".[754] Die Vergangenheitsform (Partizip Perfekt) des Wortes „festgelegt" zeigt, dass die Zwecke zeitlich vor der Datenerhebung bestimmt sein müssen.[755] Diese Auslegung wird durch die Systematik gestützt, da die Zwecke der Datenverarbeitung gemäß Art. 13 Abs. 1 lit. c DSGVO „der betroffenen Person zum Zeitpunkt der Erhebung dieser [seiner personenbezogenen] Daten" mitzuteilen sind.[756] Zwecke, die zum Zeitpunkt der Erhebung noch nicht festgelegt sind, können auch nicht mitgeteilt werden.

Weiterhin stellt sich die Frage, was unter der Datenerhebung i. S. d. Art. 4 Nr. 2 DSGVO zu verstehen ist bzw. was diesen Vorgang kennzeichnet. Mit der Erhebung personenbezogener Daten wird der Vorgang bezeichnet, durch den die Daten erstmals in den Verfügungsbereich des Verantwortlichen gelangen.[757] Auf die tatsächliche Kenntnisnahme des Verantwortlichen kommt es dabei nicht an. Vielmehr genügt die Möglichkeit der Kenntnisnahme sowie des Zugriffs auf die personenbezogenen Daten.[758] Entscheidend ist aber, dass die Datenerhebung aktiv und willentlich durch den Verantwortlichen

---

753 EuGH, Urt. v. 20.10.2022 – C-77/21, GRUR-RS 2022, 28068 Rn. 27; VG Bremen, Urt. v. 23.04.2025 – 4 K 2873/23, GRUR-RS 2025, 8910 Rn. 35; Art. 29-Datenschutzgruppe, WP 203, 02.04.2013, S. 15; Ehmann/Selmayr/*Heberlein*, 3. Aufl. 2024, Art. 5 DSGVO Rn. 20; Kühling/Buchner/*Herbst*, 4. Aufl. 2024, Art. 5 DSGVO Rn. 31; SJTK/*Jaspers/Schwartmann/Hermann*, 3. Aufl. 2024, Art. 5 DSGVO Rn. 44; Gola/Heckmann/*Pötters*, 3. Aufl. 2022, Art. 5 DSGVO Rn. 17; NK-DatenschutzR/*Roßnagel*, 2. Aufl. 2025, Art. 5 DSGVO Rn. 74; BeckOK DatenschutzR/*Schantz*, 51. Ed. Stand 01.11.2021, Art. 5 DSGVO Rn. 14; Taeger/Gabel/*Voigt*, 4. Aufl. 2022, Art. 5 DSGVO Rn. 23; *Wedde*, Beschäftigtendatenschutz, 2022, Art. 5 DSGVO Rn. 31; *Spies*, ZD 2022, 75 (76).

754 Kühling/Buchner/*Herbst*, 4. Aufl. 2024, Art. 5 DSGVO Rn. 31.

755 *Spies*, ZD 2022, 75 (76).

756 SJTK/*Jaspers/Schwartmann/Hermann*, 3. Aufl. 2024, Art. 5 DSGVO Rn. 44; s. auch EG 39 S. 6 DSGVO.

757 Kühling/Buchner/*Herbst*, 4. Aufl. 2024, Art. 4 Nr. 2 DSGVO Rn. 21; NK-DatenschutzR/*Roßnagel*, 2. Aufl. 2025, Art. 4 Nr. 2 DSGVO Rn. 15.

758 Taeger/Gabel/*Arning/Rothkegel*, 4. Aufl. 2022, Art. 4 DSGVO Rn. 71; Auernhammer/*Eßer*, 8. Aufl. 2023, Art. 4 DSGVO Rn. 40; Kühling/Buchner/*Herbst*, 4. Aufl. 2024, Art. 4 Nr. 2 DSGVO Rn. 21.

erfolgt. Sofern die Daten dem Verantwortlichen „aufgedrängt" werden und er diese nicht weiterverwendet, liegt keine Datenerhebung vor.[759] Neben der Datenerhebung nennt Art. 4 Nr. 2 DSGVO auch den Vorgang des Erfassens. Eine trennscharfe Abgrenzung der beiden Begriffe ist aufgrund ihrer inhaltlichen Nähe schwierig. Nach der Literatur erfasst das Erheben die gezielte Beschaffung von personenbezogenen Daten, während das Erfassen die kontinuierliche Aufzeichnung personenbezogener Daten meint.[760] Es besteht anders als noch unter § 4 Abs. 2 BDSG a. F. kein Vorrang der Datenerhebung bei der betroffenen Person. Nach Art. 13 und Art. 14 DSGVO, die gleichrangig nebeneinanderstehen, müssen die Daten nicht zwingend bei der betroffenen Person, sondern können auch bei einem Dritten erhoben werden.[761]

Sind die personenbezogenen Daten nicht i. S. d. Art. 4 Nr. 2 DSGVO erhoben worden, müssen die Verarbeitungszwecke spätestens mit dem ersten, sonstigen Verarbeitungsvorgang festgelegt sein. Dies wäre etwa bei einer Verwendung oder Speicherung der personenbezogenen Daten der Fall, wenn der Verantwortliche die Daten zuvor nicht erhoben hat, weil er sie ohne sein Zutun oder Willen erlangt hat.[762] Ein Beispiel hierfür wäre die Initiativbewerbung eines Bewerbers, sodass der Arbeitgeber die personenbezogenen Daten des Bewerbers ohne seinen Willen erhält. Sofern der Arbeitgeber die Bewerbungsunterlagen zur Beurteilung der Qualifizierung des Bewerbers sichtet, ist der Zweck der Verarbeitung, also die Durchführung eines Bewerbungsverfahrens,[763] festzulegen und dem Bewerber als betroffene Person mitzuteilen.

b) Form

Der Grundsatz der Zweckbindung trifft in Art. 5 Abs. 1 lit. b DSGVO selbst keine Aussage darüber, in welcher Form die Zwecke festgelegt werden müssen. Demnach ist der Verantwortliche grundsätzlich an keine bestimmte Form gebunden.[764] Allerdings muss der Verantwortliche die allgemeinen Anforderungen an die Dokumentation bezüglich des Nachweises der Ein-

---

759 Taeger/Gabel/*Arning/Rothkegel*, 4. Aufl. 2022, Art. 4 DSGVO Rn. 72; Sydow/Marsch/*Reimer*, 3. Aufl. 2022, Art. 4 DSGVO Rn. 55.

760 Auernhammer/*Eßer*, 8. Aufl. 2023, Art. 4 DSGVO Rn. 41; Kühling/Buchner/*Herbst*, 4. Aufl. 2024, Art. 4 Nr. 2 DSGVO Rn. 22.

761 Kühling/Buchner/*Herbst*, 4. Aufl. 2024, Art. 4 Nr. 2 DSGVO Rn. 21.

762 Gola/Heckmann/*Pötters*, 3. Aufl. 2022, Art. 5 DSGVO Rn. 17; NK-DatenschutzR/*Roßnagel*, 2. Aufl. 2025, Art. 5 DSGVO Rn. 74.

763 S. Gliederungspunkt D.II.3.b)dd)(2).

764 Kühling/Buchner/*Herbst*, 4. Aufl. 2024, Art. 5 DSGVO Rn. 32; SJTK/*Jaspers/Schwartmann/Hermann*, 3. Aufl. 2024, Art. 5 DSGVO Rn. 45; Auernhammer/*Kramer*, 8. Aufl. 2023, Art. 5 DSGVO Rn. 28; Sydow/Marsch/*Reimer*, 3. Aufl. 2022, Art. 5 DSGVO Rn. 21; NK-DatenschutzR/*Roßnagel*, 2. Aufl. 2025, Art. 5 DSGVO Rn. 75;

haltung der datenschutzrechtlichen Vorgaben erfüllen. Diese folgen aus der Rechenschaftspflicht nach Art. 5 Abs. 2 DSGVO.[765]

aa) Rechenschaftspflicht

Aus Art. 5 Abs. 2 DSGVO folgt die Pflicht des Nachweises der Einhaltung der in Art. 5 Abs. 1 DSGVO genannten Grundsätze, wozu auch die Zweckbindung zählt. Der Verantwortliche ist konkret dazu verpflichtet, die Festlegung der Zwecke derart zu dokumentieren, dass er sie im Falle einer Überprüfung durch die Aufsichtsbehörde nachweisen kann.[766] Eine lediglich „mentale" oder „gedankliche" Festlegung der Zwecke erfüllt die Dokumentationspflicht daher nicht,[767] sodass in aller Regel eine schriftliche bzw. textliche Fixierung geboten ist.[768] Zulässig ist aber auch jede andere dauerhafte Form, die die Nachweisfunktion erfüllt.[769]

bb) Informationspflichten, Art. 13 und Art. 14 DSGVO

Bei der Frage der Dokumentation der festgelegten Zwecke ist zu berücksichtigen, dass der Verantwortliche die betroffene Person nach Art. 13 Abs. 1 lit. c und Art. 14 Abs. 1 lit. c DSGVO über die Zwecke, für die die personenbezogenen Daten verarbeitet werden sollen, informieren muss. Die Mitteilung der Verarbeitungszwecke ist somit grundsätzlich auch dazu geeignet

---

BeckOK DatenschutzR/*Schantz*, 51. Ed. Stand 01.11.2021, Art. 5 DSGVO Rn. 14; Taeger/Gabel/*Voigt*, 4. Aufl. 2022, Art. 5 DSGVO Rn. 23; *Spies*, ZD 2022, 75 (76).

765 Kühling/Buchner/*Herbst*, 4. Aufl. 2024, Art. 5 DSGVO Rn. 32; SJTK/*Jaspers/Schwartmann/Hermann*, 3. Aufl. 2024, Art. 5 DSGVO Rn. 45; Auernhammer/*Kramer*, 8. Aufl. 2023, Art. 5 DSGVO Rn. 28; Specht/Mantz/*Mantz/Marosi*, Handbuch Europäisches und deutsches Datenschutzrecht, 2019, § 3 Rn. 85; BeckOK DatenschutzR/*Schantz*, 51. Ed. Stand 01.11.2021, Art. 5 DSGVO Rn. 14; *Spies*, ZD 2022, 75 (76); *Ziegenhorn/Schulz-Große*, ZD 2023, 581 (583).

766 S. Gliederungspunkt C.III.8.

767 Kühling/Buchner/*Herbst*, 4. Aufl. 2024, Art. 5 DSGVO Rn. 32; Specht/Mantz/*Mantz/Marosi*, Handbuch Europäisches und deutsches Datenschutzrecht, 2019, § 3 Rn. 85.

768 Art. 29-Datenschutzgruppe, WP 203, 02.04.2013, S. 18; Franzen/Gallner/Oetker/*Franzen*, 5. Aufl. 2024, Art. 5 DSGVO Rn. 5; Kühling/Buchner/*Herbst*, 4. Aufl. 2024, Art. 5 DSGVO Rn. 32; SJTK/*Jaspers/Schwartmann/Hermann*, 3. Aufl. 2024, Art. 5 DSGVO Rn. 45; Sydow/Marsch/*Reimer*, 3. Aufl. 2022, Art. 5 DSGVO Rn. 21; NK-DatenschutzR/*Roßnagel*, 2. Aufl. 2025, Art. 5 DSGVO Rn. 75; BeckOK DatenschutzR/*Schantz*, 51. Ed. Stand 01.11.2021, Art. 5 DSGVO Rn. 14; Taeger/Gabel/*Voigt*, 4. Aufl. 2022, Art. 5 DSGVO Rn. 23; *Ziegenhorn/Schulz-Große*, ZD 2023, 581 (583).

769 Auernhammer/*Kramer*, 8. Aufl. 2023, Art. 5 DSGVO Rn. 28a; Kühling/Buchner/*Herbst*, 4. Aufl. 2024, Art. 5 DSGVO Rn. 32; SJTK/*Jaspers/Schwartmann/Hermann*, 3. Aufl. 2024, Art. 5 DSGVO Rn. 45; BeckOK DatenschutzR/*Schantz*, 51. Ed. Stand 01.11.2021, Art. 5 DSGVO Rn. 14.

sein, die Einhaltung der Zweckfestlegung nachzuweisen.[770] Bei einer Mitteilung nach Art. 14 Abs. 1 lit. c DSGVO ist jedoch zu beachten, dass die Mitteilung nach Art. 14 Abs. 3 DSGVO auch nach Beginn der Datenverarbeitung erfolgen kann, sodass die Zweckfestlegung verspätet wäre.[771] Das ist bei einer Mitteilung nach Art. 13 Abs. 1 lit. c DSGVO nicht der Fall, da die Mitteilung danach spätestens zum Zeitpunkt der Datenerhebung erfolgen muss.[772] Unabhängig davon bedarf die Erfüllung der Informationspflicht selbst einer entsprechenden Dokumentation.[773]

Die Form der Informationspflichten nach Art. 13 und Art. 14 DSGVO richtet sich nach Art. 12 DSGVO. Diese Vorschrift ist „vor die Klammer" gezogen und regelt allgemeine Anforderungen an die Erfüllung der Informationspflichten sowie der Betroffenenrechte.[774] Nach Art. 12 Abs. 1 S. 2 DSGVO sind die Informationen „schriftlich oder in anderer Form, gegebenenfalls auch elektronisch" zu übermitteln. Dem Verantwortlichen steht es demnach frei, in welcher konkreten Form er die Informationspflicht erfüllt.[775] Eine mündliche Mitteilung der Informationen kommt hingegen nur im Ausnahmefall in Betracht, da eine solche nach Art. 12 Abs. 1 S. 3 DSGVO nur dann möglich ist, wenn die betroffene Person dies verlangt und ihre Identität auf andere Weise nachgewiesen wurde.[776]

cc) Verzeichnis der Verarbeitungstätigkeiten, Art. 30 DSGVO

Darüber hinaus kann die Festlegung der Zwecke auch durch das Verzeichnis der Verarbeitungstätigkeiten nach Art. 30 Abs. 1 DSGVO nachgewiesen werden.[777] Diese Vorschrift verpflichtet Verantwortliche und gegebenenfalls ihre Vertreter dazu, bestimmte Informationen zu Datenverarbeitungen in

770 Kühling/Buchner/*Herbst*, 4. Aufl. 2024, Art. 5 DSGVO Rn. 33; Auernhammer/*Kramer*, 8. Aufl. 2023, Art. 5 DSGVO Rn. 28; BeckOK DatenschutzR/*Schantz*, 51. Ed. Stand 01.11.2021, Art. 5 DSGVO Rn. 14; DWWS/*Weichert*, 3. Aufl. 2024, Art. 5 DSGVO Rn. 35.

771 Kühling/Buchner/*Herbst*, 4. Aufl. 2024, Art. 5 DSGVO Rn. 33.

772 S. Gliederungspunkt D.II.4.a).

773 Taeger/Gabel/*Voigt*, 4. Aufl. 2022, Art. 5 DSGVO Rn. 42.

774 Taeger/Gabel/*Pohle/Spittka*, 4. Aufl. 2022, Art. 12 DSGVO Rn. 1.

775 Kühling/Buchner/*Bäcker*, 4. Aufl. 2024, Art. 12 DSGVO Rn. 16; Auernhammer/*Eßer*, 8. Aufl. 2023, Art. 12 DSGVO Rn. 13; SJTK/*Schwartmann/Schneider*, 3. Aufl. 2024, Art. 12 DSGVO Rn. 35.

776 Kühling/Buchner/*Bäcker*, 4. Aufl. 2024, Art. 12 DSGVO Rn. 16; Taeger/Gabel/*Pohle/Spittka*, 4. Aufl. 2022, Art. 12 DSGVO Rn. 16.

777 Kühling/Buchner/*Herbst*, 4. Aufl. 2024, Art. 5 DSGVO Rn. 34; Auernhammer/*Kramer*, 8. Aufl. 2023, Art. 5 DSGVO Rn. 28; NK-DatenschutzR/*Roßnagel*, 2. Aufl. 2025, Art. 5 DSGVO Rn. 75; BeckOK DatenschutzR/*Schantz*, 51. Ed. Stand 01.11.2021, Art. 5 DSGVO Rn. 14; *Spies*, ZD 2022, 75 (76); *Ziegenhorn/Schulz-Große*, ZD 2023, 581 (583).

einem Verzeichnis zu dokumentieren. Dazu gehören nach Art. 30 Abs. 1 lit. b DSGVO auch die Zwecke der Verarbeitung. Als Ausprägung der Rechenschaftspflicht[778] dient das Verzeichnis ausweislich des EG 82 S. 1 DSGVO zum Nachweis der Einhaltung der Vorgaben der DSGVO. Der Verantwortliche muss nach EG 82 S. 2 DSGVO in der Lage sein, auf Anfrage der zuständigen Aufsichtsbehörde „das entsprechende Verzeichnis vorzulegen, damit die betreffenden Verarbeitungsvorgänge anhand dieser Verzeichnisse kontrolliert werden können." Das Verzeichnis ist nach Art. 30 Abs. 3 DSGVO „schriftlich zu führen, was auch in einem elektronischen Format erfolgen kann." Das elektronische Format, auf das die DSGVO Bezug nimmt, meint kein elektronisches Dokument i. S. d. § 126a BGB, das mit einer qualifizierten Signatur versehen ist.[779] Vielmehr genügt eine einfache elektronische Form.[780]

Die Pflicht zur Führung eines Verarbeitungsverzeichnisses gilt nach Art. 30 Abs. 5 DSGVO aber nicht für Unternehmen oder Einrichtungen, die weniger als 250 Mitarbeiter beschäftigen. Abs. 5 enthält eine Reihe von Gegenausnahmen, sodass auch Unternehmen unterhalb der genannten Schwelle zur Führung eines Verarbeitungsverzeichnisses verpflichtet sein können. Das ist etwa der Fall, wenn die Verarbeitung besondere Risiken für die betroffenen Personen birgt, Daten öfter als nur gelegentlich verarbeitet werden oder wenn sensible personenbezogene Daten nach Art. 9 oder 10 DSGVO Gegenstand der Datenverarbeitung sind.[781] Angesichts der im Ergebnis recht umfassenden Gegenausnahmen wird in der Literatur teilweise kritisiert, dass „für die Ausnahme des Art. 30 Abs. 5 […] kaum ein nennenswerter Anwendungsbereich verbleiben dürfte."[782]

c) Zwischenfazit

Die Zwecke der Datenverarbeitung müssen grundsätzlich spätestens zum Zeitpunkt der Erhebung der personenbezogenen Daten festgelegt sein. Die Erhebung personenbezogener Daten i. S. d. Art. 4 Nr. 2 DSGVO bezeichnet den Vorgang, durch den die Daten mit Willen des Verantwortlichen erstmals in seinen Verfügungsbereich gelangen, wobei es auf die tatsächliche Kenntnisnahme nicht ankommt. Sind die personenbezogenen Daten aber nicht erhoben worden, weil die Daten dem Verantwortlichen „aufgedrängt" wurden, müssen die Zwecke spätestens mit dem ersten, sonstigen Verarbeitungsvor-

778 Kühling/Buchner/*Hartung*, 4. Aufl. 2024, Art. 30 DSGVO Rn. 1, 12; Plath/*Plath*, 4. Aufl. 2023, Art. 30 DSGVO Rn. 1.
779 Kühling/Buchner/*Hartung*, 4. Aufl. 2024, Art. 30 DSGVO Rn. 32.
780 Kühling/Buchner/*Hartung*, 4. Aufl. 2024, Art. 30 DSGVO Rn. 32.
781 S. hierzu Kühling/Buchner/*Hartung*, 4. Aufl. 2024, Art. 30 DSGVO Rn. 34 ff.
782 Kühling/Buchner/*Hartung*, 4. Aufl. 2024, Art. 30 DSGVO Rn. 39.

gang festgelegt sein. Der Verantwortliche ist bei der Zweckfestlegung an keine bestimmte Form gebunden. Vielmehr gelten die allgemeinen Vorgaben der Rechenschaftspflicht, wonach die Festlegung der Zwecke derart zu dokumentieren ist, dass der Verantwortliche sie im Falle einer Überprüfung durch die Aufsichtsbehörde nachweisen kann. Der Nachweis kann insbesondere durch das Erfüllen der Informationspflichten nach Art. 13 und Art. 14 DSGVO oder durch das Führen eines Verarbeitungsverzeichnisses nach Art. 30 DSGVO geführt werden.

III. Zweckbindung

Nachdem die Zweckfestlegung umfassend beleuchtet wurde, wendet sich dieser Abschnitt der Zweckbindung im engeren Sinne zu. Hier geht es einerseits um die Frage, welche Akteure an die festgelegten Zwecke gebunden sind und andererseits, wie lange sie an die Zwecke gebunden sind.

1. In personaler Hinsicht

Die Frage, wer an die festgelegten Zwecke gebunden ist, wird in der Literatur häufig nur unzureichend behandelt. Die Feststellung, dass nur der Verantwortliche, der die Zwecke selbst festgelegt hat, auch an sie gebunden ist, greift zu kurz. Denkbar ist auch eine Bindung anderer Akteure in der DSGVO, wie etwa der Auftragsverarbeiter, Empfänger oder Dritte.

a) Verantwortlicher

Zunächst einmal ist der Verantwortliche, der die Zwecke festgelegt hat, an diese gebunden. Das folgt nicht nur aus der Legaldefinition zum Begriff des Verantwortlichen nach Art. 4 Nr. 7 DSGVO, da er über die Zwecke und Mittel der Datenverarbeitung entscheidet, sondern auch aus der Systematik des Art. 5 DSGVO. Die Datenschutzgrundsätze richten sich nach Art. 5 Abs. 2 DSGVO an Verantwortliche.[783] Dabei spielt es keine Rolle, ob ein Verantwortlicher allein tätig ist oder, ob eine gemeinsame Verantwortlichkeit i. S. d. Art. 26 DSGVO vorliegt.[784] Im Beschäftigungskontext ist der Arbeitgeber als Verantwortlicher an die von ihm festgelegten Zwecke gebunden. Im Übrigen kann auf die oben gemachten Ausführungen zu den Adressaten der Datenschutzgrundsätze verwiesen werden.[785]

783 S. Gliederungspunkt C.II.3.a).
784 S. Gliederungspunkt C.II.3.a)aa).
785 S. Gliederungspunkt C.II.3.a).

b) Auftragsverarbeiter

Im Gegensatz zum Verantwortlichen ist der Auftragsverarbeiter, der nach Art. 4 Nr. 8 DSGVO personenbezogene Daten im Auftrag des Verantwortlichen verarbeitet, weder vom Wortlaut noch von der Systematik des Art. 5 DSGVO erfasst. Demnach trifft ihn keine unmittelbare Verpflichtung zur Einhaltung der Datenschutzgrundsätze,[786] sodass er auch nicht an die vom Verantwortlichen festgelegten Zwecke gebunden ist. Allerdings setzt der Auftragsverarbeiter als „verlängerter Arm" des Verantwortlichen die Datenschutzgrundsätze faktisch um, weshalb ihm eine wichtige Rolle bei der Einhaltung der Zweckbindung zukommt, auch wenn er nicht unmittelbar an die vom Verantwortlichen festgelegten Zwecke gebunden ist. Hierzu kann auf die Ausführungen zu den Adressaten der Datenschutzgrundsätze verwiesen werden.[787]

c) Empfänger und Dritte

Weiterhin stellt sich die Frage, ob auch andere Akteure, wie etwa der Empfänger oder Dritte an die vom Verantwortlichen festgelegten Zwecke einer Datenverarbeitung gebunden sind, wenn ihnen personenbezogene Daten übermittelt werden oder sie auf andere Weise an die Daten gelangen.

aa) Allgemeines

Sowohl der Empfänger als auch der Dritte sind in der DSGVO legaldefiniert. Empfänger ist nach Art. 4 Nr. 9 DSGVO jede „natürliche oder juristische Person, Behörde, Einrichtung oder andere Stelle, der personenbezogene Daten offengelegt werden, unabhängig davon, ob es sich bei ihr um einen Dritten handelt oder nicht." Danach ist der Adressatenkreis sehr weit gefasst. Die Adressaten müssen jedoch ein gewisses Maß an Eigenständigkeit aufweisen, weshalb Personen oder Stellen innerhalb einer Organisation keine Empfänger sind.[788] Folglich können Auftragsarbeiter oder andere Verantwortliche Empfänger sein.[789] Ob es sich bei dem Empfänger um einen Dritten handelt, spielt nach der Definition keine Rolle.[790] Maßgebliches Kriterium ist, dass die personenbezogenen Daten dem Empfänger offengelegt werden. Dies ist bereits dann der Fall, wenn die personenbezogenen Daten

786 S. Gliederungspunkt C.II.3.b).

787 S. Gliederungspunkt C.II.3.b).

788 Taeger/Gabel/*Arning/Rothkegel*, 4. Aufl. 2022, Art. 4 DSGVO Rn. 272; Sydow/Marsch/*Regenhardt*, 3. Aufl. 2022, Art. 4 DSGVO Rn. 156.

789 *Peisker*, Der datenschutzrechtliche Auskunftsanspruch, 2023, S. 322; Sydow/Marsch/*Regenhardt*, 3. Aufl. 2022, Art. 4 DSGVO Rn. 155.

790 Sydow/Marsch/*Regenhardt*, 3. Aufl. 2022, Art. 4 DSGVO Rn. 154.

dem Adressaten bewusst zugänglich gemacht werden, sodass die Möglichkeit der Kenntnisnahme besteht.[791]

Dritter ist gemäß Art. 4 Nr. 10 DSGVO jede „natürliche oder juristische Person, Behörde, Einrichtung oder andere Stelle, außer der betroffenen Person, dem Verantwortlichen, dem Auftragsverarbeiter und den Personen, die unter der unmittelbaren Verantwortung des Verantwortlichen oder des Auftragsverarbeiters befugt sind, die personenbezogenen Daten zu verarbeiten". Nach dieser Definition handelt es sich bei Dritten um „Außenstehende", die nicht an der Datenverarbeitung beteiligt sind.[792] Dazu gehören andere Verantwortliche wie etwa weitere Unternehmen eines Konzerns, da sie aus datenschutzrechtlicher Sicht rechtlich selbstständig sind.[793]

Ausgehend davon schließen sich die Begriffe „Empfänger" und „Dritter" nicht gegenseitig aus. Sofern einem Dritten i. S. d. Art. 4 Nr. 10 DSGVO personenbezogene Daten offengelegt werden, ist dieser zugleich auch Empfänger i. S. d. Art. 4 Nr. 9 DSGVO.

bb) Reichweite der Zweckbindung

Ob Empfänger und Dritte an die vom Verantwortlichen festgelegten Zwecke gebunden sind, ergibt sich nicht eindeutig aus der DSGVO. In der Literatur wird teilweise vertreten, dass neben dem Verantwortlichen auch „andere Verantwortliche"[794] oder „Folgenutzer"[795] bei einer Weiterverarbeitung an die ursprünglich festgelegten Zwecke gebunden seien. Dies könne insbesondere dadurch umgesetzt werden, dass „der ursprüngliche Verantwortliche den anderen Verantwortlichen über die festgelegten Zwecke informiert".[796] Der Generalanwalt *Pikamäe* ging in der Rs. C-26/22, C-64/22 noch weiter und nahm – ohne nähere Begründung – eine Zweckänderung und damit eine Bindung an die ursprünglichen Zwecke in einem Fall an, in dem ein Verantwortlicher personenbezogene Daten aus öffentlich zugänglichen Registern verwendete.[797] Es stellt sich die grundsätzliche Frage nach der Reichweite der Zweckbindung. Wirken die Zwecke über den Verantwortlichen, der sie festgelegt hat, hinaus und binden sie auch Empfänger bzw. Dritte?

---

791 Kühling/Buchner/*Hartung*, 4. Aufl. 2024, Art. 4 Nr. 9 DSGVO Rn. 6; NK-DatenschutzR/*Petri*, 2. Aufl. 2025, Art. 4 Nr. 9 DSGVO Rn. 4.

792 Taeger/Gabel/*Arning/Rothkegel*, 4. Aufl. 2022, Art. 4 DSGVO Rn. 277.

793 Kühling/Buchner/*Hartung*, 4. Aufl. 2024, Art. 4 Nr. 10 DSGVO Rn. 6.

794 Kühling/Buchner/*Herbst*, 4. Aufl. 2024, Art. 5 DSGVO Rn. 23.

795 Paal/Pauly/*Frenzel*, 3. Aufl. 2021, Art. 5 DSGVO Rn. 29.

796 Kühling/Buchner/*Herbst*, 4. Aufl. 2024, Art. 5 DSGVO Rn. 23.

797 GA *Pikamäe*, Schlussantr. v. 16.03.2023 – C-26/22, C-64/22, BeckRS 2023, 4638 Rn. 79 ff.

Nach der hier vertretenen Auffassung ist diese Frage zu verneinen, da die einzelnen Verarbeitungsvorgänge streng voneinander zu trennen sind.[798] Zunächst muss die Weitergabe personenbezogener Daten durch den Verantwortlichen an einen anderen, neuen Verantwortlichen[799] von den ursprünglich festgelegten Zwecken umfasst und durch einen Erlaubnistatbestand gerechtfertigt sein.[800] Der Empfang der personenbezogenen Daten durch den neuen Verantwortlichen stellt für diesen eine Datenerhebung dar.[801] Das Gleiche gilt auch für einen Dritten, der die Daten nicht vom ursprünglichen Verantwortlichen empfängt, sondern diese aus einem öffentlichen Register entnimmt. Wie bereits an anderer Stelle ausgeführt, zeichnet sich der Vorgang der Erhebung personenbezogener Daten dadurch aus, dass die Daten erstmals in den Verfügungsbereich des Verantwortlichen gelangen.[802] Somit liegt schon begrifflich keine Weiterverarbeitung durch den neuen Verantwortlichen vor.[803] Die Erhebung personenbezogener Daten setzt eine neue Datenverarbeitung in Gang, für die der neue Verantwortliche eigene Zwecke festzulegen hat und die durch eine eigene Rechtsgrundlage gerechtfertigt sein muss.[804] Nach dem Wortlaut und der Systematik des Art. 5 Abs. 1 lit. b Hs. 1, Abs. 2 DSGVO ist dieser nur an die Zwecke gebunden, die er selbst festgelegt hat.[805] Ungeachtet dessen haben Empfänger und Dritte in aller Regel keine Kenntnis von den ursprünglich festgelegten Verarbeitungszwecken. Gegen eine Mitteilung über die ursprünglich festgelegten Zwecke an den Empfänger spricht Art. 19 DSGVO, der gerade keine Plicht zur Mitteilung der Zwecke durch den Verantwortlichen an den Empfänger vorsieht.[806]

---

798 S. hierzu *Musiol*, Hinweisgeberschutz und Datenschutz, 2023, S. 96 ff. am Beispiel des Ablaufs eines internen Meldeverfahrens nach dem HinSchG. Auch wenn ein einheitlicher Vorgang vorliegt, ist datenschutzrechtlich zwischen der Erstattung der Meldung durch den Hinweisgeber und der Entgegennahme der Meldung durch die Meldestelle zu unterscheiden.

799 Der neue Verantwortliche ist in Bezug auf die ursprüngliche Datenverarbeitung Dritter i. S. d. Art. 4 Nr. 10 DSGVO und bei erfolgter Übermittlung zugleich auch Empfänger i. S. d. Art. 4 Nr. 9 DSGVO.

800 BeckOK DatenschutzR/*Schild*, 51. Ed. Stand 01.02.2025, Art. 4 DSGVO Rn. 103 weist zudem auf die Erforderlichkeit der Weitergabe hin.

801 *Thüsing/Peisker/Musiol*, RDV 2023, 82 (89).

802 S. Gliederungspunkt D.II.4.a).

803 S. zum Begriff der Weiterverarbeitung Gliederungspunkt E. I. 1.

804 *Thüsing/Peisker/Musiol*, RDV 2023, 82 (89); in diese Richtung auch BeckOK DatenschutzR/*Wolff/v. Ungern-Sternberg*, 51. Ed. Stand 01.11.2024, Syst. A. Rn. 40, die die Zweckfestlegung an die Datenerhebung anknüpfen.

805 *Thüsing/Peisker/Musiol*, RDV 2023, 82 (89).

806 A. A. Paal/Pauly/*Frenzel*, 3. Aufl. 2021, Art. 5 DSGVO Rn. 29, der in Art. 19 DSGVO ein Argument dafür sieht, dass auch „Folgenutzer“ an die ursprünglichen festgelegten Zwecke gebunden seien.

Der EuGH äußerte sich bislang noch nicht ausdrücklich zu der Frage, ob auch Empfänger und Dritte an die vom Verantwortlichen festgelegten Zwecke gebunden sind. Anzumerken ist aber, dass der Gerichtshof in der Rs. C-26/22, C-64/22 die Zweckänderung in seiner Entscheidung mit keinem Wort erwähnte, obwohl der Generalanwalt zuvor in seinen Schlussanträgen eine Verletzung des Zweckbindungsgrundsatzes annahm.[807]

d) Zwischenfazit

Allein der Verantwortliche, der die Zwecke der Datenverarbeitung festlegt, ist an diese gebunden. Andere Akteure aus der DSGVO, wie etwa der Auftragsverarbeiter, Empfänger oder Dritte sind nicht an die vom Verantwortlichen festgelegten Zwecke gebunden. Der Auftragsverarbeiter setzt die Zweckbindung lediglich im Auftrag des Verantwortlichen faktisch um. Auch Empfänger und Dritte sind nicht an die ursprünglich festgelegten Zwecke gebunden, da die Verarbeitungsvorgänge streng voneinander zu trennen sind. Indem sie die personenbezogenen Daten empfangen oder verwenden, erheben sie die Daten, was eine neue Datenverarbeitung in Gang setzt. Hierfür müssen eigene Verarbeitungszwecke festgelegt werden, die jeweils durch eine Rechtsgrundlage gerechtfertigt sein müssen. Nur an diese Zwecke sind Empfänger und Dritte, die nun selbst die Rolle des Verantwortlichen einnehmen, gebunden.

2. In zeitlicher Hinsicht

In zeitlicher Hinsicht stellt sich die Frage, wie lange der Verantwortliche an die von ihm festgelegten Zwecke gebunden ist und welche Pflichten ihn treffen, wenn die Zweckbindung entfällt.

a) Erfüllung oder Wegfall der Zwecke

Die zeitliche Grenze der Verarbeitung personenbezogener Daten wird durch den Grundsatz der Speicherbegrenzung nach Art. 5 Abs. 1 lit. e DSGVO markiert.[808] Dieser konkretisiert die Zweckbindung[809] und gibt vor, dass personenbezogene Daten nur so lange gespeichert werden dürfen, wie es für die Zwecke der Datenverarbeitung erforderlich ist.[810] Zudem folgt aus dem Grundsatz der Datenminimierung nach Art. 5 Abs. 1 lit. c DSGVO, der eben-

807 EuGH, Urt. v. 07.12.2023 – C-26/22, C-64/22, GRUR-RS 2023, 34945.
808 Kühling/Buchner/*Herbst*, 4. Aufl. 2024, Art. 5 DSGVO Rn. 64.
809 S. Gliederungspunkt C.III.6.
810 Ehmann/Selmayr/*Heberlein*, 3. Aufl. 2024, Art. 5 DSGVO Rn. 34.

falls die Zweckbindung konkretisiert,[811] dass die Verarbeitung personenbezogener Daten auf das für die Zwecke notwendige Maß zu beschränken ist. Sind die Zwecke der Datenverarbeitung erfüllt, ist grundsätzlich jede weitere Verarbeitung nicht erforderlich und damit unzulässig.[812] Somit ist der Verantwortliche in zeitlicher Hinsicht so lange an die von ihm festgelegten Zwecke gebunden, bis diese erfüllt sind.[813] Darüber hinaus ist der Verantwortliche auch dann nicht mehr an die festgelegten Zwecke gebunden, wenn die Zwecke auf sonstige Weise wegfallen, da auch in diesem Fall eine weitere Verarbeitung nicht mehr erforderlich ist.

b) Löschpflichten

Sind die Zwecke der Datenverarbeitung erfüllt oder auf sonstige Weise weggefallen, sind die personenbezogenen Daten für eine weitere Speicherung nicht mehr erforderlich und damit grundsätzlich zu löschen.[814] Aus dem Wortlaut des Grundsatzes der Speicherbegrenzung folgt, dass eine Löschung auch durch Entfernung des Personenbezugs erfolgen kann.[815] In Art. 5 Abs. 1 lit. e DSGVO heißt es nämlich, dass personenbezogene Daten „in einer Form gespeichert werden [müssen], die die Identifizierung der betroffenen Personen nur so lange ermöglicht, wie es für die Zwecke, für die sie verarbeitet werden, erforderlich ist“. Entfällt der Personenbezug ist eine Identifizierung der betroffenen Person nicht mehr möglich.[816]

Dass die personenbezogenen Daten bei Zweckerfüllung zu löschen sind, ergibt sich darüber hinaus aus Art. 17 Abs. 1 lit. a DSGVO.[817] Hiernach kann die betroffene Person die Löschung ihrer personenbezogenen Daten verlangen, wenn die Daten „für die Zwecke, für die sie erhoben oder auf sonstige Weise verarbeitet wurden, nicht mehr notwendig [sind].“ Wann personenbezogene Daten für die Zwecke, für die sie erhoben wurden, nicht mehr notwendig sind, hängt vom Einzelfall ab.[818] Der Anspruch auf Löschung der personenbezogenen Daten besteht jedoch zum einen dann nicht, wenn bei mehreren festgelegten Zwecken zwar einer wegfällt, die Daten aber für ei-

811 S. Gliederungspunkt C.III.4.

812 NK-DatenschutzR/*Roßnagel*, 2. Aufl. 2025, Art. 5 DSGVO Rn. 95.

813 Gola/Heckmann/*Pötters*, 3. Aufl. 2022, Art. 5 DSGVO Rn. 18; NK-DatenschutzR/*Roßnagel*, 2. Aufl. 2025, Art. 5 DSGVO Rn. 95.

814 Kühling/Buchner/*Herbst*, 4. Aufl. 2024, Art. 5 DSGVO Rn. 66; NK-DatenschutzR/*Roßnagel*, 2. Aufl. 2025, Art. 5 DSGVO Rn. 95; Taeger/Gabel/*Voigt*, 4. Aufl. 2022, Art. 5 DSGVO Rn. 33.

815 Kühling/Buchner/*Herbst*, 4. Aufl. 2024, Art. 5 DSGVO Rn. 66.

816 Kühling/Buchner/*Herbst*, 4. Aufl. 2024, Art. 5 DSGVO Rn. 66.

817 Kühling/Buchner/*Herbst*, 4. Aufl. 2024, Art. 17 DSGVO Rn. 17; Taeger/Gabel/*Meents/Hinzpeter*, 4. Aufl. 2022, Art. 17 DSGVO Rn. 33.

818 Ehmann/Selmayr/*Kamann/Braun*, 3. Aufl. 2024, Art. 17 DSGVO Rn. 22.

nen anderen ursprünglich festgelegten Zweck weiterhin erforderlich sind.[819] Zum anderen liegt auch dann kein Löschungsgrund vor, wenn die ursprünglichen Zwecke erfüllt sind, die personenbezogenen Daten aber für einen anderen Zweck rechtmäßig weiterverarbeitet werden.[820] Darüber hinaus sind in Art. 17 Abs. 3 DSGVO eine Reihe von Ausnahmen geregelt. So besteht etwa nach Abs. 3 lit. e der Löschungsanspruch aus Abs. 1 nicht, wenn die Verarbeitung personenbezogener Daten „zur Geltendmachung, Ausübung oder Verteidigung von Rechtsansprüchen" erforderlich ist. Dieser Tatbestand ist weit zu verstehen, sodass nicht nur gerichtliche Verfahren, sondern auch außergerichtliche Auseinandersetzungen eine weitere Aufbewahrung der Daten erlauben.[821] Allerdings genügt die rein abstrakte Möglichkeit einer rechtlichen Auseinandersetzung nicht. Vielmehr muss eine „abwägende Prognose" unter Berücksichtigung des Gewichts der betroffenen Rechtsansprüche und der Belange der betroffenen Person ergeben, dass ein Rechtsstreit wahrscheinlich ist.[822]

c) Zwischenfazit

Die Bindungswirkung der vom Verantwortlichen festgelegten Zwecke entfällt, wenn die Zwecke erfüllt sind oder auf andere Weise wegfallen. In beiden Fällen ist eine weitere Verarbeitung oder Speicherung der personenbezogenen Daten nicht mehr erforderlich. Das folgt aus den Grundsätzen der Datenminimierung und Speicherbegrenzung nach Art. 5 Abs. 1 lit. c und e DSGVO. Der Verantwortliche hat die personenbezogenen Daten nach Zweckerfüllung oder -wegfall grundsätzlich selbstständig zu löschen. Zudem hält Art. 17 Abs. 1 lit. a DSGVO auch ein Betroffenenrecht bereit, mit dem die betroffene Person die Löschung ihrer Daten verlangen kann. Ein Löschungsgrund besteht jedoch nicht, solange die personenbezogenen Daten für irgendeinen ursprünglich festgelegten Zweck weiterhin erforderlich sind oder, wenn sie rechtmäßig zu einem anderen Zweck weiterverarbeitet werden. Darüber hinaus sind auch die Ausnahmetatbestände des Art. 17 Abs. 3 DSGVO zu berücksichtigen.

---

819 Ehmann/Selmayr/*Kamann/Braun*, 3. Aufl. 2024, Art. 17 DSGVO Rn. 23 bezeichnen diesen Fall als „alternative Zweckfortgeltung".

820 Ehmann/Selmayr/*Kamann/Braun*, 3. Aufl. 2024, Art. 17 DSGVO Rn. 23; Taeger/Gabel/*Meents/Hinzpeter*, 4. Aufl. 2022, Art. 17 DSGVO Rn. 33; s. zu den Anforderungen an eine zweckändernde Weiterverarbeitung Gliederungspunkt E.II.

821 Kühling/Buchner/*Herbst*, 4. Aufl. 2024, Art. 17 DSGVO Rn. 83.

822 Kühling/Buchner/*Herbst*, 4. Aufl. 2024, Art. 17 DSGVO Rn. 83; Ehmann/Selmayr/*Kamann/Braun*, 3. Aufl. 2024, Art. 17 DSGVO Rn. 67.

IV. Fazit zu Kapitel D.: Der Zweck der Datenverarbeitung, seine Festlegung und Reichweite

Der Begriff des Zwecks bezieht sich in der DSGVO auf die Verarbeitung personenbezogener Daten, es geht also um den Verarbeitungszweck. Dieser fasst mehrere Verarbeitungsschritte zusammen und beschreibt den Zustand, der mit der Verarbeitung erreicht werden soll. Der Verarbeitungszweck weist Parallelen zum Begriff des Interesses i. S. d. Art. 6 Abs. 1 UAbs. 1 lit. f DSGVO auf. Letzterer reicht aber weiter als der Zweck und umfasst auch wirtschaftliche Interessen.

Die Zweckfestlegung durch den Verantwortlichen nach Art. 5 Abs. 1 lit. b Hs. 1 DSGVO ist von der Zweckfestlegung in Rechtsgrundlagen durch den Gesetzgeber nach Art. 6 Abs. 3 S. 2 DSGVO zu unterscheiden. Der Verantwortliche kann auch mehrere Zwecke festlegen, wobei er diese auch tatsächlich und ernsthaft verfolgen muss. Eine Festlegung von Zwecken auf Vorrat ist ausgeschlossen. Die festgelegten Zwecke müssen legitim sein, was der Fall ist, wenn sie nicht im Widerspruch zur (Unions-)Rechtsordnung stehen. Zudem müssen sie eindeutig sein. Verarbeitungszwecke sind eindeutig, wenn sie unmissverständlich und von anderen Zwecken abgegrenzt werden können. Sowohl aus EG 39 S. 6 DSGVO als auch aus der Funktion der Zweckbindung folgt, dass die festgelegten Zwecke hinreichend bestimmt sein müssen. Sie müssen so detailliert sein, dass sie die Verarbeitungsmöglichkeiten des Verantwortlichen begrenzen und die betroffenen Personen die Tragweite der Datenverarbeitung erkennen können. Der Detaillierungsgrad kann im Einzelfall auch durch den Kontext der Datenverarbeitung beeinflusst werden.

Die Zwecke müssen spätestens zum Zeitpunkt der Datenerhebung festgelegt sein, wobei die Festlegung keiner bestimmten Form bedarf. Sie muss jedoch den allgemeinen Anforderungen der Rechenschaftspflicht nach Art. 5 Abs. 2 DSGVO entsprechen. Der Nachweis der Einhaltung der Zweckfestlegung kann durch Erfüllung der Informationspflicht nach Art. 13 und Art. 14 DSGVO oder durch Führung eines Verarbeitungsverzeichnisses nach Art. 30 DSGVO geführt werden. In personaler Hinsicht ist allein der Verantwortliche, der die Zwecke festgelegt hat, an sie gebunden. In zeitlicher Hinsicht ist dieser so lange an die Zwecke gebunden, bis sie erfüllt oder auf sonstige Weise weggefallen sind. Ist dies der Fall, ist der Verantwortliche grundsätzlich dazu verpflichtet, die personenbezogenen Daten zu löschen, soweit keine Ausnahme vorliegt.

E. Die zweckändernde Weiterverarbeitung, Art. 6 Abs. 4 DSGVO

Das vorangegangene Kapitel hat gezeigt, welche Voraussetzungen bei der Festlegung von Verarbeitungszwecken zu beachten sind. Der Grundsatz der Zweckbindung gilt aber nicht absolut.[823] Denn Art. 5 Abs. 1 lit. b Hs. 1 DSGVO regelt neben der Zweckfestlegung, dass personenbezogene Daten „nicht in einer mit diesen Zwecken nicht zu vereinbarenden Weise weiterverarbeitet werden [dürfen]“. Danach werden zweckändernde Weiterverarbeitungen nicht grundsätzlich ausgeschlossen. Vielmehr werden nach dem Zweckbindungsgrundsatz nur solche Weiterverarbeitungen ausgeschlossen, die mit den ursprünglich festgelegten Zwecken unvereinbar sind.[824] Teilweise wird in diesem Zusammenhang auch von einer „Lockerung“[825] oder gar „Aufweichung“[826] der Zweckbindung gesprochen. Die Art. 29-Datenschutzgruppe ist der Ansicht, dass die Zweckbindung dem Verantwortlichen auch „ein gewisses Maß an Flexibilität“ bei der Verarbeitung personenbezogener Daten einräumen sollte.[827] Schließlich kann es, wie Generalanwalt *Pikamäe* zutreffend festgestellt hat, für Verantwortliche eine erhebliche Herausforderung darstellen, sämtliche Verarbeitungszwecke im Vorfeld einer Datenverarbeitung vorherzusehen und festzulegen.[828]

Ob der Verantwortliche personenbezogene Daten zu anderen als den ursprünglich festgelegten Zwecken weiterverarbeiten kann, hängt maßgeblich von der Interpretation der konkreten Anforderungen ab. Hierbei spielt insbesondere Art. 6 Abs. 4 DSGVO eine wichtige Rolle, der den Grundsatz

---

823 Gola/Heckmann/*Schulz*, 3. Aufl. 2022, Art. 6 DSGVO Rn. 133; ähnlich BeckOK DatenschutzR/*Albers/Veit*, 51. Ed. Stand 01.02.2025, Art. 6 DSGVO Rn. 99; Kühling/Buchner/*Herbst*, 4. Aufl. 2024, Art. 5 DSGVO Rn. 24.

824 Kühling/Buchner/*Herbst*, 4. Aufl. 2024, Art. 5 DSGVO Rn. 24.

825 Kühling/Buchner/*Herbst*, 4. Aufl. 2024, Art. 5 DSGVO Rn. 43.

826 *Buchner*, DuD 2016, 155 (156 f.).

827 Art. 29-Datenschutzgruppe, WP 203, 02.04.2013, S. 11: „At the same time, the notion of compatible use also offers some degree of flexibility for data controllers.“

828 GA *Pikamäe*, Schlussantr. v. 31.03.2022 – C-77/21, BeckRS 2022, 5909 Rn. 46: „Es bleibt festzuhalten, dass ein für die Verarbeitung Verantwortlicher, so vorausschauend und überlegt er auch sein mag, womöglich nicht in der Lage ist, bereits bei der Planung der Verarbeitung die Art und den genauen Umfang aller Vorgänge, die die Datenverarbeitungskette bilden, zu berücksichtigen und zu bestimmen.“

der Zweckbindung aus Art. 5 Abs. 1 lit. b Hs. 1 DSGVO konkretisiert[829] und unter bestimmte Voraussetzungen stellt:[830]

> „Beruht die Verarbeitung zu einem anderen Zweck als zu demjenigen, zu dem die personenbezogenen Daten erhoben wurden, nicht auf der Einwilligung der betroffenen Person oder auf einer Rechtsvorschrift der Union oder der Mitgliedstaaten, die in einer demokratischen Gesellschaft eine notwendige und verhältnismäßige Maßnahme zum Schutz der in Artikel 23 Absatz 1 genannten Ziele darstellt, so berücksichtigt der Verantwortliche – um festzustellen, ob die Verarbeitung zu einem anderen Zweck mit demjenigen, zu dem die personenbezogenen Daten ursprünglich erhoben wurden, vereinbar ist – unter anderem
>
> a) jede Verbindung zwischen den Zwecken, für die die personenbezogenen Daten erhoben wurden, und den Zwecken der beabsichtigten Weiterverarbeitung,
>
> b) den Zusammenhang, in dem die personenbezogenen Daten erhoben wurden, insbesondere hinsichtlich des Verhältnisses zwischen den betroffenen Personen und dem Verantwortlichen,
>
> c) die Art der personenbezogenen Daten, insbesondere ob besondere Kategorien personenbezogener Daten gemäß Artikel 9 verarbeitet werden oder ob personenbezogene Daten über strafrechtliche Verurteilungen und Straftaten gemäß Artikel 10 verarbeitet werden,
>
> d) die möglichen Folgen der beabsichtigten Weiterverarbeitung für die betroffenen Personen,
>
> e) das Vorhandensein geeigneter Garantien, wozu Verschlüsselung oder Pseudonymisierung gehören kann."

In einem vorangestellten Abschnitt werden zunächst einige Grundlagen zu Art. 6 Abs. 4 DSGVO geklärt (I.). Dem schließt sich eine Untersuchung der konkreten Anforderungen an zweckändernde Weiterverarbeitungen an (II.). Dabei werden die gesammelten Erkenntnisse auf ein konkretes Beispiel aus dem Beschäftigungskontext angewendet. Zu guter Letzt werden die Informationspflichten im Zusammenhang mit zweckändernden Weiterverarbei-

---

829 LAG Hamm, Urt. v. 14.12.2021 – 17 Sa 1185/20, BeckRS 2021, 45536 Rn. 104; NK-DatenschutzR/*Schantz*, 2. Aufl. 2025, Art. 6 Abs. 1 DSGVO Rn. 94; Kühling/Buchner/*Herbst*, 4. Aufl. 2024, Art. 5 DSGVO Rn. 45 sieht in Art. 6 Abs. 4 DSGVO „eine verbindliche Ergänzung des Zweckbindungsgrundsatzes aus Art. 5 Abs. 1 lit. b [DSGVO]".

830 Selzer/*Niggl*, 2022, Art. 6 DSGVO Rn. 46; *Wedde*, Beschäftigtendatenschutz, 2022, Art. 5 DSGVO Rn. 37; Wybitul/*Wybitul*, Handbuch EU-Datenschutz-Grundverordnung, 2017, Teil 1 Rn. 70; s. im Einzelnen zu den Voraussetzungen Gliederungspunkt E.II.

tungen nach Art. 13 Abs. 3 und Art. 14 Abs. 4 DSGVO in den Blick genommen (III.).

I. Grundlagen

Der Umgang mit zweckändernden Weiterverarbeitungen war im Gesetzgebungsverfahren zur DSGVO einer der großen Streitpunkte.[831] Der in Art. 5 Abs. 1 lit. b Hs. 1 DSGVO geregelte Grundsatz der Zweckbindung blieb im Vergleich zu Art. 6 Abs. 1 lit. b DSRL bis auf wenige Anpassungen in der Formulierung nahezu unverändert.[832] Der Gesetzgeber einigte sich im Ergebnis auf eine zusätzliche Regelung in Art. 6 Abs. 4 DSGVO, die den Grundsatz der Zweckbindung bezüglich zweckändernder Weiterverarbeitungen konkretisiert.[833] Ausgehend von Art. 5 Abs. 1 lit. b Hs. 1 DSGVO soll im Folgenden die Systematik des Art. 6 Abs. 4 DSGVO genauer betrachtet werden. Darüber hinaus wird auch auf die sehr umstrittene Frage eingegangen, ob es im Falle der Zweckvereinbarkeit einer neuen Rechtsgrundlage des Art. 6 Abs. 1 DSGVO bedarf.

1. Ausgangspunkt: Art. 5 Abs. 1 lit. b Hs. 1 DSGVO

Nach Art. 5 Abs. 1 lit. b Hs. 1 DSGVO müssen personenbezogene Daten „für festgelegte, eindeutige und legitime Zwecke erhoben werden und dürfen nicht in einer mit diesen Zwecken nicht zu vereinbarenden Weise weiterverarbeitet werden“. Die Vorschrift schließt nur solche Weiterverarbeitungen aus, die mit den ursprünglich festgelegten Zwecken unvereinbar sind. Der Grundsatz der Zweckbindung steht daher zweckändernden Weiterverarbeitungen nicht entgegen.[834] Mit dem Begriff der Weiterverarbeitung ist jeder Verarbeitungsvorgang, der auf die Datenerhebung folgt, gemeint. Dabei ist unerheblich, ob die Weiterverarbeitung zu den ursprünglich festgelegten Zwecken oder zu neuen, anderen Zwecken erfolgt.[835]

831 S. Gliederungspunkt B. I.3.c)aa).
832 S. Gliederungspunkt B. I.3.d).
833 S. Gliederungspunkt B. I.3.c)ee).
834 S. die einleitenden Ausführungen zum Gliederungspunkt E.
835 EuGH, Urt. v. 20.10.2022 – C-77/21, GRUR-RS 2022, 28068 Rn. 31; Art. 29-Datenschutzgruppe, WP 203, 02.04.2013, S. 21; Ehmann/Selmayr/*Heberlein*, 3. Aufl. 2024, Art. 5 DSGVO Rn. 23; a.A. Kühling/Buchner/*Herbst*, 4. Aufl. 2024, Art. 5 DSGVO Rn. 39 ff., der eine Weiterverarbeitung von einer Zweckänderung abhängig macht, wobei er einräumt, dass der Unterschied lediglich terminologischer Natur ist.

Des Weiteren wiesen *Piltz/Brüggemann* bereits zum nahezu wortlautgleichen Art. 6 Abs. 1 lit. b DSRL[836] darauf hin, dass der Wortlaut bezüglich der Unvereinbarkeit auf die „Weise" der Weiterverarbeitung abstelle.[837] Der Tatbestand beschränke sich nicht auf einen Vergleich der Zwecke, weshalb bei der Prüfung der Unvereinbarkeit die „gesamte Art und Weise der Weiterverarbeitung" berücksichtigt werden müsse.[838] Dieses Verständnis kann jedoch wegen Art. 6 Abs. 4 DSGVO nicht auf die DSGVO übertragen werden, da die Vorschrift das Vereinbarkeitserfordernis aus Art. 5 Abs. 1 lit. b Hs. 1 DSGVO konkretisiert[839] und dieses ausdrücklich auf eine Prüfung der Zweckvereinbarkeit reduziert („festzustellen, ob die Verarbeitung zu einem anderen Zweck mit demjenigen, zu dem die personenbezogenen Daten ursprünglich erhoben wurden, vereinbar ist").[840] Die Vereinbarkeit muss demnach zwischen einem der ursprünglich festgelegten Zwecke und dem neuen Weiterverarbeitungszweck bestehen.[841] Die Vereinbarkeit des Weiterverarbeitungszwecks mit dem Zweck einer vorherigen zweckändernden Weiterverarbeitung genügt nicht, da dies zu einer „schleichenden" Entfernung von den ursprünglich festgelegten Zwecken führen würde.[842]

Darüber hinaus wird aufgrund der doppelten Verneinung in Art. 5 Abs. 1 lit. b Hs. 1 DSGVO („*nicht* in einer mit diesen Zwecken *nicht* zu vereinbarenden Weise weiterverarbeitet")[843] teilweise diskutiert, ob mit ihr eine Beweislastumkehr zugunsten des Verantwortlichen einhergeht. Wäre dies der Fall, hätte nicht der Verantwortliche die Zweckvereinbarkeit nachzuweisen, sondern die betroffene Person die Unvereinbarkeit der Zwecke.[844] Die Art. 29-Daten-

---

836 Art. 6 Abs. 1 lit. b S. 1 DSRL: „Die Mitgliedstaaten sehen vor, daß personenbezogene Daten […] b) für festgelegte eindeutige und rechtmäßige Zwecke erhoben und nicht in einer mit diesen Zweckbestimmungen nicht zu vereinbarenden Weise weiterverarbeitet werden."

837 Telemedicus e. V., Stellungnahme zu Art. 6 Abs. 4 DS-GVO-E, 18.12.2014, S. 5.

838 Telemedicus e. V., Stellungnahme zu Art. 6 Abs. 4 DS-GVO-E, 18.12.2014, S. 5; ähnlich *Hofmann*, Assistenzsysteme in der Industrie 4.0, 2021, Rn. 887, der auf die „zweckändernde Weiterverarbeitung insgesamt" abstellt.

839 Kühling/Buchner/*Herbst*, 4. Aufl. 2024, Art. 5 DSGVO Rn. 45 f.; BeckOK DatenschutzR/*Schantz*, 51. Ed. Stand 01.11.2021, Art. 5 DSGVO Rn. 21.

840 Vgl. *Sens*, Der Zweckbindungsgrundsatz der DSGVO beim Machine Learning im Vertrieb, 2024, S. 133.

841 *Sens*, Der Zweckbindungsgrundsatz der DSGVO beim Machine Learning im Vertrieb, 2024, S. 136 ff.; Gola/Heckmann/*Schulz*, 3. Aufl. 2022, Art. 6 DSGVO Rn. 134.

842 Vgl. *Sens*, Der Zweckbindungsgrundsatz der DSGVO beim Machine Learning im Vertrieb, 2024, S. 137: „Dem Verantwortlichen soll somit die Möglichkeit versperrt werden, die Verarbeitungszwecke außerhalb des faktischen Kontrollbereiches der betroffenen Person graduell auszudehnen oder zu verschieben, um unvorhergesehene Verarbeitungsfunktionen einzuführen (sog. ‚function creep')."

843 Hervorhebung durch den Verfasser.

844 So Paal/Pauly/*Frenzel*, 3. Aufl. 2021, Art. 5 DSGVO Rn. 30.

schutzgruppe ging im Rahmen des Art. 6 Abs. 1 lit. b DSRL davon aus, dass dem Verantwortlichen mit dieser Formulierung eine „gewisse Flexibilität“ eingeräumt werden sollte.[845] Mit der doppelten Verneinung geht aber richtigerweise keine Beweislastumkehr einher.[846] Zum einen formuliert Art. 6 Abs. 4 DSGVO das Erfordernis der Zweckvereinbarkeit positiv.[847] Zum anderen verpflichtet die Rechenschaftspflicht nach Art. 5 Abs. 2 DSGVO den Verantwortlichen dazu, die Einhaltung der Datenschutzgrundsätze des Abs. 1 nachweisen zu können.[848] Zur Vermeidung von Schutzlücken muss die Nachweispflicht auch für das Vereinbarkeitserfordernis gelten.[849] Folglich muss die Zweckvereinbarkeit positiv festgestellt werden.

Somit lässt sich festhalten, dass zweckverändernde Weiterverarbeitungen nach Art. 5 Abs. 1 lit. b Hs. 1 DSGVO grundsätzlich möglich sind, die konkrete Prüfung ihrer Zulässigkeit aber nach Art. 6 Abs. 4 DSGVO erfolgt.

2. Systematik des Art. 6 Abs. 4 DSGVO

Art. 6 Abs. 4 DSGVO wird in der Literatur teilweise erheblich kritisiert, da mit ihm zahlreiche „Auslegungsschwierigkeiten“ verbunden seien.[850] Dies dürfte vor allem auch auf den „umständlich formulierten“ Wortlaut der Vorschrift zurückzuführen sein,[851] weshalb im Folgenden zunächst die Struktur der Vorschrift genauer zu betrachten ist.

a) Normstruktur

Beruht die zweckändernde Weiterverarbeitung „nicht auf der Einwilligung der betroffenen Person oder auf einer Rechtsvorschrift der Union oder der Mitgliedstaaten, die in einer demokratischen Gesellschaft eine notwendige

---

845 Art. 29-Datenschutzgruppe, WP 203, 02.04.2013, S. 21: „[…] to give some flexibility with regard to further use.“

846 Kühling/Buchner/*Herbst*, 4. Aufl. 2024, Art. 5 DSGVO Rn. 43.

847 NK-DatenschutzR/*Roßnagel*, 2. Aufl. 2025, Art. 5 DSGVO Rn. 100 und BeckOK DatenschutzR/*Schantz*, 51. Ed. Stand 01.11.2021, Art. 5 DSGVO Rn. 18 weisen zudem darauf hin, dass EG 50 S. 1 und 6 DSGVO das Vereinbarkeitserfordernis ebenfalls positiv formuliert.

848 S. Gliederungspunkt C.III.8.

849 Ehmann/Selmayr/*Heberlein*, 3. Aufl. 2024, Art. 5 DSGVO Rn. 23; Kühling/Buchner/*Herbst*, 4. Aufl. 2024, Art. 5 DSGVO Rn. 43; so im Ergebnis auch GA *Pikamäe*, Schlussantr. v. 31.03.2022 – C-77/21, BeckRS 2022, 5909 Rn. 47.

850 BeckOK DatenschutzR/*Albers/Veit*, 51. Ed. Stand 01.02.2025, Art. 6 DSGVO Rn. 95; so auch Gola/Heckmann/*Schulz*, 3. Aufl. 2022, Art. 6 DSGVO Rn. 134, der Art. 6 Abs. 4 DSGVO im Ganzen als „misslungen“ erachtet.

851 NK-DatenschutzR/*Roßnagel*, 2. Aufl. 2025, Art. 6 Abs. 4 DSGVO Rn. 17; SJTK/*Schwartmann/Mühlenbeck/Pieper*, 3. Aufl. 2024, Art. 6 Abs. 4 DSGVO Rn. 242.

und verhältnismäßige Maßnahme zum Schutz der in Artikel 23 Absatz 1 genannten Ziele darstellt", hat der Verantwortliche nach Art. 6 Abs. 4 DSGVO zu prüfen, „ob die Verarbeitung zu einem anderen Zweck mit demjenigen, zu dem die personenbezogenen Daten ursprünglich erhoben wurden, vereinbar ist". Hieraus folgt, dass eine Vereinbarkeitsprüfung nur dann vorzunehmen ist, wenn weder eine Einwilligung noch eine Rechtsvorschrift der Union oder der Mitgliedstaaten vorliegt.[852] Die Vorschrift führt sodann mehrere Kriterien auf, die der Verantwortliche bei der Prüfung der Zweckvereinbarkeit zu berücksichtigen hat, wobei diese nicht abschließend sind („unter anderem").[853] Zu den ausdrücklich genannten Kriterien gehören die Verbindung zwischen den Zwecken (lit. a), der Zusammenhang, in dem die personenbezogenen Daten erhoben wurden (lit. b), die Art der personenbezogenen Daten (lit. c), die möglichen Folgen der beabsichtigten Weiterverarbeitung (lit. d) und das Vorhandensein geeigneter Garantien (lit. e).[854]

b) Konkretisierung des Vereinbarkeitserfordernisses

Die in Art. 6 Abs. 4 DSGVO a. E. genannten Kriterien bilden den Kern der Vorschrift,[855] da sie durch die Konkretisierung der Vereinbarkeitsprüfung „das Konzept der Zweckvereinbarkeit in Art. 5 Abs. 1 lit. b [vollenden]".[856] Die Kriterien werden in der Literatur zwar teilweise „als wenig präzise und als kaum greifbar oder operabel" kritisiert.[857] Allerdings geben sie dem Verantwortlichen einen „Orientierungsrahmen" für die Vereinbarkeitsprüfung.[858] Die Kriterien müssen nicht kumulativ erfüllt sein, müssen aber bei der Prüfung der Zweckvereinbarkeit berücksichtigt werden.[859] Die Prüfung der Zweckvereinbarkeit erfordert eine „wertende Beurteilung".[860] In der Li-

---

852 Ehmann/Selmayr/*Heberlein*, 3. Aufl. 2024, Art. 6 DSGVO Rn. 71; Taeger/Gabel/*Taeger*, 4. Aufl. 2022, Art. 6 DSGVO Rn. 166.

853 BeckOK DatenschutzR/*Albers/Veit*, 51. Ed. Stand 01.02.2025, Art. 6 DSGVO Rn. 104; Paal/Pauly/*Frenzel*, 3. Aufl. 2021, Art. 6 DSGVO Rn. 48; Ehmann/Selmayr/*Heberlein*, 3. Aufl. 2024, Art. 6 DSGVO Rn. 71; SPHD/*Sartor*, 2023, Art. 6 GDPR Rn. 90; *Wedde*, Beschäftigtendatenschutz, 2022, Art. 6 DSGVO Rn. 58.

854 S. hierzu im Einzelnen Gliederungspunkt E.II.5.b).

855 DSB-OK/*Schmidt*, 2023, Art. 6 DSGVO Rn. 92.

856 NK-DatenschutzR/*Roßnagel*, 2. Aufl. 2025, Art. 6 Abs. 4 DSGVO Rn. 9.

857 Taeger/Gabel/*Taeger*, 4. Aufl. 2022, Art. 6 DSGVO Rn. 175; ähnlich BeckOK DatenschutzR/*Albers/Veit*, 51. Ed. Stand 01.02.2025, Art. 6 DSGVO Rn. 105: „überwiegend vage"; Auernhammer/*Kramer*, 8. Aufl. 2023, Art. 6 DSGVO Rn. 107: „höchst abstrakt".

858 Taeger/Gabel/*Taeger*, 4. Aufl. 2022, Art. 6 DSGVO Rn. 175.

859 Ehmann/Selmayr/*Heberlein*, 3. Aufl. 2024, Art. 6 DSGVO Rn. 71; Gola/Heckmann/*Schulz*, 3. Aufl. 2022, Art. 6 DSGVO Rn. 136; Sydow/Marsch/*Reimer*, 3. Aufl. 2022, Art. 6 DSGVO Rn. 99 f. spricht zutreffend von einer „Berücksichtigungspflicht".

860 Kühling/Buchner/*Herbst*, 4. Aufl. 2024, Art. 5 DSGVO Rn. 43; Spindler/Schuster/*Spindler/Dalby*, 4. Aufl. 2019, Art. 5 DSGVO Rn. 9.

teratur wird die Vereinbarkeitsprüfung teilweise auch als Interessenabwägung bezeichnet.[861] Allerdings ist diese nicht mit der Interessenabwägung aus der Rechtsgrundlage des Art. 6 Abs. 1 UAbs. 1 lit. f DSGVO gleichzusetzen,[862] da der Wortlaut des Art. 6 Abs. 4 DSGVO die Zweckvereinbarkeit gerade nicht von einer Abwägung der Interessen abhängig macht. Vielmehr ist die Zweckvereinbarkeit anhand einer „Gesamtschau der Kriterien" zu beurteilen.[863]

c) Öffnungsklausel für die Union und Mitgliedstaaten

Des Weiteren stellt sich aufgrund des Verweises von Art. 6 Abs. 4 DSGVO auf „Rechtsvorschrift[en] der Union oder der Mitgliedstaaten, die in einer demokratischen Gesellschaft eine notwendige und verhältnismäßige Maßnahme zum Schutz der in Artikel 23 Absatz 1 genannten Ziele darstell[en]", die Frage, ob es sich hierbei um eine Öffnungsklausel handelt.[864] Der deutsche Gesetzgeber sieht in dem Verweis eine Öffnungsklausel, die es ihm erlaube „nationale Regelungen in Fällen, in denen der Zweck der Weiterverarbeitung nicht mit dem ursprünglichen Zweck vereinbar ist, [zu] erlassen".[865] Dies geht etwa aus der Gesetzesbegründung zu § 24 BDSG hervor, die er ausdrücklich auf den durch Art. 6 Abs. 4 DSGVO „eröffneten Regelungsspielraum" stützt.[866] Der BGH bejaht ebenfalls eine Öffnungsklausel und führt hierfür den Wortlaut der Vorschrift an, der ausdrücklich auf das Recht der Union oder der Mitgliedstaaten verweist.[867]

Die Ansicht, dass Art. 6 Abs. 4 DSGVO eine Öffnungsklausel enthält, wird aber nicht von allen geteilt.[868] Kritisiert wird, dass durch die Annahme einer

---

861 *Sens*, Der Zweckbindungsgrundsatz der DSGVO beim Machine Learning im Vertrieb, 2024, S. 148; Auernhammer/*Kramer*, 8. Aufl. 2023, Art. 6 DSGVO Rn. 107; Plath/*Plath/Struck*, 4. Aufl. 2023, Art. 6 DSGVO Rn. 169; *Culik/Döpke*, ZD 2017, 226 (229); *Eichenhofer*, PinG 2017, 135 (140); *Hofmann*, Assistenzsysteme in der Industrie 4.0, 2021, Rn. 890 sieht in der Vereinbarkeitsprüfung eine „besondere Form der Risikoabwägung".

862 In diese Richtung aber Auernhammer/*Kramer*, 8. Aufl. 2023, Art. 6 DSGVO Rn. 107; *Sens*, Der Zweckbindungsgrundsatz der DSGVO beim Machine Learning im Vertrieb, 2024, S. 149 f. sieht eine starke Ähnlichkeit.

863 SJTK/*Schwartmann/Mühlenbeck/Pieper*, 3. Aufl. 2024, Art. 6 Abs. 4 DSGVO Rn. 246.

864 *Weiß*, Öffnungsklauseln in der DSGVO und nationale Verwirklichung im BDSG, 2022, S. 107.

865 BT-Drs. 18/11325, S. 96.

866 BT-Drs. 18/11325, S. 96.

867 BGH, Beschl. v. 24.09.2019 – VI ZB 39/18, BeckRS 2019, 28976 Rn. 35.

868 *Klaas*, Interne Untersuchungen und Informationsaustausch, 2019, S. 332; *Weiß*, Öffnungsklauseln in der DSGVO und nationale Verwirklichung im BDSG, 2022, S. 108 f.; Kühling/Buchner/*Buchner/Petri*, 4. Aufl. 2024, Art. 6 DSGVO Rn. 200; DWWS/*Wedde*, 3. Aufl. 2024, Art. 6 DSGVO Rn. 130.

Öffnungsklausel „das zentrale Ziel der DS-GVO, die Harmonisierung des Datenschutzrechts, über den Umweg der Zweckänderung nach Art. 6 Abs. 4 ad absurdum geführt werden könnte."[869] Art. 6 Abs. 4 DSGVO müsse einschränkend verstanden werden und beziehe sich nur auf die Öffnungsklauseln der Abs. 2 und 3.[870] Die Union und die Mitgliedstaaten könnten daher zweckändernde Weiterverarbeitungen nur für den öffentlichen Bereich erlauben.[871] Anderenfalls seien die Regelungsbefugnisse im Bereich der Erstverarbeitung und der zweckändernden Weiterverarbeitung „asynchron".[872] Zudem wird angeführt, dass Art. 6 Abs. 1 DSGVO einen abschließenden Katalog von Rechtsgrundlagen enthalte, weshalb außerhalb dieser Vorschrift kein Raum für weitere Rechtsgrundlagen bestehe.[873]

Nach der hier vertretenen Auffassung enthält Art. 6 Abs. 4 DSGVO eine Öffnungsklausel, wonach die Union und die Mitgliedstaaten sowohl für öffentliche als auch für private Stellen Vorschriften erlassen können, um zweckändernde Weiterverarbeitungen zu rechtfertigen.[874] Für diese Ansicht spricht zunächst der Wortlaut der Vorschrift.[875] Die Gegenansicht, die Art. 6 Abs. 4 DSGVO restriktiv auslegt und Vorschriften zur Zweckänderung nur im Rahmen des Art. 6 Abs. 2 und 3 DSGVO erlauben möchte, verkennt die Systematik des Art. 6 DSGVO. Wie bereits an anderer Stelle erörtert, regeln die Abs. 2 und 3 nach ihrem Wortlaut bestimmte Anforderungen an die Rechtsgrundlagen für Verarbeitungen nach Abs. 1 UAbs. 1 lit. c und e.[876] Abs. 4 nimmt anders als Abs. 2 und 3 gerade keinen Bezug auf diese

869 Kühling/Buchner/*Buchner/Petri*, 4. Aufl. 2024, Art. 6 DSGVO Rn. 200.

870 BVerwG, Urt. v. 27.09.2018 – 7 C 5.17, BeckRS 2018, 35172 Rn. 27; *Weiß*, Öffnungsklauseln in der DSGVO und nationale Verwirklichung im BDSG, 2022, S. 109; Kühling/Buchner/*Buchner/Petri*, 4. Aufl. 2024, Art. 6 DSGVO Rn. 200; Ehmann/Selmayr/*Heberlein*, 3. Aufl. 2024, Art. 6 DSGVO Rn. 73.

871 *Weiß*, Öffnungsklauseln in der DSGVO und nationale Verwirklichung im BDSG, 2022, S. 109; in diese Richtung auch Kühling/Buchner/*Buchner/Petri*, 4. Aufl. 2024, Art. 6 DSGVO Rn. 200.

872 *Kühling/Martini* u. a., Die Datenschutz-Grundverordnung und das nationale Recht, 2016, S. 44.

873 Kühling/Buchner/*Buchner/Petri*, 4. Aufl. 2024, Art. 6 DSGVO Rn. 200.

874 BGH, Beschl. v. 24.09.2019 – VI ZB 39/18, BeckRS 2019, 28976 Rn. 35; BFH, Urt. v. 13.8.2024 – IX R 6/23, BeckRS 2024, 28382 Rn. 33; *Däubler*, Gläserne Belegschaften, 10. Aufl. 2025, Rn. 52a, 134h; GSSV/*Assion/Nolte/Veil*, 2018, Art. 6 DSGVO Rn. 196; NK-DatenschutzR/*Roßnagel*, 2. Aufl. 2025, Art. 6 Abs. 4 DSGVO Rn. 24; DSB-OK/*Schmidt*, 2023, Art. 6 DSGVO Rn. 89 f.; Taeger/Gabel/*Taeger*, 4. Aufl. 2022, Art. 6 DSGVO Rn. 167; *Thüsing/Rombey*, NZS 2019, 201 (204); *Ziegenhorn/Schulz-Große*, ZD 2023, 581 (586).

875 BGH, Beschl. v. 24.09.2019 – VI ZB 39/18, BeckRS 2019, 28976 Rn. 35; *Piltz*, BDSG, 2018, § 24 Rn. 4.

876 BGH, Beschl. v. 24.09.2019 – VI ZB 39/18, BeckRS 2019, 28976 Rn. 37; s. Gliederungspunkt D.II.1.a).

Rechtsgrundlagen,[877] weshalb er auch nicht mit diesen im Zusammenhang steht. Vielmehr stellt Abs. 4 eine von den Abs. 2 und 3 unabhängige Regelung und Öffnungsklausel dar, die nicht zwischen öffentlichen und privaten Stellen unterscheidet.[878] Das folgt auch aus der Gesetzgebungsgeschichte, da Abs. 4 das Ergebnis eines Kompromisses über die Reichweite der Zweckbindung war.[879] Gegen das Argument, dass eine Öffnungsklausel in Art. 6 Abs. 4 DSGVO die Harmonisierung des Datenschutzrechts „ad absurdum" führen würde,[880] ist einzuwenden, dass die Union und die Mitgliedstaaten Rechtsvorschriften in Bezug auf Zweckänderungen nicht nach Belieben erlassen können.[881] Vielmehr müssen sie die Anforderungen des Art. 6 Abs. 4 DSGVO beachten, wonach die Rechtsvorschrift „in einer demokratischen Gesellschaft eine notwendige und verhältnismäßige Maßnahme zum Schutz der in Artikel 23 Absatz 1 genannten Ziele darstell[en]" muss.[882] Diese Ziele betreffen im Wesentlichen Gemeinwohlbelange.[883] Dazu gehören u. a. die nationale und öffentliche Sicherheit (lit. a und c), die Verhütung, Ermittlung, Aufdeckung oder Verfolgung von Straftaten oder die Strafvollstreckung (lit. d) sowie der Schutz der Unabhängigkeit der Justiz und den Schutz von Gerichtsverfahren (lit. f). Zu den privaten Belangen zählen der Schutz der betroffenen Person oder der Rechte und Freiheiten anderer Personen (lit. i) sowie die Durchsetzung zivilrechtlicher Ansprüche (lit. j). Dadurch, dass die Rechtsvorschriften im Hinblick auf die in Art. 23 Abs. 1 DSGVO genannten Ziele „notwendig und verhältnismäßig" sein müssen, sind der Union und den Mitgliedstaaten bei der Nutzung der Öffnungsklausel des Art. 6 Abs. 4 DSGVO enge Grenzen gesetzt.

Schließlich handelt es sich bei den auf Grundlage des Art. 6 Abs. 4 DSGVO erlassenen Rechtsvorschriften um Rechtsgrundlagen für zweckändernde Weiterverarbeitungen,[884] sodass in diesen Fällen keine weitere Rechtsgrundlage aus Art. 6 Abs. 1 DSGVO erforderlich ist. Dies folgt aus der Systematik des Art. 6 Abs. 4 DSGVO, der im ersten Teil des Absatzes eine Rechtsvor-

---

877 *Kühling/Martini* u. a., Die Datenschutz-Grundverordnung und das nationale Recht, 2016, S. 43; *Weiß*, Öffnungsklauseln in der DSGVO und nationale Verwirklichung im BDSG, 2022, S. 107 f.; *Culik/Döpke*, ZD 2017, 226 (229).

878 So im Ergebnis auch *Müller*, Die Öffnungsklauseln der Datenschutzgrundverordnung, 2018, S. 191, der Art. 6 Abs. 4 DSGVO als „unselbstständige Ausnahmeklausel" einordnet, da es sich bei der Vorschrift um einen Ausnahmetatbestand handele, „der unter Bezugnahme zum mitgliedstaatlichen Recht erfüllt sein kann."

879 S. Gliederungspunkt B. I.3.c)ee).

880 Kühling/Buchner/*Buchner/Petri*, 4. Aufl. 2024, Art. 6 DSGVO Rn. 200.

881 Sydow/Marsch/*Marsch*, 3. Aufl. 2022, § 24 BDSG Rn. 6.

882 *Culik/Döpke*, ZD 2017, 226 (229).

883 Sydow/Marsch/*Marsch*, 3. Aufl. 2022, § 24 BDSG Rn. 6.

884 *Piltz*, BDSG, 2018, § 24 Rn. 3 f.; *Wedde*, Beschäftigtendatenschutz, 2022, Art. 6 DSGVO Rn. 55.

schrift der Union oder der Mitgliedstaaten mit der Einwilligung, die selbst eine Rechtsgrundlage darstellt, gleichstellt.[885]

d) Zwischenfazit

Art. 6 Abs. 4 DSGVO konkretisiert das Vereinbarkeitserfordernis aus Art. 5 Abs. 1 lit. b Hs. 1 DSGVO, indem die Vorschrift mehrere Kriterien für die Prüfung der Zweckvereinbarkeit aufführt. Diese sind nicht abschließend und geben dem Verantwortlichen einen Rahmen für die Beurteilung der Zweckvereinbarkeit. Letztere erfolgt durch eine Gesamtwürdigung der zu berücksichtigenden Kriterien. Zudem enthält Art. 6 Abs. 4 DSGVO aufgrund des Verweises auf Rechtsvorschriften der Union und der Mitgliedstaaten eine Öffnungsklausel, auf deren Grundlage sowohl für öffentliche als auch für private Stellen Rechtsvorschriften erlassen werden können, um zweckändernde Weiterverarbeitungen zu rechtfertigen. Diese stellen zugleich die Rechtsgrundlage für die zweckändernde Weiterverarbeitung dar. Sie müssen jedoch notwendig und verhältnismäßig sein sowie den Zielen des Art. 23 Abs. 1 DSGVO entsprechen.

3. Erfordernis einer Rechtsgrundlage

Die Einwilligung der betroffenen Person sowie auf Grundlage der Öffnungsklausel des Art. 6 Abs. 4 DSGVO erlassene Rechtsvorschriften der Union oder der Mitgliedstaaten stellen Rechtsgrundlagen dar, die zweckändernde Weiterverarbeitungen rechtfertigen. In diesen beiden Fällen bedarf es daher keiner zusätzlichen Rechtsgrundlage des Art. 6 Abs. 1 DSGVO.[886] Ob das auch im Falle der Zweckvereinbarkeit gilt, ist in der Literatur sehr umstritten.[887] Hierbei stellt sich die grundsätzliche Frage nach der Reichweite des Grundsatzes der Rechtmäßigkeit nach Art. 5 Abs. 1 lit. a Var. 1 DSGVO. Zur Beantwortung dieser Frage wird zunächst ein Überblick zu den beiden Ansichten und ihren Argumenten gegeben.

---

885 *Piltz*, BDSG, 2018, § 24 Rn. 4.
886 S. Gliederungspunkt E. I.2.c).
887 *Leibold*, Die Verarbeitung personenbezogener Daten im Bewerbungsverfahren, 2024, S. 133; *Sens*, Der Zweckbindungsgrundsatz der DSGVO beim Machine Learning im Vertrieb, 2024, S. 151; Specht/Mantz/*Mantz/Marosi*, Handbuch Europäisches und deutsches Datenschutzrecht, 2019, § 3 Rn. 91; *Ziegenhorn/Schulz-Große*, ZD 2023, 581 (586).

a) Meinungsstand

Einer Ansicht nach handele es sich bei Art. 6 Abs. 4 DSGVO um einen eigenständigen Erlaubnistatbestand.[888] Eine neue Rechtsgrundlage sei bei Vereinbarkeit der Zwecke für die Weiterverarbeitung nicht erforderlich.[889] Teilweise wird in der Literatur aber auch die der Datenerhebung zugrunde liegende Rechtsgrundlage auf die zweckändernde Weiterverarbeitung „ausgedehnt".[890] Die Rechtmäßigkeit der Weiterverarbeitung ergebe sich in diesem Fall aus der ursprünglichen Rechtsgrundlage in Verbindung mit der Zweckvereinbarkeit.[891] Diese Ansicht wird vor allem auf EG 50 S. 2 DSGVO gestützt, wonach „keine andere gesonderte Rechtsgrundlage erforderlich [ist] als diejenige für die Erhebung der personenbezogenen Daten."[892]

Die andere Ansicht sieht hingegen in EG 50 S. 2 DSGVO einen redaktionellen Fehler, der sich aus der Entstehungsgeschichte der DSGVO ergebe.[893] Die zweckändernde Weiterverarbeitung sei nur dann rechtmäßig, wenn neben der Vereinbarkeit der Zwecke eine neue Rechtsgrundlage vorliege.[894]

---

888 GSSV/*Assion/Nolte/Veil*, 2018, Art. 6 DSGVO Rn. 213; Auernhammer/*Kramer*, 8. Aufl. 2023, Art. 6 DSGVO Rn. 98 f.

889 Franzen/Gallner/Oetker/*Franzen*, 5. Aufl. 2024, Art. 6 DSGVO Rn. 14; NK-DatenschutzR/*Roßnagel*, 2. Aufl. 2025, Art. 6 Abs. 4 DSGVO Rn. 12; Gola/Heckmann/*Schulz*, 3. Aufl. 2022, Art. 6 DSGVO Rn. 142; Taeger/Gabel/*Taeger*, 4. Aufl. 2022, Art. 6 DSGVO Rn. 173; *Keber/Maslewski*, RDV 2023, 273 (276); *Monreal*, ZD 2016, 507 (510); in diese Richtung *v. Grafenstein*, EDPL 2021, 373 (379), der die zweckändernde Weiterverarbeitung auf die ursprüngliche Rechtsgrundlage stützt, wenn der neue Zweck keine neuen Risiken verursacht.

890 S. die Zusammenfassung von *Leibold*, Die Verarbeitung personenbezogener Daten im Bewerbungsverfahren, 2024, S. 134.

891 Plath/*Plath/Struck*, 4. Aufl. 2023, Art. 6 DSGVO Rn. 157.

892 Selzer/*Niggl*, 2022, Art. 6 DSGVO Rn. 46; *Monreal*, ZD 2016, 507 (510); s. Gliederungspunkt E. I.3.b)bb).

893 *Schantz*, NJW 2016, 1841 (1844).

894 LAG Hamm, Urt. v. 14.12.2021 – 17 Sa 1185/20, BeckRS 2021, 45536 Rn. 102 ff.; DSK, Erfahrungsbericht zur Anwendung der DS-GVO, 2019, S. 13; *Ampatziadis*, Ortung von Beschäftigten, 2023, S. 150; *Blum*, People Analytics, 2021, S. 234; *Götz*, Big Data im Personalmanagement, 2020, S. 128; *Hofmann*, Assistenzsysteme in der Industrie 4.0, 2021, Rn. 895; *Schleper*, Beschäftigtendatenschutz und Homeoffice, 2024, S. 83; *Laue/Nink/Kremer*, Datenschutzrecht in der betrieblichen Praxis, 3. Aufl. 2024, § 2 Rn. 49; BeckOK DatenschutzR/*Albers/Veit*, 51. Ed. Stand 01.02.2025, Art. 6 DSGVO Rn. 108; NK-DatenschutzR/*Albrecht*, 2. Aufl. 2025, Einführung zu Art. 6 DSGVO Rn. 13; Kühling/Buchner/*Buchner/Petri*, 4. Aufl. 2024, Art. 6 DSGVO Rn. 183 f.; Ehmann/Selmayr/*Heberlein*, 3. Aufl. 2024, Art. 6 DSGVO Rn. 69; SPHD/*Sartor*, 2023, Art. 6 GDPR Rn. 87 f.; SJTK/*Schwartmann/Mühlenbeck/Pieper*, 3. Aufl. 2024, Art. 6 Abs. 4 DSGVO Rn. 239; DWWS/*Wedde*, 3. Aufl. 2024, Art. 6 DSGVO Rn. 126; *Schantz*, NJW 2016, 1841 (1844); *Ziegenhorn/Schulz-Große*, ZD 2023, 581 (586).

Insbesondere handele es sich bei Art. 6 Abs. 4 DSGVO um keine eigenständige Rechtsgrundlage.[895] Hierfür werden im Wesentlichen systematische Erwägungen angeführt, wonach Art. 6 Abs. 1 DSGVO eine abschließende Aufzählung von Rechtsgrundlagen für die Verarbeitung personenbezogener Daten enthalte.[896]

b) Stellungnahme

Nach der hier vertretenen Auffassung ist im Falle der Zweckvereinbarkeit eine neue Rechtsgrundlage des Art. 6 Abs. 1 DSGVO erforderlich, um die zweckändernde Weiterverarbeitung zu rechtfertigen. Zur Begründung dieser Ansicht wird zunächst die Systematik des Art. 6 DSGVO untersucht. Anschließend wird die Bedeutung des EG 50 S. 2 DSGVO für die Auslegung in den Blick genommen.

aa) Systematik des Art. 6 DSGVO

Ein Blick auf Art. 6 DSGVO zeigt, dass die dort in Abs. 1 genannten Rechtsgrundlagen für die Verarbeitung personenbezogener Daten abschließend sind.[897] Das folgt bereits unmittelbar aus dem Wortlaut des Abs. 1, wonach die Verarbeitung personenbezogener Daten nur dann rechtmäßig ist, „wenn mindestens eine der nachstehenden Bedingungen erfüllt ist“. Die folgende Aufzählung umfasst sechs Erlaubnistatbestände (lit. a bis f). Die Abs. 2 und 3 hingegen regeln bestimmte Anforderungen an Rechtsvorschriften für Verarbeitungen nach Art. 6 Abs. 1 UAbs. 1 lit. c und e DSGVO.[898] Abs. 1 nimmt keinen Bezug auf Abs. 4, sodass die dort konkretisierte Vereinbarkeitsprüfung allein keine zweckändernde Weiterverarbeitung rechtfertigen kann.[899]

Auch der EuGH sieht in Art. 6 Abs. 1 DSGVO „eine erschöpfende und abschließende Liste der Fälle vor, in denen eine Verarbeitung personenbezo-

---

895 OLG Köln, Urt. v. 23.5.2025 – 15 UKl 2/25, GRUR 2025, 1291 Rn. 42; VG Bremen, Urt. v. 23.04.2025 – 4 K 2873/23, GRUR-RS 2025, 8910 Rn. 38; EDSA, Leitlinien 06/2020, Version 2.0, 15.12.2020, Rn. 23; *Laue/Nink/Kremer*, Datenschutzrecht in der betrieblichen Praxis, 3. Aufl. 2024, § 2 Rn. 49; Kühling/Buchner/*Buchner/Petri*, 4. Aufl. 2024, Art. 6 DSGVO Rn. 184; *Wedde*, Beschäftigtendatenschutz, 2022, Art. 6 DSGVO Rn. 55.

896 VG Bremen, Urt. v. 23.04.2025 – 4 K 2873/23, GRUR-RS 2025, 8910 Rn. 38; Ehmann/Selmayr/*Heberlein*, 3. Aufl. 2024, Art. 6 DSGVO Rn. 69.

897 *Leibold*, Die Verarbeitung personenbezogener Daten im Bewerbungsverfahren, 2024, S. 137; Kühling/Buchner/*Buchner/Petri*, 4. Aufl. 2024, Art. 6 DSGVO Rn. 183; Ehmann/Selmayr/*Heberlein*, 3. Aufl. 2024, Art. 6 DSGVO Rn. 69; *Kremer*, DSB 2024, 226 (227).

898 S. Gliederungspunkt D.II.1.a).

899 VG Bremen, Urt. v. 23.04.2025 – 4 K 2873/23, GRUR-RS 2025, 8910 Rn. 38; Kühling/Buchner/*Buchner/Petri*, 4. Aufl. 2024, Art. 6 DSGVO Rn. 183.

gener Daten als rechtmäßig angesehen werden kann."[900] Die Erforderlichkeit einer Rechtsgrundlage aus Art. 6 Abs. 1 DSGVO gelte selbst dann, wenn im Falle der Verarbeitung besonderer Kategorien personenbezogener Daten ein Ausnahmetatbestand des Art. 9 Abs. 2 DSGVO erfüllt sei.[901] Im konkreten Fall, über den der EuGH zu entscheiden hatte, legte er dar, dass Art. 9 Abs. 2 lit. h DSGVO die Pflichten des Verantwortlichen bezüglich der Verarbeitung besonderer Kategorien personenbezogener Daten konkretisiere.[902] Diese Vorschrift sei zusätzlich zum Grundsatz der Rechtmäßigkeit aus Art. 5 Abs. 1 lit. a Var. 1 DSGVO zu beachten, weshalb stets auch eine Rechtsgrundlage des Art. 6 Abs. 1 DSGVO vorliegen müsse.[903]

Dieser Rechtsgedanke lässt sich auf die vorliegende Frage, ob bei einer zweckändernden Weiterverarbeitung neben einer Vereinbarkeit der Zwecke auch eine Rechtsgrundlage des Art. 6 Abs. 1 DSGVO erforderlich ist, übertragen. Die in Art. 6 Abs. 4 DSGVO geregelte Zweckvereinbarkeit stellt danach eine zum Grundsatz der Rechtmäßigkeit getrennte, zusätzliche Voraussetzung dar. Demnach muss neben der Feststellung der Zweckvereinbarkeit auch eine Rechtsgrundlage des Art. 6 Abs. 1 DSGVO erfüllt sein. Eine solche Lösung wird auch der Bedeutung und Systematik der Datenschutzgrundsätze gerecht, die ausnahmslos bei jeder Datenverarbeitung – und damit auch bei einer zweckändernden Weiterverarbeitung – zu beachten sind.[904] Zudem ergibt sich aus EG 50 S. 8 DSGVO, dass die Datenschutzgrundsätze auch bei zweckändernden Weiterverarbeitungen „[i]n jedem Fall" gelten.[905] Die Grundsätze der Rechtmäßigkeit und der Zweckbindung gelten unabhängig voneinander und sind kumulativ zu erfüllen.[906] Schließlich sprechen auch grundrechtliche Erwägungen für das Erfordernis einer neuen Rechtsgrundlage, da personenbezogene Daten nach Art. 8 Abs. 2 S. 1 GRC abseits der Einwilligung nur mit gesetzlich geregelter Grundlage verarbeitet werden dürfen.[907]

---

900 EuGH, Urt. v. 21.12.2023 – C-667/21, GRUR-RS 2023, 36822 Rn. 75; EuGH, Urt. v. 04.07.2023 – C-252/21, GRUR-RS 2023, 15772 Rn. 90.

901 EuGH, Urt. v. 21.12.2023 – C-667/21, GRUR-RS 2023, 36822 Rn. 78.

902 EuGH, Urt. v. 21.12.2023 – C-667/21, GRUR-RS 2023, 36822 Rn. 78.

903 EuGH, Urt. v. 21.12.2023 – C-667/21, GRUR-RS 2023, 36822 Rn. 78.

904 S. Gliederungspunkt C.II.2.

905 Ehmann/Selmayr/*Heberlein*, 3. Aufl. 2024, Art. 6 DSGVO Rn. 69.

906 LAG Hamm, Urt. v. 14.12.2021 – 17 Sa 1185/20, BeckRS 2021, 45536, Rn. 104; DSK, Erfahrungsbericht zur Anwendung der DS-GVO, 2019, S. 13; Kühling/Buchner/*Buchner/Petri*, 4. Aufl. 2024, Art. 6 DSGVO Rn. 184; Forgó/Helfrich/Schneider/*Schneider/Forgó/Helfrich*, Betrieblicher Datenschutz, 3. Aufl. 2019, Teil VI Kap. 1 Rn. 54.

907 *Sens*, Der Zweckbindungsgrundsatz der DSGVO beim Machine Learning im Vertrieb, 2024, S. 155 f.; NK-DatenschutzR/*Albrecht*, 2. Aufl. 2025, Einführung zu Art. 6 DSGVO Rn. 13.

bb) Redaktioneller Fehler in EG 50 S. 2 DSGVO

Nach EG 50 S. 2 DSGVO ist für die Verarbeitung personenbezogener Daten für andere Zwecke „keine andere gesonderte Rechtsgrundlage erforderlich als diejenige für die Erhebung der personenbezogenen Daten.“ Die Bedeutung dieser Aussage wird in der Literatur sehr unterschiedlich beurteilt. Einer Ansicht nach sei der Erwägungsgrund so zu verstehen, dass „man keine andere gesonderte Erhebungsgrundlage braucht als diejenige, die die Ersterhebung getragen hat, weil und soweit eben die zweckändernde Weiterverarbeitung der einmal erhobenen und vorhandenen Daten zulässig ist“.[908] Die andere Ansicht sieht in EG 50 S. 2 DSGVO einen redaktionellen Fehler.[909]

Die Annahme eines Redaktionsfehlers ist bei genauerer Betrachtung nicht unbegründet.[910] Denn die Zweckänderung war einer der großen Streitpunkte im Gesetzgebungsverfahren.[911] Während das Europäische Parlament sich auf den Standpunkt stellte, dass es bezüglich der Zweckbindung „kein Zurück hinter den Schutzstandard“ der DSRL geben dürfe,[912] war der Rat der Ansicht, dass Zweckänderungen in einem weiten Umfang erlaubt werden sollten. Hierzu sah der Rat in seinem Vorschlag in Art. 6 Abs. 3a DSGVO Rat-E mehrere Kriterien für die Vereinbarkeitsprüfung vor. Im Falle der Unvereinbarkeit sollte aber nach Art. 6 Abs. 4 DSGVO Rat-E der Rückgriff auf die Rechtsgrundlagen des Art. 6 Abs. 1 DSGVO Rat-E möglich sein, um eine zweckändernde Weiterverarbeitung zu rechtfertigen.[913] Im Zuge dessen fügte der Rat zur Klarstellung in EG 40 S. 2 DSGVO Rat-E den nun in EG 50 S. 2 DSGVO stehenden Satz ein, wonach bei Zweckvereinbarkeit keine gesonderte Rechtsgrundlage erforderlich sei.[914] Der Rat setzte sich aber mit seiner Position in den Trilog-Verhandlungen nicht durch. Lediglich die Kriterien für die Prüfung der Zweckvereinbarkeit blieben erhalten.[915] Mit der DSGVO sollte keine Lockerung der Zweckbindung einhergehen, sodass EG 40 S. 2 DSGVO Rat-E bzw. EG 50 S. 2 DSGVO hätte gestrichen

908 BeckOK DatenschutzR/*Albers/Veit*, 51. Ed. Stand 01.02.2025, Art. 6 DSGVO Rn. 108; NK-DatenschutzR/*Albrecht*, 2. Aufl. 2025, Einführung zu Art. 6 DSGVO Rn. 13; Ehmann/Selmayr/*Heberlein*, 3. Aufl. 2024, Art. 6 DSGVO Rn. 69.

909 *Schantz*, NJW 2016, 1841 (1844); a. A. *Ziegenhorn/Heckel*, NVwZ 2016, 1585 (1590).

910 Kühling/Buchner/*Buchner/Petri*, 4. Aufl. 2024, Art. 6 DSGVO Rn. 182 halten einen Redaktionsfehler für „nicht ganz fernliegend“.

911 Kühling/Buchner/*Buchner/Petri*, 4. Aufl. 2024, Art. 6 DSGVO Rn. 182; s. Gliederungspunkt B. I.3.c)aa).

912 So *Albrecht*, CR 2016, 88 (92), der Berichterstatter des Europäischen Parlaments im Gesetzgebungsverfahren zur DSGVO war; s. Gliederungspunkt B. I.3.c)cc).

913 S. Gliederungspunkt B. I.3.c)dd).

914 NK-DatenschutzR/*Schantz*, 2. Aufl. 2025, Art. 6 Abs. 1 DSGVO Rn. 95.

915 S. Gliederungspunkt B. I.3.c)ee).

werden müssen. Es spricht also vieles dafür, dass es sich bei EG 50 S. 2 DSGVO tatsächlich um einen redaktionellen Fehler handelt.[916]

Unabhängig davon kommt EG 50 S. 2 DSGVO für die Auslegung der DSGVO nur eine geringe Bedeutung zu, da er der Systematik des Art. 6 DSGVO widerspricht.[917] Erwägungsgründe nehmen zwar als Teil europäischer Rechtsakte grundsätzlich eine wichtige Rolle bei der Auslegung des Rechtsaktes ein. Schließlich werden diese gemeinsam mit dem Rechtsakt im Amtsblatt der Europäischen Union veröffentlicht.[918] Allerdings stehen sie außerhalb des eigentlichen Normtexts und sind daher auch nicht verbindlich.[919] Zudem können sie „weder herangezogen werden […], um von den Bestimmungen des betreffenden Rechtsakts abzuweichen, noch, um diese Bestimmungen in einem Sinne auszulegen, der ihrem Wortlaut offensichtlich widerspricht".[920] Im Ergebnis ist daher der Forderung nach einer Streichung des EG 50 S. 2 DSGVO zuzustimmen.[921]

c) Einschränkung der Rechtsgrundlagen?

Verlangt man neben der Zweckvereinbarkeit eine neue Rechtsgrundlage des Art. 6 Abs. 1 DSGVO, stellt sich die Folgefrage, ob zur Rechtfertigung der zweckändernden Weiterverarbeitung jede Rechtsgrundlage des Abs. 1 herangezogen werden kann. In der Literatur wird teilweise eine Einschränkung der Rechtsgrundlagen für zweckändernde Weiterverarbeitungen gefordert, wobei diese an unterschiedlichen Punkten ansetzen.

aa) Weiterverarbeitung auf Grundlage berechtigter Interessen

Einer Ansicht nach müsse „die Möglichkeit einer Weiterverarbeitung nach Abs. 1 UAbs. 1 lit. f im Wege der teleologischen Reduktion eingeschränkt werden",[922] da die Weiterverarbeitung personenbezogener Daten zu anderen Zwecken eine erhebliche Gefahr für die Interessen und Rechte der betroffe-

916 NK-DatenschutzR/*Schantz*, 2. Aufl. 2025, Art. 6 Abs. 1 DSGVO Rn. 95.

917 *Leibold*, Die Verarbeitung personenbezogener Daten im Bewerbungsverfahren, 2024, S. 138; in diese Richtung auch *Sens*, Der Zweckbindungsgrundsatz der DSGVO beim Machine Learning im Vertrieb, 2024, S. 155.

918 Riesenhuber/*Köndgen/Mörsdorf*, Europäische Methodenlehre, 4. Aufl. 2021, § 6 Rn. 75; Paal/Pauly/*Paal/Pauly*, 3. Aufl. 2021, Einleitung Rn. 10; *Gumpp*, ZfPW 2022, 446 (452).

919 EuGH, Urt. v. 19.06.2014 – C-345/13, BeckRS 2014, 81015 Rn. 31; Paal/Pauly/*Paal/Pauly*, 3. Aufl. 2021, Einleitung Rn. 10.

920 EuGH, Urt. v. 19.06.2014 – C-345/13, BeckRS 2014, 81015 Rn. 31; EuGH, Urt. v. 24.11.2005 – C-136/04, BeckRS 2005, 70929 Rn. 32.

921 DSK, Erfahrungsbericht zur Anwendung der DS-GVO, 2019, S. 13 f.

922 NK-DatenschutzR/*Albrecht*, 2. Aufl. 2025, Einführung zu Art. 6 DSGVO Rn. 14.

nen Person darstelle. Zwar solle der Rechtsgrund der Wahrung berechtigter Interessen nach Art. 6 Abs. 1 UAbs. 1 lit. f DSGVO für eine zweckändernde Weiterverarbeitung nicht ausgeschlossen werden, jedoch bestehe bei der Rechtfertigung einer Weiterverarbeitung auf Grundlage berechtigter Interessen „eine erheblich höhere Schwelle als bei einer Neuerhebung“.[923]

Eine solche Einschränkung des Art. 6 Abs. 1 UAbs. 1 lit. f DSGVO für zweckändernde Weiterverarbeitungen ist abzulehnen.[924] Zum einen steht der Rechtsgrund der Wahrung berechtigter Interessen gleichrangig neben den anderen Rechtsgrundlagen des Art. 6 Abs. 1 DSGVO.[925] Anders als der Vorschlag der Europäischen Kommission, der zweckändernde Weiterverarbeitungen auf die Erlaubnistatbestände nach lit. a bis e beschränken wollte, macht Art. 6 Abs. 4 DSGVO gerade keine Einschränkungen in Bezug auf die Rechtsgrundlagen für die Weiterverarbeitung.[926] Zum anderen greift der Verweis auf eine erhebliche Gefahr für die betroffene Person aufgrund einer Weiterverarbeitung zu kurz. Den Gefahren einer zweckändernden Weiterverarbeitung wird durch das Erfordernis der Zweckvereinbarkeit begegnet. Eine zusätzliche Einschränkung der Rechtsgrundlagen des Art. 6 Abs. 1 DSGVO erschließt sich daher nicht. Der Rechtsgrund der Wahrung berechtigter Interessen nach Art. 6 Abs. 1 UAbs. 1 lit. f DSGVO kann somit ohne Einschränkung für eine zweckändernde Weiterverarbeitung herangezogen werden. Sofern die Datenerhebung bereits auf Art. 6 Abs. 1 UAbs. 1 lit. f DSGVO beruht, bedarf es im Falle einer zweckändernden Weiterverarbeitung einer neuen Interessenabwägung.[927]

bb) Weiterverarbeitung nach Einwilligung der betroffenen Person

Eine weitere Ansicht möchte „eine Weiterverarbeitung nur auf Grundlage einer neuen Einwilligung, ausnahmsweise auch zum Schutz lebenswichtiger Interessen, […] erlauben, wenn die ursprüngliche Verarbeitung selbst auf der Rechtsgrundlage einer Einwilligung nach Art. 6 Nr. 1 lit. a DSGVO durchgeführt wurde.“[928] Anderenfalls liege ein Verstoß gegen den Grund-

---

923 NK-DatenschutzR/*Albrecht*, 2. Aufl. 2025, Einführung zu Art. 6 DSGVO Rn. 14.

924 Ehmann/Selmayr/*Heberlein*, 3. Aufl. 2024, Art. 6 DSGVO Rn. 70.

925 Vgl. Selzer/*Niggl*, 2022, Art. 6 DSGVO Rn. 12; Gola/Heckmann/*Schulz*, 3. Aufl. 2022, Art. 6 DSGVO Rn. 10.

926 Ehmann/Selmayr/*Heberlein*, 3. Aufl. 2024, Art. 6 DSGVO Rn. 70.

927 Ehmann/Selmayr/*Heberlein*, 3. Aufl. 2024, Art. 6 DSGVO Rn. 70.

928 *Kneuper*, DuD 2024, 657 (659); ähnlich Spindler/Schuster/*Spindler/Dalby*, 4. Aufl. 2019, Art. 6 DSGVO Rn. 23 und Selzer/*Niggl*, 2022, Art. 6 DSGVO Rn. 47, die die Einholung einer neuen Einwilligung der betroffenen Person für die zweckändernde Weiterverarbeitung fordern, wenn die ursprüngliche Datenerhebung auf einer Einwilligung beruht.

satz von Treu und Glauben nach Art. 5 Abs. 1 lit. a Var. 2 DSGVO vor.[929] Danach dürfe das „Vertrauen, das beispielsweise implizit über berechtigte Erwartungen in die Einhaltung von Verkehrs-, Handels- oder Berufsregeln hervorgerufen wurde, nicht missbraucht werden".[930] Zudem seien auch die vernünftigen Erwartungen der betroffenen Person zu berücksichtigen.[931]

Dieser Ansicht ist ebenfalls entgegenzuhalten, dass der Grundsatz der Zweckbindung bei zweckändernden Weiterverarbeitungen nicht zwischen den Rechtsgrundlagen unterscheidet. Vielmehr stehen die einzelnen Rechtsgrundlagen des Art. 6 Abs. 1 DSGVO gleichrangig nebeneinander.[932] Eine Einschränkung der Rechtsgrundlagen unter Heranziehung des Grundsatzes von Treu und Glauben, mit dem Argument, dass die vernünftigen Erwartungen der betroffenen Person keine angemessene Berücksichtigung fänden, ist abzulehnen. Denn die vernünftigen Erwartungen der betroffenen Person sind im Rahmen der Vereinbarkeitsprüfung bereits durch den Kontext der Datenerhebung nach Art. 6 Abs. 4 lit. b DSGVO i. V. m. EG 50 S. 6 DSGVO zu berücksichtigen.[933] Folglich kann der Verantwortliche eine zweckändernde Weiterverarbeitung unabhängig von der Rechtsgrundlage der Datenerhebung auf jede Rechtsgrundlage des Art. 6 Abs. 1 DSGVO stützen.

d) Zwischenfazit

Der Grundsatz der Rechtmäßigkeit nach Art. 5 Abs. 1 lit. a Var. 1 DSGVO ist auch bei zweckändernden Weiterverarbeitungen zu beachten. Eine rechtmäßige Weiterverarbeitung zu einem anderen Zweck setzt voraus, dass eine neue Rechtsgrundlage des Art. 6 Abs. 1 DSGVO vorliegt. Das Erfordernis der Zweckvereinbarkeit, das aus dem Grundsatz der Zweckbindung folgt, stellt eine zum Grundsatz der Rechtmäßigkeit getrennte, zusätzliche Voraussetzung dar. Beide Anforderungen sind kumulativ zu erfüllen. Die der Datenerhebung zugrunde liegende Rechtsgrundlage kann die zweckändernde Weiterverarbeitung nicht legitimieren, wobei die neue Rechtsgrundlage mit der ursprünglichen Rechtsgrundlage identisch sein kann, aber nicht muss. Für zweckändernde Weiterverarbeitungen können sämtliche Rechtsgrundlagen des Art. 6 Abs. 1 DSGVO herangezogen werden, da diese gleichrangig nebeneinanderstehen und der Grundsatz der Zweckbindung diesbezüglich keine Einschränkungen macht.

---

929 *Kneuper*, DuD 2024, 657 (658).
930 *Kneuper*, DuD 2024, 657 (658).
931 *Kneuper*, DuD 2024, 657 (658).
932 S. Gliederungspunkt E. I.3.c)aa).
933 S. Gliederungspunkt E.II.5.b)bb).

II. Rechtfertigung der Zweckänderung

Nachdem wesentliche Grundlagen geklärt sind, wendet sich dieser Abschnitt nun den spezifischen Anforderungen des Art. 6 Abs. 4 DSGVO zu. Bevor diese näher untersucht werden, wird vorab ein kurzer Blick auf die Prüfungsreihenfolge geworfen.

1. Prüfungsreihenfolge

Der Anwendungsbereich des Art. 6 Abs. 4 DSGVO ist nur dann eröffnet, wenn der Zweck der Weiterverarbeitung von den Zwecken der Datenerhebung abweicht.[934] Ist dies der Fall, sind zweckändernde Weiterverarbeitungen auf Grundlage einer „Einwilligung der betroffenen Person oder auf einer Rechtsvorschrift der Union oder der Mitgliedstaaten, die in einer demokratischen Gesellschaft eine notwendige und verhältnismäßige Maßnahme zum Schutz der in Artikel 23 Absatz 1 genannten Ziele darstellt", vorrangig zu prüfen,[935] da in beiden Fällen die Vereinbarkeitsprüfung entfällt.[936] Liegt weder eine Einwilligung noch eine Rechtsvorschrift der Union oder der Mitgliedstaaten vor, ist die Zweckvereinbarkeit anhand der in Art. 6 Abs. 4 DSGVO a. E. genannten Kriterien zu prüfen.[937]

2. Vorprüfung: Wird eine zweckändernde Weiterverarbeitung beabsichtigt?

Zunächst ist im Rahmen einer Vorprüfung zu klären, ob überhaupt eine Zweckänderung vorliegt.[938] Hierfür ist zu untersuchen, ob die vom Verantwortlichen beabsichtigte Weiterverarbeitung von einem der ursprünglich festgelegten Verarbeitungszwecke umfasst ist.[939] Sofern dies der Fall

934 Ehmann/Selmayr/*Heberlein*, 3. Aufl. 2024, Art. 6 DSGVO Rn. 68; s. Gliederungspunkt E.II.2.

935 Paal/Pauly/*Frenzel*, 3. Aufl. 2021, Art. 6 DSGVO Rn. 46; Auernhammer/*Kramer*, 8. Aufl. 2023, Art. 6 DSGVO Rn. 102 f.; s. zum Vorrang der unionsrechtlichen oder mitgliedstaatsrechtlichen Vorschrift vor der Vereinbarkeitsprüfung *Kühling/Martini* u. a., Die Datenschutz-Grundverordnung und das nationale Recht, 2016, S. 39; a. A. Plath/*Plath/Struck*, 4. Aufl. 2023, Art. 6 DSGVO Rn. 159, die zuerst die Zweckvereinbarkeit prüfen.

936 Plath/*Plath/Struck*, 4. Aufl. 2023, Art. 6 DSGVO Rn. 155; Spindler/Schuster/*Spindler/Dalby*, 4. Aufl. 2019, Art. 6 DSGVO Rn. 23; s. Gliederungspunkte E.II.3; E.II.4.

937 *Wehkamp*, in: *Taeger* (Hrsg.), Den Wandel begleiten, 2020, S. 222; s. Gliederungspunkt E.II.5.b).

938 EuGH, Urt. v. 20.10.2022 – C-77/21, GRUR-RS 2022, 28068 Rn. 34; Plath/*Plath/Struck*, 4. Aufl. 2023, Art. 6 DSGVO Rn. 159.

939 Auernhammer/*Kramer*, 8. Aufl. 2023, Art. 6 DSGVO Rn. 102 f.; DSB-OK/*Schmidt*, 2023, Art. 6 DSGVO Rn. 86.

ist, liegt keine zweckändernde Weiterverarbeitung vor, da der Verantwortliche die personenbezogenen Daten innerhalb der durch die ursprünglichen Zwecke gesetzten Grenzen verarbeitet. Sofern aber die beabsichtigte Weiterverarbeitung nicht von den ursprünglich festgelegten Zwecken umfasst ist, wird ein anderer Zweck verfolgt.[940] Dieser andere, neue Zweck ist nach den gleichen Maßstäben wie bei der ursprünglichen Zweckfestlegung festzulegen,[941] da dieser Grundlage der weiteren Prüfung ist und im Falle der Zulässigkeit der zweckändernden Weiterverarbeitung die Grenzen der Weiterverarbeitung setzt. Demnach muss der Weiterverarbeitungszweck ebenfalls legitim, eindeutig und hinreichend bestimmt sein.[942]

3. Einwilligung der betroffenen Person

Beruht die zweckändernde Weiterverarbeitung auf einer Einwilligung, bedarf es keiner Prüfung der Zweckvereinbarkeit.[943] In diesem Fall kommt es auf die Frage, ob die Zwecke tatsächlich miteinander vereinbar sind, nicht an. Die Weiterverarbeitung ist nach EG 50 S. 7 DSGVO „ungeachtet der Vereinbarkeit der Zwecke“ zulässig.[944] Die Einwilligung ist somit die einzige Rechtsgrundlage des Art. 6 Abs. 1 DSGVO, die eine zweckändernde Weiterverarbeitung ohne zusätzliche Voraussetzung erlaubt. Grund hierfür ist die Dispositionshoheit der betroffenen Person über ihre eigenen personenbezogenen Daten.[945] Art. 6 Abs. 4 DSGVO wird daher bezüglich der Nennung der Einwilligung teilweise lediglich ein deklaratorischer Charakter zugeschrieben.[946] Dennoch handelt es sich hierbei um eine wichtige Klarstellung,[947] die die Bedeutung der Einwilligung hervorhebt.

---

940 Beispielsweise stellt die Nutzung von personenbezogenen Daten zu Testzwecken für eine Softwareumstellung wohl eine zweckändernde Weiterverarbeitung dar, BAG, Urt. v. 08.05.2025 – 8 AZR 209/21, BeckRS 2025, 9576 Rn. 22.

941 *Hofmann*, Assistenzsysteme in der Industrie 4.0, 2021, Rn. 900; in diese Richtung auch Kühling/Buchner/*Herbst*, 4. Aufl. 2024, Art. 5 DSGVO Rn. 43; NK-DatenschutzR/*Roßnagel*, 2. Aufl. 2025, Art. 6 Abs. 4 DSGVO Rn. 33.

942 S. zu den Anforderungen Gliederungspunkte D.II.2.; D.II.3.

943 Ehmann/Selmayr/*Heberlein*, 3. Aufl. 2024, Art. 6 DSGVO Rn. 72; Gola/Heckmann/*Schulz*, 3. Aufl. 2022, Art. 6 DSGVO Rn. 145 sieht eine zweckändernde Weiterverarbeitung, die auf einer Einwilligung beruht, schon nicht als eine solche an, da dadurch ein „ein neuer – ursprünglicher – Zweck“ festgelegt werde.

944 GA *Pikamäe*, Schlussantr. v. 31.03.2022 – C-77/21, BeckRS 2022, 5909 Rn. 56; vgl. EuGH, Urt. v. 02.03.2023 – C-268/21, BeckRS 2023, 2998 Rn. 33.

945 Vgl. *Klaas*, Interne Untersuchungen und Informationsaustausch, 2019, S. 330 Fn. 1758.

946 *Ziegenhorn/Schulz-Große*, ZD 2023, 581 (586).

947 *Ziegenhorn/Schulz-Große*, ZD 2023, 581 (586).

Die Wirksamkeit der Einwilligung zu einer zweckändernden Weiterverarbeitung richtet sich nach den allgemeinen Vorgaben des Art. 4 Nr. 11 und Art. 7 DSGVO[948] bzw. nach § 26 Abs. 2 BDSG[949] im Beschäftigungskontext. Sofern die ursprüngliche Verarbeitung bereits auf einer Einwilligung basiert, ist eine Umdeutung der ursprünglich festgelegten Zwecke oder die Annahme einer mutmaßlichen Einwilligung zu neuen, anderen Zwecken ausgeschlossen.[950]

4. Rechtsvorschrift der Union oder der Mitgliedstaaten

Neben der Einwilligung bedarf es auch dann keiner Vereinbarkeitsprüfung, wenn die Weiterverarbeitung für einen anderen Zweck „auf einer Rechtsvorschrift der Union oder der Mitgliedstaaten [beruht], die in einer demokratischen Gesellschaft eine notwendige und verhältnismäßige Maßnahme zum Schutz der in Artikel 23 Absatz 1 genannten Ziele darstellt".[951] Hierbei handelt es sich, wie bereits erörtert, um eine Öffnungsklausel, wonach die Union und die Mitgliedstaaten sowohl für private als auch öffentliche Stellen Rechtsvorschriften für zweckändernde Weiterverarbeitungen erlassen können.[952]

a) Überblick zu Vorschriften im BDSG

Der nationale Gesetzgeber hat auf Grundlage der Öffnungsklausel des Art. 6 Abs. 4 DSGVO die §§ 23, 24 BDSG geschaffen.[953] Beide Vorschriften regeln Erlaubnistatbestände,[954] wonach personenbezogene Daten in bestimmten Fällen auch zu anderen als den ursprünglich festgelegten Zwecken weiterverarbeitet werden können. Aus der Überschrift des § 23 BDSG folgt bereits, dass die Vorschrift ausschließlich die „Verarbeitung zu anderen Zwecken durch öffentliche Stellen" erfasst. In Abgrenzung dazu regelt § 24

---

948 Kühling/Buchner/*Buchner/Petri*, 4. Aufl. 2024, Art. 6 DSGVO Rn. 179; *Culik/Döpke*, ZD 2017, 226 (228).

949 *Gola/Thüsing*, Handbuch Beschäftigtendatenschutz, 9. Aufl. 2025, Rn. 1430; *Gola/Jaspers*, RDV 2018, 145 (147); s. umfassend zu den Wirksamkeitsvoraussetzungen *Knappertsbusch*, Die datenschutzrechtliche Einwilligung im Beschäftigungsverhältnis, 2022, S. 131 ff.

950 Ehmann/Selmayr/*Heberlein*, 3. Aufl. 2024, Art. 6 DSGVO Rn. 72.

951 EG 50 S. 7 DSGVO; EuGH, Urt. v. 02.03.2023 – C-268/21, BeckRS 2023, 2998 Rn. 33.

952 S. Gliederungspunkt E. I. 2. c).

953 BT-Drs. 18/11325, S. 95 f.; § 24 BDSG orientiert sich an § 28 BDSG a. F., Paal/Pauly/*Frenzel*, 3. Aufl. 2021, § 24 BDSG Rn. 2.

954 Gola/Heckmann/*Heckmann/Scheurer*, 3. Aufl. 2022, § 24 BDSG Rn. 7; Kühling/Buchner/*Herbst*, 4. Aufl. 2024, § 24 BDSG Rn. 1.

BDSG zweckändernde Weiterverarbeitungen „durch nichtöffentliche Stellen“.[955] Angesichts der Eingrenzung dieser Arbeit auf Datenverarbeitungen im Beschäftigungskontext durch private Stellen, wird im Folgenden §24 BDSG näher untersucht.

b) Verarbeitung zu anderen Zwecken durch nichtöffentliche Stellen, §24 BDSG

Nach §24 Abs. 1 BDSG sind zweckändernde Weiterverarbeitungen durch nichtöffentliche Stellen zulässig, wenn sie „zur Abwehr von Gefahren für die staatliche oder öffentliche Sicherheit oder zur Verfolgung von Straftaten“ (Nr. 1) oder „zur Geltendmachung, Ausübung oder Verteidigung zivilrechtlicher Ansprüche“ (Nr. 2) erforderlich sind und die Interessen der betroffenen Person an dem Ausschluss der Verarbeitung nicht überwiegen.

aa) Europarechtskonformität

In der Literatur wird teilweise vertreten, dass §24 Abs. 1 Nr. 2 BDSG („Geltendmachung, Ausübung oder Verteidigung zivilrechtlicher Ansprüche“) unionsrechtswidrig sei, da Art. 6 Abs. 4 DSGVO keine Öffnungsklausel darstelle.[956] §24 Abs. 1 Nr. 1 BDSG („Abwehr von Gefahren für die staatliche oder öffentliche Sicherheit oder [...] Verfolgung von Straftaten) könne dagegen auf die Öffnungsklausel des Art. 6 Abs. 2 und 3 BDSG gestützt werden, da Weiterverarbeitungen nach Nr. 1 im öffentlichen Interesse seien.[957]

Nach der hier vertretenen Auffassung ist §24 Abs. 1 BDSG im Ganzen unionsrechtskonform, da die gesamte Vorschrift auf die Öffnungsklausel des Art. 6 Abs. 4 DSGVO gestützt werden kann. Danach können die Union und die Mitgliedstaaten sowohl für öffentliche als auch private Stellen Rechtsvorschriften zur Rechtfertigung zweckändernder Weiterverarbeitung erlassen.[958] Der Gesetzgeber hat mit §24 BDSG in zulässiger Weise von seinem Regelungsspielraum Gebrauch gemacht,[959] da beide Tatbestände die Anforderungen, die Art. 6 Abs. 4 DSGVO an Rechtsvorschriften der Union und der Mitgliedstaaten stellt, erfüllen. Sowohl Nr. 1 als auch Nr. 2 des §24 Abs. 1 BDSG stellen Maßnahmen zum Schutz der in Art. 23 Abs. 1 DSGVO

---

955 Gola/Heckmann/*Heckmann/Scheurer*, 3. Aufl. 2022, §24 BDSG Rn. 1.

956 So Kühling/Buchner/*Herbst*, 4. Aufl. 2024, §24 BDSG Rn. 2, 13; in diese Richtung auch NK-DatenschutzR/*Roßnagel*, 2. Aufl. 2025, Art. 6 Abs. 4 DSGVO Rn. 29; das LAG Berlin-Brandenburg, Urt. v. 01.12.2022 – 21 Sa 390/22, BeckRS 2022, 39982 Rn. 94 f. und das LAG Düsseldorf, Urt. v. 26.02.2025 – 12 Sa 817/23, BeckRS 2025, 4512 Rn. 135 f. lassen die Frage offen.

957 Kühling/Buchner/*Herbst*, 4. Aufl. 2024, §24 BDSG Rn. 10.

958 S. Gliederungspunkt E. I.2.c).

959 BT-Drs. 18/11325, S. 96.

genannten Ziele dar. Die in § 24 Abs. 1 Nr. 1 BDSG genannte „Abwehr von Gefahren für die staatliche oder öffentliche Sicherheit oder zur Verfolgung von Straftaten“ nimmt auf die Ziele des Art. 23 Abs. 1 lit. a, c und d DSGVO Bezug.[960] Die „Geltendmachung, Ausübung oder Verteidigung zivilrechtlicher Ansprüche“ nach § 24 Abs. 1 Nr. 2 BDSG entspricht der Sicherstellung der „Durchsetzung zivilrechtlicher Ansprüche“ nach Art. 23 Abs. 1 lit. j DSGVO.[961] Diese Maßnahmen sind zudem auch notwendig und verhältnismäßig, da sie die Interessen der betroffenen Person berücksichtigen. Denn nach § 24 Abs. 1 BDSG a. E. ist eine Zweckänderung nur dann zulässig, „sofern nicht die Interessen der betroffenen Person an dem Ausschluss der Verarbeitung überwiegen.“

bb) Abwehr von Gefahren für die öffentliche Sicherheit oder Verfolgung von Straftaten, § 24 Abs. 1 Nr. 1 BDSG

Nach § 24 Abs. 1 Nr. 1 BDSG ist die zweckändernde Weiterverarbeitung zulässig, wenn sie „zur Abwehr von Gefahren für die staatliche oder öffentliche Sicherheit oder zur Verfolgung von Straftaten erforderlich ist“.[962] Diese Weiterverarbeitungsbefugnis erfolgt im öffentlichen Interesse,[963] weshalb sie insbesondere die Übermittlung personenbezogener Daten an öffentliche Stellen rechtfertigen kann.[964] Aufgrund des offenen Wortlauts kommt aber grundsätzlich auch eine Übermittlung an private Sicherheitsdienstleister in Betracht.[965] Alt. 1, die Abwehr von Gefahren für die staatliche oder öffentliche Sicherheit, nimmt auf die polizeirechtliche Definition Bezug und umfasst „die Unverletzlichkeit der Rechtsordnung, die Unversehrtheit von Leben, Gesundheit, Freiheit, Ehre und Vermögen des Einzelnen sowie den

---

960 Gola/Heckmann/*Heckmann/Scheurer*, 3. Aufl. 2022, § 24 BDSG Rn. 12 f.; Sydow/Marsch/*Marsch*, 3. Aufl. 2022, § 24 BDSG Rn. 15; so auch Kühling/Buchner/*Herbst*, 4. Aufl. 2024, § 24 BDSG Rn. 10, der aber § 24 Abs. 1 Nr. 1 BDSG auf die Öffnungsklausel des Art. 6 Abs. 1 UAbs. 1 lit. e i. V. m. Art. 6 Abs. 2 und 3 DSGVO stützt.

961 Gola/Heckmann/*Heckmann/Scheurer*, 3. Aufl. 2022, § 24 BDSG Rn. 14; Sydow/Marsch/*Marsch*, 3. Aufl. 2022, § 24 BDSG Rn. 17; so auch Kühling/Buchner/*Herbst*, 4. Aufl. 2024, § 24 BDSG Rn. 12 f., der aber § 24 Abs. 1 Nr. 2 BDSG als europarechtswidrig erachtet, da Art. 6 Abs. 4 DSGVO keine Öffnungsklausel darstelle.

962 Diese Weiterverarbeitungsbefugnis entspricht der des § 28 Abs. 2 Nr. 2 lit. b BDSG a. F., Gola/Heckmann/*Heckmann/Scheurer*, 3. Aufl. 2022, § 24 BDSG Rn. 11.

963 Sydow/Marsch/*Marsch*, 3. Aufl. 2022, § 24 BDSG Rn. 12; *Piltz*, BDSG, 2018, § 24 Rn. 6.

964 Auernhammer/*Kramer*, 8. Aufl. 2023, § 24 BDSG Rn. 11; Sydow/Marsch/*Marsch*, 3. Aufl. 2022, § 24 BDSG Rn. 12; Plath/*Plath*, 4. Aufl. 2023, § 24 BDSG Rn. 8; *Gola/Jaspers*, RDV 2018, 145 (150).

965 Gola/Heckmann/*Heckmann/Scheurer*, 3. Aufl. 2022, § 24 BDSG Rn. 11; *Gola/Jaspers*, RDV 2018, 145 (150).

Bestand und das Funktionieren des Staates und seiner Einrichtungen".[966] Alt. 2, die Verfolgung von Straftaten, ist eng zu verstehen, sodass die Verfolgung von Ordnungswidrigkeiten nicht vom Tatbestand erfasst ist.[967] In beiden Fällen müssen konkrete Anhaltspunkte für eine Gefahr oder Straftat vorliegen, der bloße Verdacht genügt nicht.[968]

cc) Zivilrechtliche Ansprüche, § 24 Abs. 1 Nr. 2 BDSG

Darüber hinaus ist nach § 24 Abs. 1 Nr. 2 BDSG die zweckändernde Weiterverarbeitung auch dann zulässig, wenn sie „zur Geltendmachung, Ausübung oder Verteidigung zivilrechtlicher Ansprüche erforderlich ist". Eine Weiterverarbeitung zu diesen Zwecken soll eine effektive Rechtsverfolgung ermöglichen.[969] Folglich umfasst die Vorschrift nicht nur die Verarbeitung im Zusammenhang mit gerichtlichen Verfahren, sondern auch außergerichtliche Verfahren.[970] Hinsichtlich der vom Tatbestand erfassten Ansprüche war im Gesetzgebungsverfahren anfangs noch keine Beschränkung auf zivilrechtliche Ansprüche vorgesehen. Diese Position wurde aber im Hinblick auf das Ziel nach Art. 23 Abs. 1 lit. j DSGVO, der nur die Durchsetzung zivilrechtlicher Ansprüche nennt, aufgegeben.[971] Zu den zivilrechtlichen Ansprüchen zählen neben dem bürgerlichen Recht auch das Arbeitsrecht.[972] Schließlich beschränkt sich der Tatbestand nicht auf Ansprüche des Verantwortlichen gegen die betroffene Person.[973] Vielmehr fallen auch Ansprüche des Verantwortlichen gegen Dritte oder Ansprüche von Dritten gegen die betroffene Person unter § 24 Abs. 1 Nr. 2 BDSG, da der Gesetzgeber den Vorschlag des Bundesrats, den Tatbestand auf Ansprüche „gegenüber der betroffenen Person" zu beschränken, nicht übernahm.[974]

dd) Keine überwiegenden Interessen der betroffenen Person

§ 24 Abs. 1 BDSG a. E. normiert, dass eine zweckändernde Weiterverarbeitung nach Nr. 1 und 2 nur dann zulässig ist, „sofern nicht die Interessen

---

966 Kühling/Buchner/*Herbst*, 4. Aufl. 2024, § 24 BDSG Rn. 7.

967 Kühling/Buchner/*Herbst*, 4. Aufl. 2024, § 24 BDSG Rn. 7.

968 *Voigt/v. d. Bussche*, EU-Datenschutz-Grundverordnung (DSGVO), 2. Aufl. 2024, S. 194; Plath/*Plath*, 4. Aufl. 2023, § 24 BDSG Rn. 8; Taeger/Gabel/*Rose*, 4. Aufl. 2022, § 24 BDSG Rn. 10.

969 Taeger/Gabel/*Rose*, 4. Aufl. 2022, § 24 BDSG Rn. 13.

970 Gola/Heckmann/*Heckmann/Scheurer*, 3. Aufl. 2022, § 24 BDSG Rn. 14; Kühling/Buchner/*Herbst*, 4. Aufl. 2024, § 24 BDSG Rn. 11.

971 BT-Drs. 18/12144, S. 4.

972 Gola/Heckmann/*Heckmann/Scheurer*, 3. Aufl. 2022, § 24 BDSG Rn. 14; Taeger/Gabel/*Rose*, 4. Aufl. 2022, § 24 BDSG Rn. 14.

973 *Piltz*, BDSG, 2018, § 24 Rn. 9.

974 BR-Drs. 110/17 (Beschluss), S. 22 f.; s. hierzu *Piltz*, BDSG, 2018, § 24 Rn. 9 ff.

der betroffenen Person an dem Ausschluss der Verarbeitung überwiegen." Dieser Vorbehalt erfordert eine Abwägung der verschiedenen Interessen.[975] Auf der einen Seite steht der mit der zweckändernden Weiterverarbeitung verfolgte Zweck[976] und auf der anderen Seite die Interessen der betroffenen Person. Die Vorschrift macht jedoch keine konkreten Vorgaben für die Interessenabwägung, weshalb sie teilweise auch kritisiert wird.[977] Insbesondere erscheint bei § 24 Abs. 1 Nr. 1 BDSG fraglich, in welchen Fällen die individuellen Interessen der betroffenen Person die öffentlichen Interessen überwiegen sollen.[978] Trotz fehlender Leitlinien des Gesetzgebers ist zu beachten, dass Interessenabwägungen dem Datenschutzrecht nicht fremd sind. Vielmehr sind sie zentraler Bestandteil der Rechtsgrundlage des Art. 6 Abs. 1 UAbs. 1 lit. f DSGVO, sodass sich an der dort normierten Interessenabwägung orientiert werden kann.[979] Schließlich weist *Piltz* zutreffend darauf hin, dass „nur ein Überwiegen der Interessen der Betroffenen die Weiterverarbeitung ausschließen würde." Lediglich entgegenstehende Interessen, die aber nicht überwiegen, genügen nicht.[980]

ee) Besondere Kategorien personenbezogener Daten, § 24 Abs. 2 BDSG

Nach § 24 Abs. 2 BDSG ist die zweckändernde Weiterverarbeitung besonderer Kategorien personenbezogener Daten i. S. d. Art. 9 Abs. 1 DSGVO nur dann zulässig, wenn neben § 24 Abs. 1 BDSG auch ein Ausnahmetatbestand des Art. 9 Abs. 2 DSGVO vorliegt oder ein Fall des § 22 BDSG einschlägig ist. Diese Regelung hat lediglich klarstellende Funktion[981] und keinen „normativen Eigenwert",[982] da das grundsätzliche Verbot der Verarbeitung besonderer Kategorien personenbezogener Daten bereits unmittelbar aus Art. 9 Abs. 1 DSGVO folgt.[983] Dieses Verbot gilt nach Art. 9 Abs. 2 DSGVO nicht, wenn einer der dort genannten Fälle einschlägig ist. Dort sind auch Öffnungsklauseln normiert, wonach Mitgliedstaaten Ausnahmen vom Verbot der Verarbeitung besonderer Kategorien personenbezogener Daten regeln

975 Gola/Heckmann/*Heckmann/Scheurer*, 3. Aufl. 2022, § 24 BDSG Rn. 9.
976 Kühling/Buchner/*Herbst*, 4. Aufl. 2024, § 24 BDSG Rn. 6.
977 BeckOK DatenschutzR/*Albers*, 51. Ed. Stand 01.02.2025, § 24 BDSG Rn. 20.
978 *Gola/Thüsing*, Handbuch Beschäftigtendatenschutz, 9. Aufl. 2025, Rn. 1454; Gola/Heckmann/*Heckmann/Scheurer*, 3. Aufl. 2022, § 24 BDSG Rn. 9; *Gola/Jaspers*, RDV 2018, 145 (150).
979 *Piltz*, BDSG, 2018, § 24 Rn. 13.
980 *Piltz*, BDSG, 2018, § 24 Rn. 13.
981 BT-Drs. 18/11325, S. 96; Kühling/Buchner/*Herbst*, 4. Aufl. 2024, § 24 BDSG Rn. 15.
982 BeckOK DatenschutzR/*Albers*, 51. Ed. Stand 01.02.2025, § 24 BDSG Rn. 21.
983 BeckOK DatenschutzR/*Albers*, 51. Ed. Stand 01.02.2025, § 24 BDSG Rn. 21; Kühling/Buchner/*Herbst*, 4. Aufl. 2024, § 24 BDSG Rn. 15.

können.[984] § 22 BDSG stellt eine solche Vorschrift dar,[985] weshalb sie auch in § 24 Abs. 2 BDSG genannt wird. Im Beschäftigungskontext kann die Verarbeitung besonderer Kategorien personenbezogener Daten aber auch auf § 26 Abs. 3 BDSG gestützt werden,[986] der auf Grundlage der Öffnungsklausel des Art. 9 Abs. 2 lit. b DSGVO erlassen wurde.[987]

c) Zwischenfazit

Beruht die zweckändernde Weiterverarbeitung auf einer Vorschrift der Union oder eines Mitgliedstaats, die auf Grundlage der Öffnungsklausel des Art. 6 Abs. 4 DSGVO erlassen wurde, bedarf es keiner Vereinbarkeitsprüfung. Dies ist bei § 24 BDSG der Fall, der den Anforderungen des Art. 6 Abs. 4 DSGVO genügt und damit unionrechtskonform ist. § 24 BDSG enthält Rechtsgrundlagen, die zweckändernde Weiterverarbeitungen durch private Stellen erlauben. Voraussetzung ist, dass die Weiterverarbeitung für einen anderen Zweck zur Abwehr von Gefahren für die staatliche oder öffentliche Sicherheit oder zur Verfolgung von Straftaten oder zur Durchsetzung zivilrechtlicher Ansprüche erforderlich ist und die Interessen der betroffenen Person an dem Ausschluss der Verarbeitung nicht überwiegen.

5. Zweckvereinbarkeit

Beruht die Weiterverarbeitung für einen anderen Zweck weder auf einer Einwilligung noch auf einer Rechtsvorschrift der Union oder der Mitgliedstaaten, hat der Verantwortliche nach Art. 6 Abs. 4 DSGVO zu prüfen, ob „die Verarbeitung zu einem anderen Zweck mit demjenigen, zu dem die personenbezogenen Daten ursprünglich erhoben wurden, vereinbar ist". Die Vereinbarkeitsprüfung wird in Art. 6 Abs. 4 DSGVO a. E. durch verschiedene Kriterien konkretisiert.[988] Bevor auf diese eingegangen wird, werden zunächst die in Art. 5 Abs. 1 lit. b Hs. 2 DSGVO privilegierten Zwecke betrachtet, da in diesen Fällen die Vereinbarkeitsprüfung entfällt.[989]

a) Privilegierte Weiterverarbeitungszwecke

Nach Art. 5 Abs. 1 lit. b Hs. 2 DSGVO „[gilt] eine Weiterverarbeitung für im öffentlichen Interesse liegende Archivzwecke, für wissenschaftliche oder

---

984 BeckOK DatenschutzR/*Albers*, 51. Ed. Stand 01.02.2025, § 24 BDSG Rn. 21.
985 S. hierzu im Einzelnen BeckOK DatenschutzR/*Albers/Veit*, 51. Ed. Stand 01.02.2025, § 22 BDSG Rn. 26 ff.
986 *Gola/Jaspers*, RDV 2018, 145 (150).
987 BT-Drs. 18/11325, S. 98.
988 S. Gliederungspunkt E.II.5.b).
989 S. Gliederungspunkt E.II.5.a).

historische Forschungszwecke oder für statistische Zwecke […] gemäß Artikel 89 Absatz 1 nicht als unvereinbar mit den ursprünglichen Zwecken“. Sofern eine Weiterverarbeitung zu den genannten Zwecken erfolgt, wird die Zweckvereinbarkeit fingiert.[990] Das hat zur Folge, dass die Vereinbarkeitsprüfung für „im öffentlichen Interesse liegende Archivzwecke, für wissenschaftliche oder historische Forschungszwecke oder für statistische Zwecke“ entfällt.[991] Die Fiktion der Zweckvereinbarkeit wirkt sich jedoch nicht auf das Erfordernis einer Rechtsgrundlage nach Art. 6 Abs. 1 DSGVO aus, da beide Anforderungen kumulativ zu erfüllen sind.[992]

Grund für die Privilegierung ist, dass Archivzwecke, Forschungszwecke und statistische Zwecke regelmäßig im öffentlichen Interesse sind.[993] So beschränkt der Tatbestand im Falle der Archivzwecke die Privilegierung ausdrücklich nur auf solche, die im öffentlichen Interesse liegen.[994] Als Ausnahme vom Grundsatz der Zweckbindung sei die Privilegierung insgesamt eng auszulegen.[995] In jedem Fall steht sie aber aufgrund des Verweises auf Art. 89 Abs. 1 DSGVO unter der Bedingung, dass die Verarbeitung geeigneten Garantien unterliegt.[996] Nach Art. 89 Abs. 1 S. 2 DSGVO wird dadurch „sichergestellt, dass technische und organisatorische Maßnahmen bestehen, mit denen insbesondere die Achtung des Grundsatzes der Datenminimierung gewährleistet wird.“

---

990 *Schildbach*, Big-Data-Anwendungen als Herausforderung für das Gesundheitsdatenschutzrecht, 2023, S. 224; *Sens*, Der Zweckbindungsgrundsatz der DSGVO beim Machine Learning im Vertrieb, 2024, S. 139; *Spitz*, Sekundärnutzung von Behandlungsdaten für medizinische Forschungszwecke, 2024, S. 256; Kühling/Buchner/*Herbst*, 4. Aufl. 2024, Art. 5 DSGVO Rn. 50.

991 *Schrader*, Datenschutz im Gesundheitswesen unter der Europäischen Datenschutz-Grundverordnung, 2022, S. 356; Kühling/Buchner/*Herbst*, 4. Aufl. 2024, Art. 5 DSGVO Rn. 50; a. A. NK-DatenschutzR/*Roßnagel*, 2. Aufl. 2025, Art. 5 DSGVO Rn. 109, der eine Vereinbarkeitsprüfung im Einzelfall fordert, wobei der Verantwortliche „[i]m Regelfall […] jedoch davon ausgehen [darf], dass die vier genannten Zwecke mit dem Primärzweck vereinbar sind.“

992 *Schrader*, Datenschutz im Gesundheitswesen unter der Europäischen Datenschutz-Grundverordnung, 2022, S. 357; *Spitz*, Sekundärnutzung von Behandlungsdaten für medizinische Forschungszwecke, 2024, S. 260; Ehmann/Selmayr/*Heberlein*, 3. Aufl. 2024, Art. 5 DSGVO Rn. 24; Kühling/Buchner/*Herbst*, 4. Aufl. 2024, Art. 5 DSGVO Rn. 54; s. Gliederungspunkt E. I. 3. b); a. A. NK-DatenschutzR/*Roßnagel*, 2. Aufl. 2025, Art. 5 DSGVO Rn. 109, wonach eine Weiterverarbeitung zu den privilegierten Zwecken ohne gesonderte Rechtsgrundlage in der Regel möglich sei.

993 Kühling/Buchner/*Herbst*, 4. Aufl. 2024, Art. 5 DSGVO Rn. 52.

994 Nach EG 158 S. 2 DSGVO geht es um „Aufzeichnungen von bleibendem Wert für das allgemeine öffentliche Interesse“; s. hierzu NK-DatenschutzR/*Roßnagel*, 2. Aufl. 2025, Art. 5 DSGVO Rn. 105.

995 Ehmann/Selmayr/*Heberlein*, 3. Aufl. 2024, Art. 5 DSGVO Rn. 24; NK-DatenschutzR/*Roßnagel*, 2. Aufl. 2025, Art. 5 DSGVO Rn. 109.

996 Kühling/Buchner/*Herbst*, 4. Aufl. 2024, Art. 5 DSGVO Rn. 51.

b) Kriterien für die Prüfung der Zweckvereinbarkeit

Handelt es sich beim Weiterverarbeitungszweck um keinen privilegierten Zweck i. S. d. Art. 5 Abs. 1 lit. b Hs. 2 DSGVO, sind für die Prüfung der Zweckvereinbarkeit nach Art. 6 Abs. 4 DSGVO a. E. folgende Kriterien zu berücksichtigen: die Verbindung zwischen den Zwecken (lit. a),[997] der Zusammenhang, in dem die personenbezogenen Daten erhoben wurden (lit. b),[998] die Art der personenbezogenen Daten (lit. c),[999] die möglichen Folgen der beabsichtigten Weiterverarbeitung (lit. d)[1000] und das Vorhandensein geeigneter Garantien (lit. e).[1001] Dem EuGH zufolge „spiegeln diese Kriterien die Notwendigkeit einer konkreten, kohärenten und ausreichend engen Verbindung zwischen dem Zweck der Datenerhebung und der Weiterverarbeitung der Daten wider".[1002] Nach dem Wortlaut („unter anderem") sind die in Art. 6 Abs. 4 DSGVO a. E. genannten Kriterien nicht abschließend.[1003] Daher können im Einzelfall weitere Umstände und Kriterien hinzutreten, die bei der Vereinbarkeitsprüfung zu berücksichtigen sind.[1004]

aa) Verbindung zwischen den Zwecken

Nach Art. 6 Abs. 4 lit. a DSGVO ist bei der Vereinbarkeitsprüfung „jede Verbindung zwischen den Zwecken, für die die personenbezogenen Daten erhoben wurden, und den Zwecken der beabsichtigten Weiterverarbeitung" zu berücksichtigen. Danach ist jeder inhaltliche und zeitliche Zusammenhang zwischen den Verarbeitungszwecken in die Vereinbarkeitsprüfung miteinzubeziehen.[1005] Das folgt unmittelbar aus dem Wortlaut, wonach *jede* Verbindung zwischen den Zwecken zu berücksichtigen ist.[1006] Bei zweckändernden Weiterverarbeitungen im Beschäftigungskontext muss insbeson-

997 S. Gliederungspunkt E.II.5.b)aa).
998 S. Gliederungspunkt E.II.5.b)bb).
999 S. Gliederungspunkt E.II.5.b)cc).
1000 S. Gliederungspunkt E.II.5.b)dd).
1001 S. Gliederungspunkt E.II.5.b)ee).
1002 EuGH, Urt. v. 20.10.2022 – C-77/21, GRUR-RS 2022, 28068 Rn. 36; so bereits GA *Pikamäe*, Schlussantr. v. 31.03.2022 – C-77/21, BeckRS 2022, 5909 Rn. 28.
1003 BeckOK DatenschutzR/*Albers/Veit*, 51. Ed. Stand 01.02.2025, Art. 6 DSGVO Rn. 104; Paal/Pauly/*Frenzel*, 3. Aufl. 2021, Art. 6 DSGVO Rn. 48; Ehmann/Selmayr/*Heberlein*, 3. Aufl. 2024, Art. 6 DSGVO Rn. 71; SPHD/*Sartor*, 2023, Art. 6 GDPR Rn. 90.
1004 Auernhammer/*Kramer*, 8. Aufl. 2023, Art. 6 DSGVO Rn. 112.
1005 DSB-OK/*Schmidt*, 2023, Art. 6 DSGVO Rn. 96; SJTK/*Schwartmann/Mühlenbeck/Pieper*, 3. Aufl. 2024, Art. 6 Abs. 4 DSGVO Rn. 248; Taeger/Gabel/*Taeger*, 4. Aufl. 2022, Art. 6 DSGVO Rn. 176.
1006 DSB-OK/*Schmidt*, 2023, Art. 6 DSGVO Rn. 96.

dere „für neue Verwendungszwecke noch ein innerer Zusammenhang zum Beschäftigtenverhältnis im weitesten Sinne bestehen".[1007]

Eine enge Verbindung ist vor allem dann anzunehmen, wenn die Weiterverarbeitung zu einem anderen Zweck zwar nicht von den ursprünglichen Zwecken umfasst ist, aber „impliziert" bzw. ein „logischer nächster Schritt" ist.[1008] Die Weiterverarbeitung muss aber nicht zwingend „unbedingter Folgeschritt der ursprünglichen Datenverarbeitung" sein.[1009] Einen „konkreten Zusammenhang" nahm der EuGH in einem Fall an, bei dem der Verantwortliche Kundendaten, die er ursprünglich zum Zwecke der Erfüllung eines Vertrages erhob, zu Zwecken der „Durchführung von Tests und die Behebung von Fehlern, die die Datenbank beeinträchtigen", in einer Testdatenbank speicherte.[1010] Generalanwalt *Pikamäe* führte in seinen Schlussanträgen aus, dass sich die Zwecke zwar nicht überschneiden würden, sie aber dennoch „logisch miteinander in Verbindung" stünden.[1011] Ein Zusammenhang im Sinne eines logischen Folgeschritts sei auch regelmäßig für den Fall anzunehmen, wenn personenbezogene Daten im Rahmen einer Ermittlungsmaßnahme erhoben und anschließend durch eine Strafanzeige an Strafverfolgungsbehörden weitergegeben werden.[1012] Darüber hinaus liege auch eine „starke Verbindung" vor, wenn ein Beschäftigter innerhalb des Konzerns zu einem anderen Unternehmen wechselt und personenbezogene Daten aus seinem betrieblichen E-Mail-Konto an das aufnehmende Konzernunternehmen übertragen werden.[1013]

Je weiter aber der Weiterverarbeitungszweck von den ursprünglichen Erhebungszwecken entfernt sei, desto schwieriger lasse sich die Zweckvereinbarkeit bejahen.[1014] Sofern nur eine schwache Verbindung zwischen den Zwecken besteht, führt dies noch nicht zum Ausschluss der Weiterverarbeitung.[1015] Denn das Kriterium der Verbindung zwischen den Zwecken ist nur

---

1007 DSK, Kurzpapier Nr. 14, 24.09.2020, S. 3.

1008 Art. 29-Datenschutzgruppe, WP 203, 02.04.2013, S. 24; Kühling/Buchner/*Buchner/Petri*, 4. Aufl. 2024, Art. 6 DSGVO Rn. 187; Ehmann/Selmayr/*Heberlein*, 3. Aufl. 2024, Art. 6 DSGVO Rn. 75; Gola/Heckmann/*Schulz*, 3. Aufl. 2022, Art. 6 DSGVO Rn. 137; NK-DatenschutzR/*Roßnagel*, 2. Aufl. 2025, Art. 6 Abs. 4 DSGVO Rn. 36; *Wedde*, Beschäftigtendatenschutz, 2022, Art. 6 DSGVO Rn. 60.

1009 VG Bremen, Urt. v. 23.04.2025 – 4 K 2873/23, GRUR-RS 2025, 8910 Rn. 52.

1010 EuGH, Urt. v. 20.10.2022 – C-77/21, GRUR-RS 2022, 28068 Rn. 44.

1011 GA *Pikamäe*, Schlussantr. v. 31.03.2022 – C-77/21, BeckRS 2022, 5909 Rn. 59.

1012 *Klaas*, Interne Untersuchungen und Informationsaustausch, 2019, S. 330.

1013 *Paal/Götz*, RDV 2023, 141 (142).

1014 Art. 29-Datenschutzgruppe, WP 203, 02.04.2013, S. 24.

1015 Vgl. Gola/Heckmann/*Schulz*, 3. Aufl. 2022, Art. 6 DSGVO Rn. 137; a. A. NK-DatenschutzR/*Roßnagel*, 2. Aufl. 2025, Art. 6 Abs. 4 DSGVO Rn. 36; SJTK/*Schwartmann/Mühlenbeck/Pieper*, 3. Aufl. 2024, Art. 6 Abs. 4 DSGVO Rn. 249.

eines von mehreren Kriterien, das bei der Prüfung der Zweckvereinbarkeit zu berücksichtigen ist.

bb) Kontext der Datenerhebung

Das zweite Kriterium, geregelt in lit. b, sieht vor, dass bei der Vereinbarkeitsprüfung der „Zusammenhang, in dem die personenbezogenen Daten erhoben wurden, insbesondere hinsichtlich des Verhältnisses zwischen den betroffenen Personen und dem Verantwortlichen", zu berücksichtigen ist. Nach EG 50 S. 6 DSGVO sind insbesondere „die vernünftigen Erwartungen der betroffenen Personen, die auf ihrer Beziehung zu dem Verantwortlichen beruhen, in Bezug auf die weitere Verwendung dieser Daten" miteinzubeziehen. Dementsprechend sprechen überraschende oder unvorhersehbare Weiterverarbeitungen eher gegen eine Vereinbarkeit der Zwecke.[1016] Dabei ist nicht auf die subjektiven Erwartungen der betroffenen Person abzustellen, sondern auf die „verobjektivierte Erwartungshaltung".[1017] Hierbei ist das Verhältnis zwischen dem Verantwortlichen und der betroffenen Person zu berücksichtigen. Im Beschäftigungskontext ist im Hinblick auf die vernünftigen Erwartungen darauf abzustellen, ob ein Arbeitnehmer mit der „entsprechenden Weiterverbreitung rechnen konnte oder musste."[1018] Der Art. 29-Datenschutzgruppe zufolge muss ein Arbeitnehmer in aller Regel nicht damit rechnen, dass zu Sicherheitszwecken gemachte Videoaufnahmen zur Leistungskontrolle verwendet werden, da diese Zwecke nicht miteinander zusammenhängen würden.[1019] Dies sei ein starkes Indiz dafür, dass die Zwecke nicht miteinander vereinbar seien.[1020] Der Referentenentwurf des BeschDG schloss in § 23 Weiterverarbeitungen zur Leistungskontrolle generell aus.[1021] Nach Art. 6 Abs. 4 DSGVO ist die Weiterverarbeitung zur Leistungskontrolle aber nicht grundsätzlich ausgeschlossen, da neben dem

---

1016 Kühling/Buchner/*Buchner/Petri*, 4. Aufl. 2024, Art. 6 DSGVO Rn. 188; Koreng/Lachenmann/*Piltz*, Formularhandbuch Datenschutzrecht, 4. Aufl. 2025, H.VII.2. Anm. 2; NK-DatenschutzR/*Roßnagel*, 2. Aufl. 2025, Art. 6 Abs. 4 DSGVO Rn. 45.

1017 Plath/*Plath/Struck*, 4. Aufl. 2023, Art. 6 DSGVO Rn. 163 f.; so auch Gola/Heckmann/*Schulz*, 3. Aufl. 2022, Art. 6 DSGVO Rn. 138, der auf die Perspektive eines objektiven Dritten abstellt.

1018 SJTK/*Schwartmann/Mühlenbeck/Pieper*, 3. Aufl. 2024, Art. 6 Abs. 4 DSGVO Rn. 254.

1019 Art. 29-Datenschutzgruppe, WP 203, 02.04.2013, S. 56; a. A. Plath/*Plath/Struck*, 4. Aufl. 2023, Art. 6 DSGVO Rn. 161, der einen engen Zusammenhang zwischen den beiden Zwecken annimmt, da eine Videoüberwachungsanlage dazu diene, das Verhalten von Personen zu beobachten.

1020 Art. 29-Datenschutzgruppe, WP 203, 02.04.2013, S. 56.

1021 BMAS/BMI, BeschDG-RefE, S. 23: „Der Arbeitgeber darf Beschäftigtendaten, die nach diesem Abschnitt zu einem anderen Zweck, als zur Leistungskontrolle erhoben wurden, nicht zum Zweck der Leistungskontrolle verarbeiten."

Kontext der Datenerhebung auch die anderen Kriterien in die Prüfung der Zweckvereinbarkeit miteinzubeziehen sind.[1022]

cc) Art der personenbezogenen Daten

Nach lit. c ist „die Art der personenbezogenen Daten, insbesondere ob besondere Kategorien personenbezogener Daten gemäß Artikel 9 verarbeitet werden oder ob personenbezogene Daten über strafrechtliche Verurteilungen und Straftaten gemäß Artikel 10 verarbeitet werden“ zu berücksichtigen. Die genannten personenbezogenen Daten nach Art. 9 und 10 DSGVO haben gemeinsam, dass die DSGVO ihre Verarbeitung nur unter zusätzlichen, strengeren Voraussetzungen erlaubt.[1023] Denn diese Daten gelten als sensibel und besonders schützenswert, weshalb mit ihrer Verarbeitung auch ein höheres Risiko für die betroffenen Personen einhergeht.[1024] Die Berücksichtigung der Art der personenbezogenen Daten im Rahmen der Beurteilung der Zweckvereinbarkeit kann somit als Ausdruck des risikobasierten Ansatzes der DSGVO gesehen werden.[1025]

Über die genannten Arten personenbezogener Daten hinaus können nach dem Wortlaut („insbesondere“) auch andere Arten personenbezogener Daten bei der Vereinbarkeitsprüfung zu berücksichtigen sein.[1026] Allerdings sollten mit Blick auf die beispielhafte Aufzählung von Art. 9 und 10 DSGVO nur solche Daten Berücksichtigung finden, die von der DSGVO unter besonderen Schutz gestellt werden.[1027] Das gilt etwa für personenbezogene Daten minderjähriger betroffener Personen.[1028] Aus EG 38 S. 1 DSGVO folgt ausdrücklich, dass personenbezogene Daten von Kindern besonderen Schutz verdienen, was auch in zahlreichen Vorschriften, wie etwa Art. 6 Abs. 1 UAbs. 1 lit. f DSGVO oder Art. 8 DSGVO, zum Ausdruck kommt.[1029]

1022 Vgl. Art. 29-Datenschutzgruppe, WP 203, 02.04.2013, S. 56.

1023 Sydow/Marsch/*Kampert*, 3. Aufl. 2022, Art. 10 DSGVO Rn. 1; Kühling/Buchner/*Weichert*, 4. Aufl. 2024, Art. 9 DSGVO Rn. 4.

1024 Vgl. EG 51 S. 1 DSGVO. Der EuGH, Urt. v. 24.09.2019 – C-136/17, BeckRS 2019, 22052 Rn. 67 stellt personenbezogene Daten nach Art. 9 und 10 DSGVO in ihrer Sensibilität gleich; BeckOK DatenschutzR/*Bäcker*, 51. Ed. Stand 01.08.2024, Art. 10 DSGVO Rn. 13b.

1025 Spindler/Schuster/*Spindler/Dalby*, 4. Aufl. 2019, Art. 6 DSGVO Rn. 28; s. zum risikobasierten Ansatz in der DSGVO *Schröder*, ZD 2019, 503.

1026 Taeger/Gabel/*Taeger*, 4. Aufl. 2022, Art. 6 DSGVO Rn. 178.

1027 A. A. Art. 29-Datenschutzgruppe, WP 203, 02.04.2013, S. 25, die Kommunikations- und Standortdaten mit besonderen Kategorien personenbezogener Daten i. S. d. Art. 9 Abs. 1 DSGVO gleichstellt; *Wehkamp*, in: *Taeger* (Hrsg.), Den Wandel begleiten, 2020, S. 228 verlangt, dass „ein bestimmtes Maß an Sensibilität überschritten“ wird.

1028 NK-DatenschutzR/*Roßnagel*, 2. Aufl. 2025, Art. 6 Abs. 4 DSGVO Rn. 54.

1029 *Schnebbe*, Minderjährige im Datenschutzrecht, 2023, S. 2 Fn. 7.

Der Umstand, dass Beschäftigtendaten weiterverarbeitet werden, genügt allein noch nicht für die Annahme besonders schützenswerter Daten. Zwar berücksichtigte das LAG Hamm diesen Umstand bei der Vereinbarkeitsprüfung nach Art. 6 Abs. 4 DSGVO zulasten des Arbeitgebers, da dieser Personaldaten „grundsätzlich vertraulich zu behandeln“ habe.[1030] Diese Aussage trifft aber nicht nur auf Beschäftigtendaten, sondern auf personenbezogene Daten jedweder Art zu. Auch stellt die DSGVO die Verarbeitung von Beschäftigtendaten nicht generell unter strengere Voraussetzungen. Vielmehr ist im Beschäftigungskontext das konkrete personenbezogene Datum zu betrachten und zu prüfen, ob dieses unter Art. 9 oder Art. 10 DSGVO fällt und damit als besonders schützenswert gilt.

dd) Folgen der Weiterverarbeitung für die betroffene Person

Sodann sieht lit. d vor, dass „die möglichen Folgen der beabsichtigten Weiterverarbeitung für die betroffenen Personen“ bei der Vereinbarkeitsprüfung zu berücksichtigen sind. Mit diesem Kriterium kommt der risikobasierte Ansatz besonders deutlich zum Ausdruck.[1031] Denn die Einbeziehung der Folgen der Weiterverarbeitung erfordert in Anlehnung an Art. 24 Abs. 1 S. 1 DSGVO eine Beurteilung der „Eintrittswahrscheinlichkeit und Schwere der Risiken für die Rechte und Freiheiten natürlicher Personen“.[1032] Folglich können Erkenntnisse aus einer etwaigen Datenschutz-Folgenabschätzung nach Art. 35 DSGVO in die Vereinbarkeitsprüfung miteinbezogen werden.[1033]

Bei der Betrachtung der möglichen Folgen der Weiterverarbeitung sind sowohl positive als auch negative Folgen für die betroffene Person zu berücksichtigen.[1034] Erstere sprechen für eine Vereinbarkeit der Zwecke, letztere dagegen.[1035] Negative Folgen sind etwa dann anzunehmen, wenn die Weiterverarbeitung „das Potenzial [hat], eine ausgrenzende oder diskriminierende Wirkung zu entfalten“.[1036] Auch wirtschaftliche und gesellschaftliche Nach-

1030 LAG Hamm, Urt. v. 14.12.2021 – 17 Sa 1185/20, BeckRS 2021, 45536 Rn. 105.

1031 Jandt/Steidle/*Wilmer*, Datenschutz und Internet, 2. Aufl. 2025, III. Rn. 80; *Veil*, ZD 2015, 347 (349).

1032 Ehmann/Selmayr/*Heberlein*, 3. Aufl. 2024, Art. 6 DSGVO Rn. 79; Jandt/Steidle/*Wilmer*, Datenschutz und Internet, 2. Aufl. 2025, III. Rn. 80.

1033 NK-DatenschutzR/*Roßnagel*, 2. Aufl. 2025, Art. 6 Abs. 4 DSGVO Rn. 56; in diese Richtung auch Auernhammer/*Kramer*, 8. Aufl. 2023, Art. 6 DSGVO Rn. 117.

1034 Art. 29-Datenschutzgruppe, WP 203, 02.04.2013, S. 25.

1035 DSB-OK/*Schmidt*, 2023, Art. 6 DSGVO Rn. 99.

1036 Gola/Heckmann/*Schulz*, 3. Aufl. 2022, Art. 6 DSGVO Rn. 140; zuvor Art. 29-Datenschutzgruppe, WP 203, 02.04.2013, S. 25: „[…] situations where the processing may lead to the exclusion or discrimination of individuals.“

teile können negative Folgen für die betroffene Person darstellen.[1037] Die Übermittlung personenbezogener Daten an Dritte allein stellt jedoch noch keine negative Folge für die betroffene Person dar.[1038] Vielmehr sind die konkreten Folgen, die die Verarbeitung durch den Dritten nach sich ziehen könnte, zu betrachten.[1039] Hierbei ist aber zu berücksichtigen, dass die betroffene Person weniger schutzwürdig ist, wenn sie mit den negativen Folgen durch die Verarbeitung eines Dritten rechnen musste.[1040] Dies ist etwa dann der Fall, wenn die Identität eines Arbeitnehmers nach einem Straßenverkehrsverstoß mit einem Dienstwagen an die Bußgeldstelle weitergegeben wird.[1041] Des Weiteren stellt sich die Frage, welche Auswirkung ungewisse Folgen auf die Vereinbarkeitsprüfung haben. Eine Gleichstellung mit negativen Folgen[1042] erscheint sehr weitreichend. Daher wird es bei ungewissen Folgen der Weiterverarbeitung vor allem auf die anderen Kriterien der Vereinbarkeitsprüfung ankommen.

ee) Vorhandensein geeigneter Garantien

Schließlich ist nach lit. e „das Vorhandensein geeigneter Garantien, wozu Verschlüsselung oder Pseudonymisierung gehören kann“, bei der Vereinbarkeitsprüfung zu berücksichtigen. Mit geeigneten Garantien sind Schutzmaßnahmen gemeint, die sowohl technischer als auch organisatorischer Art sein können.[1043] Mit diesen können im Rahmen der Prüfung der Zweckvereinbarkeit festgestellte Risiken und andere Defizite der Weiterverarbeitung kompensiert werden.[1044] Der Verantwortliche kann somit durch die Implementierung von Schutzmaßnahmen Einfluss auf die Vereinbarkeitsprüfung

---

1037 Ehmann/Selmayr/*Heberlein*, 3. Aufl. 2024, Art. 6 DSGVO Rn. 79; Taeger/Gabel/*Taeger*, 4. Aufl. 2022, Art. 6 DSGVO Rn. 179.

1038 Auernhammer/*Kramer*, 8. Aufl. 2023, Art. 6 DSGVO Rn. 118; a. A. *Blum*, People Analytics, 2021, S. 243; NK-DatenschutzR/*Roßnagel*, 2. Aufl. 2025, Art. 6 Abs. 4 DSGVO Rn. 57; ähnlich *Wedde*, Beschäftigtendatenschutz, 2022, Art. 6 DSGVO Rn. 71.

1039 Auernhammer/*Kramer*, 8. Aufl. 2023, Art. 6 DSGVO Rn. 118.

1040 NK-DatenschutzR/*Roßnagel*, 2. Aufl. 2025, Art. 6 Abs. 4 DSGVO Rn. 57; Ehmann/Selmayr/*Heberlein*, 3. Aufl. 2024, Art. 6 DSGVO Rn. 79 und Koreng/Lachenmann/*Piltz*, Formularhandbuch Datenschutzrecht, 4. Aufl. 2025, H. VII.2. Anm. 4 verweisen auf die geringe Schutzwürdigkeit der betroffenen Person im Zusammenhang mit Straftaten oder Bedrohungen der öffentlichen Sicherheit.

1041 NK-DatenschutzR/*Roßnagel*, 2. Aufl. 2025, Art. 6 Abs. 4 DSGVO Rn. 57; *Gola/Jaspers*, RDV 2018, 145 (152).

1042 So die Art. 29-Datenschutzgruppe, WP 203, 02.04.2013, S. 26: „[…] the more negative or uncertain the impact of further processing might be, the more unlikely it is to be considered as compatible use.“

1043 Ehmann/Selmayr/*Heberlein*, 3. Aufl. 2024, Art. 6 DSGVO Rn. 80.

1044 Art. 29-Datenschutzgruppe, WP 203, 02.04.2013, S. 26.

nehmen.[1045] Das Kriterium nennt ausdrücklich die Verschlüsselung oder Pseudonymisierung personenbezogener Daten als mögliche geeignete Garantien.[1046] Auch das Widerspruchsrecht nach Art. 21 DSGVO kann eine solche darstellen.[1047] Verantwortliche sind aber nicht hierauf beschränkt, sondern können auch andere Maßnahmen nach den Art. 24, 25 und 32 DSGVO implementieren.[1048] Der Wortlaut des EG 50 S. 6 DSGVO, wonach der Verantwortliche bei der Vereinbarkeitsprüfung zu prüfen hat, „ob sowohl beim ursprünglichen als auch beim beabsichtigten Weiterverarbeitungsvorgang geeignete Garantien bestehen", legt nahe, dass es auf einen Vergleich der Schutzmaßnahmen ankommt.[1049] Bei vergleichbaren Risiken ist daher das bisherige Schutzniveau zumindest aufrechtzuerhalten.[1050] Steigt das mit der zweckändernden Weiterverarbeitung verbundene Risiko für die betroffenen Personen, sind entsprechend höhere Anforderungen an die Schutzmaßnahmen zu stellen.[1051] Je wirksamer die Schutzmaßnahmen sind, desto eher ist die Zweckvereinbarkeit anzunehmen.[1052] Zudem gilt auch hier, dass das Fehlen geeigneter Garantien allein noch nicht zum Ausschluss der Weiterverarbeitung führt,[1053] da lit. e nur eines von mehreren Kriterien ist. Schließlich weist *Schmidt* zutreffend darauf hin, dass umgekehrt die Grenzen der Zweckbindung durch erhöhte Schutzmaßnahmen nicht beliebig ausgeweitet werden können.[1054]

c) Zwischenfazit

Beruht die zweckändernde Weiterverarbeitung weder auf einer Einwilligung der betroffenen Person noch auf einer Rechtsvorschrift der Union oder der Mitgliedstaaten, ist zu prüfen, ob der Zweck der Weiterverarbeitung mit den ursprünglich festgelegten Zwecken vereinbar ist. Erfolgt die Weiterverarbeitung für im öffentlichen Interesse liegende Archivzwecke, für wissenschaftliche oder historische Forschungszwecke oder für statistische Zwecke nach Art. 5 Abs. 1 lit. b Hs. 2 DSGVO, wird die Zweckvereinbarkeit fingiert. Voraussetzung ist, dass die Weiterverarbeitung zu den privilegierten Zwe-

1045 Taeger/Gabel/*Taeger*, 4. Aufl. 2022, Art. 6 DSGVO Rn. 180.
1046 Ehmann/Selmayr/*Heberlein*, 3. Aufl. 2024, Art. 6 DSGVO Rn. 80.
1047 VG Bremen, Urt. v. 23.04.2025 – 4 K 2873/23, GRUR-RS 2025, 8910 Rn. 50.
1048 Ehmann/Selmayr/*Heberlein*, 3. Aufl. 2024, Art. 6 DSGVO Rn. 80.
1049 NK-DatenschutzR/*Roßnagel*, 2. Aufl. 2025, Art. 6 Abs. 4 DSGVO Rn. 60.
1050 NK-DatenschutzR/*Roßnagel*, 2. Aufl. 2025, Art. 6 Abs. 4 DSGVO Rn. 60 verlangt „vergleichbare Schutzvorkehrungen".
1051 NK-DatenschutzR/*Roßnagel*, 2. Aufl. 2025, Art. 6 Abs. 4 DSGVO Rn. 61; *Veil*, ZD 2015, 347 (349).
1052 Sydow/Marsch/*Reimer*, 3. Aufl. 2022, Art. 6 DSGVO Rn. 101.
1053 Sydow/Marsch/*Reimer*, 3. Aufl. 2022, Art. 6 DSGVO Rn. 101.
1054 DSB-OK/*Schmidt*, 2023, Art. 6 DSGVO Rn. 100.

cken nach Art. 89 Abs. 1 DSGVO geeigneten Garantien unterliegt. Für alle anderen Weiterverarbeitungszwecke ist eine Vereinbarkeitsprüfung unter Berücksichtigung der in Art. 6 Abs. 4 DSGVO a. E. genannten Kriterien vorzunehmen. Keines der Kriterien kann allein zum Ausschluss der Weiterverarbeitung führen. Vielmehr sind sämtliche Kriterien bei der Prüfung der Zweckvereinbarkeit zu berücksichtigen und im Rahmen einer Gesamtwürdigung zu beurteilen. Des Weiteren hat sich gezeigt, dass in einigen Kriterien der risikobasierte Ansatz der DSGVO zum Ausdruck kommt.

6. Beispiel: Zweckändernde Weiterverarbeitung durch krankheitsbedingte Kündigung nach Durchführung des betrieblichen Eingliederungsmanagements

Die in diesem Kapitel gesammelten Erkenntnisse werden nun auf ein konkretes Beispiel aus dem Beschäftigungskontext angewendet: Der Arbeitgeber erhebt im Rahmen der Durchführung des betrieblichen Eingliederungsmanagements (bEM) insbesondere Informationen über die Gesundheit des Arbeitnehmers, also besondere Kategorien personenbezogener Daten nach Art. 9 Abs. 1 DSGVO.[1055] Ziel des bEMs ist es, bei gesundheitlichen Einschränkungen eines Arbeitnehmers, die Kündigung zu vermeiden und durch geeignete Maßnahmen eine dauerhafte Fortsetzung des Arbeitsverhältnisses zu erreichen.[1056] Die zum Zwecke der Durchführung des bEMs erhobenen Gesundheitsdaten werden in dem hier behandelten Fall zum Zwecke der krankheitsbedingten Kündigung des Arbeitnehmers weiterverarbeitet.[1057] Die Zulässigkeit der Verwendung personenbezogener Gesundheitsdaten aus dem bEM zum Zwecke der Kündigung ist umstritten.[1058]

a) Vorprüfung

Zunächst ist zu prüfen, ob es sich bei einer krankheitsbedingten Kündigung nach der Durchführung des bEMs überhaupt um eine zweckändernde Weiterverarbeitung handelt. Hierzu sind die bei der Erhebung der personenbezogenen Daten festgelegten Zwecke zu identifizieren und zu prüfen, ob die

1055 LAG Baden-Württemberg, Urt. v. 28.07.2021 – 4 Sa 68/20, BeckRS 2021, 25332 Rn. 33; *Schmidt*, Gestaltung und Durchführung des BEM, 3. Aufl. 2023, Rn. 65; *Kaindl/Sorber*, DB 2021, 2150 (2153).

1056 Neumann/Pahlen/Greiner u. a./*Greiner*, 15. Aufl. 2024, § 167 SGB IX Rn. 4.

1057 Das Beispiel liegt der Annahme zugrunde, dass zur Rechtfertigung der krankheitsbedingten Kündigung der Rückgriff auf bEM-Daten erforderlich ist; s. hierzu *Schmidt/Plote*, NZA 2022, 1297 (1303).

1058 *Schmidt*, Gestaltung und Durchführung des BEM, 3. Aufl. 2023, Rn. 71.

beabsichtigte Weiterverarbeitung von diesen Zwecken umfasst ist oder ob ein anderer Zweck verfolgt wird.[1059]

Der Zweck der Datenerhebung ist im vorliegenden Fall die „Durchführung des betrieblichen Eingliederungsmanagements".[1060] Fraglich ist aber, ob die beabsichtigte Weiterverarbeitung noch unter diesen Zweck fällt, also ob die Kündigung vom bEM umfasst ist.[1061] Eine Ansicht bejaht dies und begründet dies damit, dass das bEM ein „offener Suchprozess" sei.[1062] Demnach könne am Ende des Prozesses auch eine Kündigung stehen, wenn keine milderen Mittel in Betracht kämen.[1063] Diese Ansicht verkennt aber, dass der Suchprozess dazu dient, „individuell angepasste Lösungen zur Vermeidung zukünftiger Arbeitsunfähigkeit [zu] ermitteln".[1064] Das folgt aus § 167 Abs. 2 S. 1 SGB IX, wonach der Arbeitgeber mit den zuständigen Stellen die „Möglichkeiten [klärt], wie die Arbeitsunfähigkeit möglichst überwunden werden und mit welchen Leistungen oder Hilfen erneuter Arbeitsunfähigkeit vorgebeugt und der Arbeitsplatz erhalten werden kann".[1065] Das Ziel des bEMs besteht also darin, das Arbeitsverhältnis zu erhalten und dessen Beendigung zu vermeiden.[1066] Die Kündigung des Arbeitsverhältnisses kann somit nicht mehr als Teil des bEMs angesehen werden.[1067] Vielmehr stellt sie eine außerhalb der Durchführung des bEMs stehende, ihr nachgelagerte Maßnahme dar. Folglich handelt es sich bei einer Kündigung des Arbeitsverhältnisses durch den Arbeitgeber unter Rückgriff auf personenbezogene Daten, die im Rahmen der Durchführung des bEMs erhoben wurden, um eine zweckändernde Weiterverarbeitung.

b) Einwilligung

Nach Art. 6 Abs. 4 DSGVO kann eine Weiterverarbeitung für einen anderen Zweck auf eine Einwilligung der betroffenen Person gestützt werden.[1068] Unabhängig von der Wirksamkeit der Einwilligung, ist nicht davon auszu-

1059 S. Gliederungspunkt E.II.2.

1060 S. Gliederungspunkt D.II.3.b)dd)(2).

1061 Vgl. *Schmidt/Plote*, NZA 2022, 1297 (1304).

1062 *Reinhard*, ArbRB 2018, 325 (328).

1063 *Reinhard*, ArbRB 2018, 325 (328); *Quiel*, DSB 2019, 72 (73).

1064 BAG, Urt. v. 07.09.2021 – 9 AZR 571/20, BeckRS 2021, 43832 Rn. 9.

1065 Bei der Verwendung des Begriffs „Arbeitsplatz" handelt es sich um einen Redaktionsfehler, da es um den Erhalt des „Arbeitsverhältnisses" geht, BAG, Urt. v. 20.11.2014 – 2 AZR 755/13, BeckRS 2015, 67504 Rn. 32; s. hierzu Neumann/Pahlen/Greiner u. a./*Greiner*, 15. Aufl. 2024, § 167 SGB IX Rn. 4.

1066 BAG, Urt. v. 07.09.2021 – 9 AZR 571/20, BeckRS 2021, 43832 Rn. 9; v. Stein/Rothe/Schlegel/*Joussen*, Gesundheitsmanagement und Krankheit im Arbeitsverhältnis, 2. Aufl. 2021, § 21 Rn. 245.

1067 *Schmidt/Plote*, NZA 2022, 1297 (1304).

1068 S. Gliederungspunkt E.II.3.

gehen, dass ein Arbeitnehmer in die Weiterverarbeitung zum Zwecke seiner Kündigung einwilligt.[1069]

c) Rechtsvorschrift der Union oder der Mitgliedstaaten

Darüber hinaus kann eine zweckändernde Weiterverarbeitung nach Art. 6 Abs. 4 DSGVO auch auf eine Rechtsvorschrift der Union oder der Mitgliedstaaten gestützt werden, wenn sie die Anforderungen der Öffnungsklausel erfüllt. Das ist bei § 24 Abs. 1 Nr. 2 BDSG der Fall,[1070] der hier in Betracht kommt. Danach ist eine zweckändernde Weiterverarbeitung zulässig, wenn „sie zur Geltendmachung, Ausübung oder Verteidigung zivilrechtlicher Ansprüche erforderlich ist, sofern nicht die Interessen der betroffenen Person an dem Ausschluss der Verarbeitung überwiegen."

Fraglich ist zunächst, ob es sich bei einer Kündigung überhaupt um einen „zivilrechtlichen Anspruch" handelt. Nach deutschem Rechtsverständnis handelt es sich bei einem Anspruch nach § 194 Abs. 1 BGB um „[d]as Recht, von einem anderen ein Tun oder Unterlassen zu verlangen". Bei einer Kündigung handelt es sich jedoch um ein Gestaltungsrecht, das das Rechtsverhältnis modifiziert, und somit um keinen Anspruch i. S. d. § 194 Abs. 1 BGB.[1071] Ein anderes Ergebnis könnte sich jedoch aufgrund des europarechtlichen Hintergrundes von § 24 Abs. 1 Nr. 2 BDSG ergeben, der sich auf Art. 6 Abs. 4 DSGVO stützt und die Formulierung „zivilrechtliche Ansprüche" aus Art. 23 Abs. 1 lit. i DSGVO aufgreift.[1072] Mangels Verweises auf das Recht der Mitgliedstaaten sind „zivilrechtliche Ansprüche" unionsautonom auszulegen. Denkbar ist daher eine weite Auslegung des Anspruchsbegriffs, da Gestaltungsrechte, wie etwa eine Kündigung, zivilrechtliche Ansprüche auslösen können.[1073] Unabhängig davon dürfte die Weiterverarbeitung zum Zwecke der Kündigung jedoch aufgrund überwiegender Interessen der betroffenen Person nach § 24 Abs. 1 BDSG a. E. ausscheiden,[1074] da Zweck des bEMs, die Erhaltung des Arbeitsplatzes ist und der Arbeitnehmer nur deshalb der Durchführung des bEMs zustimmt.[1075]

1069 Vgl. *Schmidt/Plote*, NZA 2022, 1297 (1302).
1070 S. Gliederungspunkt E.II.4.b)aa).
1071 MüKoBGB/*Grothe*, 10. Aufl. 2025, § 194 BGB Rn. 42; *Schmidt/Plote*, NZA 2022, 1297 (1302).
1072 *Schmidt/Plote*, NZA 2022, 1297 (1302).
1073 *Schmidt/Plote*, NZA 2022, 1297 (1302).
1074 So auch *Hinze*, Das betriebliche Eingliederungsmanagement nach § 84 Abs. 2 SGB IX (BEM), 2018, S. 216 zur Rechtslage vor der DSGVO.
1075 *Oberthür*, ArbRB 2018, 301 (303).

d) Zweckvereinbarkeit

Mangels Einwilligung der betroffenen Person sowie einer Rechtsvorschrift der Union oder der Mitgliedstaaten, kommt es nun auf die Zweckvereinbarkeit an. Daneben muss sowohl eine Rechtsgrundlage des Art. 6 Abs. 1 DSGVO[1076] als auch ein Fall des Art. 9 Abs. 2 DSGVO[1077] gegeben sein, um die zweckändernde Weiterverarbeitung zu rechtfertigen.[1078] Die folgende Prüfung konzentriert sich auf die Vereinbarkeitsprüfung nach den in Art. 6 Abs. 4 DSGVO a. E. genannten Kriterien.

aa) Beurteilung der Kriterien

Nach Art. 6 Abs. 4 lit. a DSGVO ist jede Verbindung zwischen den Zwecken, für die die personenbezogenen Daten erhoben wurden, und den Zwecken der Weiterverarbeitung, zu berücksichtigen.[1079] Der Erhebungszweck – die Durchführung des bEMs zur Erhaltung des Arbeitsverhältnisses – und der Weiterverarbeitungszweck – die Kündigung zur Beendigung des Arbeitsverhältnisses – verfolgen völlig konträre Zielrichtungen,[1080] was zunächst gegen eine Zweckvereinbarkeit spricht. Des Weiteren ist nach lit. b der Kontext der Datenerhebung unter Einbeziehung der vernünftigen Erwartungen der betroffenen Person zu berücksichtigen. Es kommt darauf an, ob ein Arbeitnehmer mit der zweckändernden Weiterverarbeitung rechnen konnte oder musste.[1081] Da das bEM darauf gerichtet ist, das Arbeitsverhältnis der betroffenen Person zu erhalten und die Kündigung zu vermeiden, muss ein Arbeitnehmer grundsätzlich nicht damit rechnen, dass die im Rahmen der Durchführung des bEMs erhobenen Daten für eine Kündigung weiterverarbeitet werden. Angesichts der Zielsetzung des bEMs vertraut der Arbeitnehmer darauf, dass seine „personenbezogenen Daten den geschützten Rahmen

---

1076 Die Kündigung könnte auf Art. 6 Abs. 1 UAbs. 1 lit. b Alt. 1 DSGVO gestützt werden, da die Beendigung eines Vertrages unmittelbar aus dem Schuldverhältnis folgt und daher noch Teil der „Erfüllung eines Vertrags“ ist; s. hierzu *König*, Datenschutz und Vertrag, 2024, S. 67; Kühling/Buchner/*Buchner/Petri*, 4. Aufl. 2024, Art. 6 DSGVO Rn. 33; Specht/Mantz/*Specht*, Handbuch Europäisches und deutsches Datenschutzrecht, 2019, § 9 Rn. 47.

1077 In Betracht kommt § 26 Abs. 3 BDSG, der auf der Öffnungsklausel des Art. 9 Abs. 2 lit. b DSGVO beruht, BAG, Beschl. v. 09.05.2023 – 1 ABR 14/22, BeckRS 2023, 26949 Rn. 49 ff. Die Kündigung des Arbeitsverhältnisses stellt eine Ausübung von Rechten des Arbeitgebers dar. Allerdings dürften hier die Interessen des Arbeitnehmers am Ausschluss der Verarbeitung überwiegen.

1078 S. Gliederungspunkt E. I.3.b)aa).

1079 S. Gliederungspunkt E.II.5.b)aa).

1080 *Oberthür*, ArbRB 2018, 301 (303).

1081 S. Gliederungspunkt E.II.5.b)bb).

des bEM nicht verlassen."[1082] Nach lit. c ist die Art der personenbezogenen Daten in die Prüfung miteinzubeziehen. Der Umstand, dass Beschäftigtendaten weiterverarbeitet werden, genügt allein noch nicht für die Annahme besonders schützenswerter Daten.[1083] Im konkreten Fall werden jedoch Gesundheitsdaten, also besondere Kategorien personenbezogener Daten i. S. d. Art. 9 Abs. 1 DSGVO, die beispielhaft in lit. c aufgeführt sind, weiterverarbeitet. Dies spricht ebenfalls gegen eine Zweckvereinbarkeit. Die nach lit. d zu berücksichtigenden Folgen der Weiterverarbeitung[1084] sind angesichts der Kündigung sehr schwerwiegend für die betroffene Person, da dadurch das Arbeitsverhältnis beendet wird, sodass auch dieses Kriterium gegen eine Zweckvereinbarkeit spricht.[1085] Die bisher genannten Kriterien können nach lit. e durch das Vorhandensein geeigneter Garantien kompensiert werden.[1086] Schutzmaßnahmen, wie etwa die beispielhaft genannte Pseudonymisierung oder Verschlüsselung, kommen hier jedoch nicht in Betracht.

bb) Gesamtwürdigung

Die Zweckvereinbarkeit ist anhand der in Art. 6 Abs. 4 DSGVO a. E. genannten Kriterien im Rahmen einer Gesamtwürdigung zu beurteilen. Diese kann hier kurz ausfallen, da sämtliche der oben behandelten Kriterien gegen eine Zweckvereinbarkeit sprechen. Dies liegt vor allem an der Sensibilität der weiterverarbeiteten Daten sowie an den schwerwiegenden Folgen der Weiterverarbeitung. Die Kündigung steht völlig konträr zum Erhebungszweck der Durchführung des bEMs, die auf Erhaltung des Arbeitsverhältnisses gerichtet ist. Die Zwecke sind im Ergebnis nicht miteinander vereinbar. Daher scheidet eine Weiterverarbeitung personenbezogener Daten aus dem bEM zum Zwecke der Kündigung in aller Regel aus. Daraus folgt aber nicht, dass eine Kündigung generell ausgeschlossen ist.[1087] Die Durchführung des bEMs begründet richtigerweise keinen allgemeinen Bestandsschutz.[1088] Dem Arbeitgeber steht die Möglichkeit offen, die krankheitsbedingte Kündigung auf außerhalb des bEMs rechtmäßig erhobene Daten zu stützen. Eine Weiterverwendung der im Rahmen der Durchführung des bEMs erhobenen Gesundheitsdaten bleibt ihm aber grundsätzlich verwehrt.

Diesem Ergebnis entspricht auch der Umstand, dass der für die Durchführung des bEMs verantwortliche Beauftragte grundsätzlich außerhalb der

---

1082 *Schmidt/Plote*, NZA 2022, 1297 (1304).
1083 S. Gliederungspunkt E.II.5.b)cc).
1084 S. Gliederungspunkt E.II.5.b)dd).
1085 Vgl. *Götz*, Big Data im Personalmanagement, 2020, S. 132.
1086 S. Gliederungspunkt E.II.5.b)ee).
1087 *Schmidt/Plote*, NZA 2022, 1297 (1303).
1088 *Kaindl/Sorber*, DB 2021, 2150 (2153); *Schmidt/Plote*, NZA 2022, 1297 (1303).

Personalverwaltung stehen muss.[1089] Diese personale Trennung dient dazu, zweckwidrige Weiterverarbeitungen von vornherein zu unterbinden.[1090] Der bEM-Beauftragte soll „informationell abgeschottet“ agieren, damit die Vertraulichkeit gewährleistet werden kann.[1091]

cc) Regelung im BeschDG-RefE

Dass personenbezogene Daten, die im Rahmen der Durchführung des bEMs erhoben wurden, nicht zum Zwecke der Kündigung weiterverarbeitet werden dürfen, entspricht auch einer Regelung aus dem BeschDG-RefE. Dieser sah in § 29 Abs. 3 S. 1 ausdrücklich vor, dass der Arbeitgeber Beschäftigtendaten aus dem bEM nicht zu anderen Zwecken verarbeiten darf.[1092] Nach der Begründung des Entwurfs sollte die Regelung insbesondere die Weiterverarbeitung zum Zwecke der Kündigung verbieten.[1093] Nach § 29 Abs. 3 S. 2 sollte S. 1 aber nicht für das Ergebnis eines bEMs gelten.[1094] Diese Ausnahme dürfte damit zusammenhängen, dass die Durchführung des bEMs eine kündigungsrechtliche Obliegenheit des Arbeitgebers darstellt.[1095] Die Durchführung des bEMs kann sich auf die Verhältnismäßigkeit der Kündigung auswirken, auch wenn sie keine formelle Wirksamkeitsvoraussetzung ist.[1096] Der Arbeitgeber soll sich nach der Durchführung des bEMs im Falle einer Kündigung darauf berufen können, „ob […] die Möglichkeit einer leidensgerechten Weiterbeschäftigung besteht oder nicht.“[1097]

Die in § 29 Abs. 3 BeschDG-RefE vorgesehene gesetzliche Klarstellung ist zu begrüßen und würde dazu beitragen, die derzeit bestehende Rechtsunsicherheit bezüglich einer Kündigung nach der Durchführung des bEMs zu beseitigen.

1089 LfDI Baden-Württemberg, Tätigkeitsbericht Datenschutz 2016/2017, S. 114; LfDI Rheinland-Pfalz, Tätigkeitsbericht zum Datenschutz 2023, S. 35; in diese Richtung auch LAG Baden-Württemberg, Urt. v. 28.07.2021 – 4 Sa 68/20, BeckRS 2021, 25332 Rn. 34, wonach sensible Daten aus dem bEM-Verfahren dem Arbeitgeber und insbesondere Personalverantwortliche grundsätzlich nicht zugänglich sein dürfen.

1090 LfDI Rheinland-Pfalz, Tätigkeitsbericht zum Datenschutz 2023, S. 35.

1091 LfDI Baden-Württemberg, Tätigkeitsbericht Datenschutz 2016/2017, S. 114.

1092 BMAS/BMI, BeschDG-RefE, S. 28: „Der Arbeitgeber darf Beschäftigtendaten, die nach den Absätzen 1 und 2 erhoben wurden, nicht zu anderen Zwecken verarbeiten.“

1093 BMAS/BMI, BeschDG-RefE, S. 81.

1094 BMAS/BMI, BeschDG-RefE, S. 28: „Satz 1 gilt nicht für das Ergebnis eines betrieblichen Eingliederungsmanagements.“

1095 Neumann/Pahlen/Greiner u. a./*Greiner*, 15. Aufl. 2024, § 167 SGB IX Rn. 19.

1096 Neumann/Pahlen/Greiner u. a./*Greiner*, 15. Aufl. 2024, § 167 SGB IX Rn. 19.

1097 BMAS/BMI, BeschDG-RefE, S. 81.

e) Exkurs: Verwertbarkeit im Kündigungsschutzprozess

Verarbeitet der Arbeitgeber in unzulässiger Weise Gesundheitsdaten des Arbeitnehmers aus dem bEM zum Zwecke der Kündigung weiter, stellt sich die Frage, ob diese in einem etwaigen Kündigungsschutzprozess einem Beweisverwertungsverbot unterliegen. Denn die Frage der Zulässigkeit der zweckändernden Weiterverarbeitung ist von der Frage der Verwertbarkeit der Daten im Kündigungsschutzprozess zu unterscheiden.[1098]

Nach der Rechtsprechung des BAG kommt ein Beweisverwertungsverbot nur dann in Betracht, „wenn die Nichtberücksichtigung von Vorbringen oder eines Beweismittels wegen einer durch Unionsrecht oder Art. 2 Abs. 1 iVm. Art. 1 Abs. 1 GG geschützten Rechtsposition des Arbeitnehmers zwingend geboten ist.“[1099] Demnach genügt ein Datenschutzverstoß allein noch nicht für die Annahme eines Verwertungsverbots. Vielmehr kommt es im Einzelfall darauf an, ob durch die Verwertung der Grundrechtseingriff perpetuiert oder vertieft wird.[1100] Dies wäre der Fall, wenn der Arbeitgeber in unzulässiger Weise weiterverarbeitete Gesundheitsdaten aus dem bEM im Kündigungsschutzprozess vortragen und sich darauf berufen könnte.[1101] Zudem sprechen auch generalpräventive Gründe gegen eine Verwertbarkeit, um die im Rahmen der Durchführung des bEMs erhobenen Gesundheitsdaten vor unzulässigen Weiterverarbeitungen zu schützen.[1102] Somit stehen die Grundrechte des Arbeitnehmers der Verwertung von personenbezogenen Daten, die im bEM erhoben wurden, im Kündigungsschutzprozess in aller Regel entgegen.[1103]

1098 *Schmidt/Plote*, NZA 2022, 1297 (1304); *Kaindl/Sorber*, DB 2021, 2150 (2153 f.) gehen nur auf die Frage der Verwertbarkeit im Prozess ein.

1099 BAG, Urt. v. 29.06.2023 – 2 AZR 296/22, BeckRS 2023, 15327 Rn. 27; s. hierzu Thüsing/*Thüsing/Pötters*, Beschäftigtendatenschutz und Compliance, 3. Aufl. 2021, § 21 Rn. 44 ff.

1100 BAG, Urt. v. 29.06.2023 – 2 AZR 296/22, BeckRS 2023, 15327 Rn. 30; kritisch zum „perpetuierenden Eingriff“ *Simokat*, Beweisverwertungsverbote im arbeitsgerichtlichen Verfahren, 2021, S. 178 f.

1101 *Schmidt/Plote*, NZA 2022, 1297 (1304).

1102 *Schmidt/Plote*, NZA 2022, 1297 (1304).

1103 So im Ergebnis auch *Hinze*, Das betriebliche Eingliederungsmanagement nach § 84 Abs. 2 SGB IX (BEM), 2018, S. 220, der aber eine Verwertung im Einzelfall für möglich erachtet, „wenn sich der Arbeitnehmer treuwidrig bzw. rechtsmissbräuchlich verhält, indem er wider besseren Wissens die Erkenntnisse aus dem durchgeführten BEM falsch darstellt, und der Arbeitgeber sich nur durch Verwertung der ihm bekannten Daten wehren kann.“; *Kaindl/Sorber*, DB 2021, 2150 (2154) lehnen ein Beweisverwertungsverbot mit der Begründung ab, dass „der Arbeitgeber […] seine Darlegungs- und Beweislast bezüglich der Prüfung milderer Mittel im Rahmen des BEM in vielen Fällen nicht erfüllen können [wird], wenn er die im BEM erlangten Informationen nicht im Kündigungsschutzprozess vorbringen kann.“

III. Informationspflichten, Art. 13 Abs. 3 und Art. 14 Abs. 4 DSGVO

Neben den materiellen Voraussetzungen hat der Verantwortliche bei einer zweckändernden Weiterverarbeitung auch formelle Pflichten einzuhalten. Dazu gehört die Informationspflicht nach Art. 13 Abs. 3 und Art. 14 Abs. 4 DSGVO,[1104] wonach der Verantwortliche im Falle einer Weiterverarbeitung für einen anderen als den ursprünglichen Zweck dazu verpflichtet wird, der betroffenen Person Informationen über den geänderten Zweck zur Verfügung zu stellen.[1105] Diese Pflicht ist von der Mitteilung der ursprünglichen Zwecke bei Datenerhebung nach Art. 13 Abs. 1 lit. c und Art. 14 Abs. 1 lit. c DSGVO zu unterscheiden.[1106] Durch die Mitteilung der Zweckänderung werde die Transparenz gesteigert und die betroffene Person in die Lage versetzt, die Rechtmäßigkeit der Weiterverarbeitung zu überprüfen.[1107] Zudem werde dadurch der Grundsatz der Zweckbindung gestärkt und gesichert.[1108]

1. Verpflichteter

Die Informationspflicht nach Art. 13 Abs. 3 DSGVO trifft denjenigen Verantwortlichen, der die personenbezogenen Daten erhoben hat und beabsichtigt diese für einen anderen Zweck weiterzuverarbeiten.[1109] Teilweise wird in der Literatur vertreten, dass die Informationspflicht auch dann besteht, „wenn der Verantwortliche beabsichtigt, die Daten an einen Dritten zu übermitteln, der die Daten anschließend zu einem anderen Zweck weiterverarbeiten soll."[1110] Die Übermittlung personenbezogener Daten allein löst jedoch richtigerweise noch keine Informationspflicht nach Art. 13 Abs. 3 DSGVO aus. Vielmehr kommt es darauf an, ob die Übermittlung von den

1104 Beide Vorschriften sind inhaltlich identisch und weichen aufgrund der Unterscheidung zwischen direkter und indirekter Datenerhebung nur in der Formulierung leicht voneinander ab („Daten erhoben" bzw. „Daten erlangt"), Gola/Heckmann/*Franck*, 3. Aufl. 2022, Art. 14 DSGVO Rn. 17. Die folgenden Ausführungen beschränken sich zwar auf Art. 13 Abs. 3 DSGVO, gelten aber gleichermaßen für Art. 14 Abs. 4 DSGVO.

1105 Art. 13 Abs. 3 und Art. 14 Abs. 4 DSGVO fordern somit ein „erneutes aktives Tun", *Hofmann*, Assistenzsysteme in der Industrie 4.0, 2021, Rn. 891.

1106 Gola/Heckmann/*Franck*, 3. Aufl. 2022, Art. 13 DSGVO Rn. 36.

1107 BeckOK DatenschutzR/*Schmidt-Wudy*, 51. Ed. Stand 01.02.2025, Art. 13 DSGVO Rn. 89.

1108 *Schantz/Wolff*, Das neue Datenschutzrecht, 2017, Rn. 1161; NK-DatenschutzR/*Dix*, 2. Aufl. 2025, Art. 13 DSGVO Rn. 22.

1109 Kühling/Buchner/*Bäcker*, 4. Aufl. 2024, Art. 13 DSGVO Rn. 69; Ehmann/Selmayr/*Knyrim*, 3. Aufl. 2024, Art. 13 DSGVO Rn. 76.

1110 Kühling/Buchner/*Bäcker*, 4. Aufl. 2024, Art. 13 DSGVO Rn. 70; so auch LAG Hamm, Urt. v. 14.12.2021 – 17 Sa 1185/20, BeckRS 2021, 45536 Rn. 95.

ursprünglich festgelegten Zwecken umfasst ist oder nicht. Nur wenn diese eine Zweckänderung darstellt, ist die betroffene Person durch den ursprünglichen Verantwortlichen nach Art. 13 Abs. 3 DSGVO zu informieren. Unabhängig davon hat der Dritte bzw. der neue Verantwortliche, der die Daten durch die Übermittlung erlangt hat, die betroffene Person nach Art. 14 Abs. 1 lit. c DSGVO über die Verarbeitungszwecke zu informieren, da aus seiner Sicht eine Datenerhebung vorliegt, für die er eigene Zwecke festzulegen hat.[1111]

2. Umfang der Informationspflicht

Der Verantwortliche hat der betroffenen Person zunächst den geänderten, also neuen Zweck der Datenverarbeitung mitzuteilen.[1112] Eine weitergehende Informationspflicht, die etwa die Nennung der Kriterien der Vereinbarkeitsprüfung umfasst, ist zu verneinen,[1113] da Art. 13 Abs. 3 DSGVO ausdrücklich nur auf die Informationen des Abs. 2 Bezug nimmt und gerade nicht auf die Kriterien des Art. 6 Abs. 4 DSGVO verweist.[1114] Das gilt grundsätzlich auch für Informationen nach Art. 13 Abs. 1 DSGVO, die ebenfalls nicht mitzuteilen sind.[1115] Eine Ausweitung des Tatbestands oder eine analoge Anwendung des Art. 13 Abs. 3 DSGVO ist abzulehnen, da der Wortlaut insoweit eindeutig ist und sich nur auf die Informationen des Abs. 2 beschränkt. Sofern aber die zweckändernde Weiterverarbeitung auf Art. 6 Abs. 1 UAbs. 1 lit. f DSGVO beruht, sollte der Verantwortliche der betroffenen Person die berechtigten Interessen mitteilen, da der EuGH die Information über die berechtigten Interessen als Tatbestandsvoraussetzung der Rechtsgrundlage ansieht.[1116]

Darüber hinaus stellt sich die Frage, wie die Bezugnahme des Art. 13 Abs. 3 DSGVO auf Abs. 2 zu verstehen ist. Nach dem Wortlaut des Abs. 3 sind „alle anderen maßgeblichen Informationen gemäß Absatz 2“ zur Verfügung zu stellen. Dieser Verweis kann nur so verstanden werden, dass nur die im konkreten Fall einschlägigen Informationen des Art. 13 Abs. 2 DSGVO mitzutei-

1111 S. Gliederungspunkt D.III.1.c)bb).

1112 Kühling/Buchner/*Bäcker*, 4. Aufl. 2024, Art. 13 DSGVO Rn. 71; Auernhammer/*Eßer*, 8. Aufl. 2023, Art. 13 DSGVO Rn. 53; Taeger/Gabel/*Mester*, 4. Aufl. 2022, Art. 13 DSGVO Rn. 32.

1113 A.A. Art. 29-Datenschutzgruppe, WP 260 rev.01, 11.04.2018, Rn. 47.

1114 Vgl. Ehmann/Selmayr/*Knyrim*, 3. Aufl. 2024, Art. 13 DSGVO Rn. 77.

1115 Auernhammer/*Eßer*, 8. Aufl. 2023, Art. 13 DSGVO Rn. 53; a.A. Kühling/Buchner/*Bäcker*, 4. Aufl. 2024, Art. 13 DSGVO Rn. 72 f.; NK-DatenschutzR/*Dix*, 2. Aufl. 2025, Art. 13 DSGVO Rn. 23; Gola/Heckmann/*Franck*, 3. Aufl. 2022, Art. 13 DSGVO Rn. 37.

1116 EuGH, Urt. v. 09.01.2025 – C-394/23, GRUR-RS 2025, 29 Rn. 52; hierzu kritisch *Leicht/Baumann*, NJW 2025, 2126 (2128 f.).

len sind.[1117] Dazu gehört in jedem Fall die Speicherdauer bzw. die Kriterien der Speicherdauer (lit. a).[1118] Informationen bezüglich des Widerrufsrechts bei Erteilung einer Einwilligung (lit. c), der gesetzlichen oder vertraglichen Pflicht zur Bereitstellung personenbezogener Daten (lit. e) oder des Bestehens einer automatisierten Entscheidungsfindung nach Art. 22 DSGVO (lit. f), sind nur dann mitzuteilen, wenn diese jeweils für die konkrete Weiterverarbeitung relevant sind.[1119] Ein Hinweis auf die einzelnen Betroffenenrechte (lit. b) und das Beschwerderecht bei einer Aufsichtsbehörde (lit. d) ist nicht erforderlich, da die betroffene Person bereits durch die anfängliche Informationserteilung über die Informationen verfügt und insoweit die Ausnahme nach Art. 13 Abs. 4 DSGVO greift.[1120]

3. Zeitpunkt und Form der Informationserteilung

Die betroffene Person ist nach Art. 13 Abs. 3 DSGVO *vor* der Weiterverarbeitung über den neuen Zweck zu informieren.[1121] Anders als bei der Informationspflicht nach Art. 13 Abs. 1 DSGVO, die auf den Zeitpunkt der Datenerhebung abstellt, ist der Zeitpunkt der Erteilung der Information bei einer beabsichtigten Weiterverarbeitung für einen anderen Zweck aufgrund des Wortlautes („vor“) vorgelagert.[1122] Die Vorschrift äußert sich jedoch nicht dazu, welcher Zeitraum zwischen der Informationserteilung über den neuen Zweck und dem Beginn der zweckändernden Weiterverarbeitung liegen sollte.[1123] Entsprechend des risikobasierten Ansatzes der DSGVO ist der Zeitraum zwischen Erteilung der Information und Beginn der Weiterverarbeitung von der Eingriffsintensität der Weiterverarbeitung abhängig zu machen.[1124] In jedem Fall muss die betroffene Person durch die Informations-

1117 BeckOK DatenschutzR/*Schmidt-Wudy*, 51. Ed. Stand 01.02.2025, Art. 13 DSGVO Rn. 88 spricht insoweit von einer „Rechtsgrundverweisung“.

1118 Kühling/Buchner/*Bäcker*, 4. Aufl. 2024, Art. 13 DSGVO Rn. 76.

1119 Kühling/Buchner/*Bäcker*, 4. Aufl. 2024, Art. 13 DSGVO Rn. 76 f.

1120 Kühling/Buchner/*Bäcker*, 4. Aufl. 2024, Art. 13 DSGVO Rn. 75; a. A. LAG Hamm, Urt. v. 14.12.2021 – 17 Sa 1185/20, BeckRS 2021, 45536 Rn. 95 in Bezug auf Art. 13 Abs. 2 lit. b DSGVO.

1121 EG 61 S. 3 DSGVO; LAG Hamm, Urt. v. 14.12.2021 – 17 Sa 1185/20, BeckRS 2021, 45536 Rn. 95; Art. 29-Datenschutzgruppe, WP 260 rev.01, 11.04.2018, Rn. 48; Kühling/Buchner/*Bäcker*, 4. Aufl. 2024, Art. 13 DSGVO Rn. 78; Auernhammer/*Eßer*, 8. Aufl. 2023, Art. 13 DSGVO Rn. 52; Ehmann/Selmayr/*Knyrim*, 3. Aufl. 2024, Art. 13 DSGVO Rn. 76; Paal/Pauly/*Paal/Hennemann*, 3. Aufl. 2021, Art. 13 DSGVO Rn. 33; BeckOK DatenschutzR/*Schmidt-Wudy*, 51. Ed. Stand 01.02.2025, Art. 13 DSGVO Rn. 88.

1122 Auernhammer/*Eßer*, 8. Aufl. 2023, Art. 13 DSGVO Rn. 52.

1123 Art. 29-Datenschutzgruppe, WP 260 rev.01, 11.04.2018, Rn. 48 fordert einen „angemessene[n] Zeitraum“, ohne diesen konkret zu beziffern.

1124 So im Ergebnis auch Art. 29-Datenschutzgruppe, WP 260 rev.01, 11.04.2018, Rn. 48.

erteilung in die Lage versetzt werden, die beabsichtigte Weiterverarbeitung überprüfen zu können, sodass sie gegebenenfalls von ihren Betroffenenrechten Gebrauch machen kann.[1125]

Die Form der Information nach Art. 13 Abs. 3 DSGVO über den neuen Zweck richtet sich wie die anfängliche Informationserteilung gemäß Art. 13 Abs. 1 DSGVO nach den allgemeinen Vorgaben des Art. 12 Abs. 1 S. 2 und 3 DSGVO.[1126] Demnach steht es dem Verantwortlichen grundsätzlich frei, ob er die Informationen der betroffenen Person schriftlich oder elektronisch zur Verfügung stellt.[1127] Insbesondere ist der Verantwortliche auch nicht an die Form der Informationserteilung bei Datenerhebung gebunden, sofern gewährleistet ist, dass die neue Information die betroffene Person erreicht.[1128]

4. Ausnahmen von der Informationspflicht

Die Informationspflicht gemäß Art. 13 Abs. 3 DSGVO besteht nach Abs. 4 nicht, wenn und soweit die betroffene Person bereits über die Informationen verfügt. Voraussetzung ist, dass „[d]er Informationsstand der betroffenen Person […] in Ausmaß, Genauigkeit und Klarheit den Informationen entsprechen [muss], die der Verantwortliche der betroffenen Person zur Verfügung stellen muss."[1129] Die Informationen müssen in den Herrschaftsbereich der betroffenen Person gelangen, sodass die Möglichkeit der Kenntnisnahme durch die betroffene Person besteht. Die tatsächliche Kenntnisnahme ist dagegen nicht erforderlich.[1130] Der Tatbestand verlangt zudem keine individuelle Mitteilung an die betroffenen Personen. Demnach können im Beschäftigungskontext auch allgemein an die Belegschaft gerichtete mündliche und schriftliche Informationen über die zweckändernde Weiterverarbeitung die Ausnahme des Art. 13 Abs. 4 DSGVO erfüllen.[1131]

Darüber hinaus finden sich im BDSG weitere Ausnahmetatbestände, wonach eine Informationspflicht gemäß Art. 13 Abs. 3 DSGVO entfällt. Dies ist zum einen nach § 29 Abs. 2 BDSG dann der Fall, wenn die Daten eines

1125 LAG Hamm, Urt. v. 14.12.2021 – 17 Sa 1185/20, BeckRS 2021, 45536 Rn. 95; Art. 29-Datenschutzgruppe, WP 260 rev.01, 11.04.2018, Rn. 48; Kühling/Buchner/*Bäcker*, 4. Aufl. 2024, Art. 13 DSGVO Rn. 78.

1126 Kühling/Buchner/*Bäcker*, 4. Aufl. 2024, Art. 13 DSGVO Rn. 78.

1127 S. Gliederungspunkt D.II.4.b)bb).

1128 Kühling/Buchner/*Bäcker*, 4. Aufl. 2024, Art. 13 DSGVO Rn. 79.

1129 LG Hannover, Beschl. v. 26.02.2025 – 128 OWiLG 1/24, BeckRS 2025, 3463 Rn. 41; Kühling/Buchner/*Bäcker*, 4. Aufl. 2024, Art. 13 DSGVO Rn. 84.

1130 Kühling/Buchner/*Bäcker*, 4. Aufl. 2024, Art. 13 DSGVO Rn. 86; a. A. Auernhammer/*Eßer*, 8. Aufl. 2023, Art. 13 DSGVO Rn. 57.

1131 LG Hannover, Beschl. v. 26.02.2025 – 128 OWiLG 1/24, BeckRS 2025, 3463 Rn. 40; s. hierzu *Wybitul/Brams/Jürges*, CR 2025, 500 (502).

Dritten „im Zuge der Aufnahme oder im Rahmen eines Mandatsverhältnisses an einen Berufsgeheimnisträger übermittelt [werden]“. Zum anderen regelt § 32 Abs. 1 BDSG weitere Ausnahmen von der Informationspflicht nach Art. 13 Abs. 3 DSGVO. Diese betreffen die Weiterverarbeitung analog gespeicherter Daten (Nr. 1), die Erfüllung von Aufgaben durch öffentliche Stellen (Nr. 2), die Gefährdung der öffentlichen Sicherheit und Ordnung (Nr. 3), die Beeinträchtigung rechtlicher Ansprüche (Nr. 4) und die vertrauliche Übermittlung von Daten an öffentliche Stellen (Nr. 5).[1132]

Sofern eine Ausnahme des § 32 Abs. 1 BDSG greift, hat der Verantwortliche nach Abs. 2 S. 1 „geeignete Maßnahmen zum Schutz der berechtigten Interessen der betroffenen Person“ zu ergreifen.[1133] Der Tatbestand zählt hierzu die „Bereitstellung der in Artikel 13 Absatz 1 und 2 der Verordnung (EU) 2016/679 genannten Informationen für die Öffentlichkeit in präziser, transparenter, verständlicher und leicht zugänglicher Form in einer klaren und einfachen Sprache.“ Dies kann nach EG 58 S. 2 DSGVO auch auf einer Webseite geschehen.[1134] Zudem muss der Verantwortliche nach § 32 Abs. 2 S. 2 BDSG die Gründe für das Vorliegen einer Ausnahme schriftlich dokumentieren.[1135] Die Schutzmaßnahmen und die Dokumentation gelten aber nach § 32 Abs. 2 S. 3 BDSG nicht für die Fälle des Abs. 1 Nr. 4 und Nr. 5.[1136] Sofern der Hinderungsgrund nur ein vorübergehender ist, ist die Information über die zweckändernde Weiterverarbeitung nach § 32 Abs. 3 BDSG innerhalb einer angemessenen Frist, spätestens jedoch innerhalb von zwei Wochen zu erteilen.[1137]

5. Zwischenfazit

Die Informationspflicht nach Art. 13 Abs. 3 und Art. 14 Abs. 4 DSGVO sichert und stärkt die Zweckbindung, indem der Verantwortliche die betroffene Person vor der zweckändernden Weiterverarbeitung über den neuen Zweck zu informieren hat. Mitzuteilen sind zum einen der neue Zweck und zum anderen die einschlägigen Informationen des Art. 13 Abs. 2 DSGVO. Weitergehende Informationen zu einer Vereinbarkeitsprüfung nach den Kri-

1132 S. hierzu im Einzelnen Kühling/Buchner/*Golla*, 4. Aufl. 2024, § 32 BDSG Rn. 4 ff.

1133 Kühling/Buchner/*Golla*, 4. Aufl. 2024, § 32 BDSG Rn. 23 erachtet § 32 Abs. 2 BDSG als unionsrechtswidrig, da die Regelung zu unspezifisch sei, um den Anforderungen des Art. 23 Abs. 2 DSGVO zu genügen; a.A. Sydow/Marsch/*Greve*, 3. Aufl. 2022, § 32 BDSG Rn. 34, der sich für eine restriktive Auslegung ausspricht.

1134 Kühling/Buchner/*Golla*, 4. Aufl. 2024, § 32 BDSG Rn. 22.

1135 Sydow/Marsch/*Greve*, 3. Aufl. 2022, § 32 BDSG Rn. 36.

1136 Sydow/Marsch/*Greve*, 3. Aufl. 2022, § 32 BDSG Rn. 37 weist zutreffend darauf hin, dass die allgemeine Rechenschaftspflicht nach Art. 5 Abs. 2 DSGVO bestehen bleibt.

1137 Sydow/Marsch/*Greve*, 3. Aufl. 2022, § 32 BDSG Rn. 38 ff.

terien des Art. 6 Abs. 4 DSGVO a. E. oder Informationen nach Art. 13 Abs. 1 DSGVO sind nicht mitzuteilen. Die Informationen sind der betroffenen Person vor der Weiterverarbeitung zu erteilen. Der konkrete Zeitraum zwischen Informationserteilung und dem Beginn der Weiterverarbeitung hängt von der Eingriffsintensität der zweckändernden Weiterverarbeitung ab. Die betroffene Person muss in jedem Fall in der Lage sein, die beabsichtigte Weiterverarbeitung überprüfen zu können. Die Form der Information richtet sich nach den allgemeinen Vorgaben, sodass sie schriftlich oder elektronisch zur Verfügung gestellt werden können. Nach Art. 13 Abs. 4 DSGVO entfällt die Informationspflicht, wenn und soweit die betroffene Person bereits über die Informationen verfügt. Weitere Ausnahmen von der Informationspflicht wegen zweckändernder Weiterverarbeitung sind in § 29 Abs. 2 und § 32 BDSG geregelt.

IV. Fazit zu Kapitel E.: Rechtliche Anforderungen an zweckändernde Weiterverarbeitungen

Art. 6 Abs. 4 DSGVO konkretisiert das Vereinbarkeitserfordernis aus Art. 5 Abs. 1 lit. b Hs. 1 DSGVO, indem er mehrere Kriterien für die Prüfung der Zweckvereinbarkeit aufführt. Diese sind nicht abschließend und geben dem Verantwortlichen einen Rahmen für die Beurteilung der Zweckvereinbarkeit. Dabei sind alle Kriterien zu berücksichtigen und im Rahmen einer Gesamtwürdigung zu beurteilen. Liegt ein privilegierter Zweck nach Art. 5 Abs. 1 lit. b Hs. 2 DSGVO vor, wird die Zweckvereinbarkeit fingiert. Eine rechtmäßige Weiterverarbeitung zu einem anderen Zweck setzt neben der Feststellung der Zweckvereinbarkeit voraus, dass eine neue Rechtsgrundlage des Art. 6 Abs. 1 DSGVO vorliegt, wobei sämtliche Rechtsgrundlagen uneingeschränkt Anwendung finden.

Beruht die zweckändernde Weiterverarbeitung nach Art. 6 Abs. 4 DSGVO aber auf einer Einwilligung der betroffenen Person oder Rechtsvorschrift der Union oder der Mitgliedstaaten, die in einer demokratischen Gesellschaft eine notwendige und verhältnismäßige Maßnahme zum Schutz der in Art. 23 Abs. 1 DSGVO genannten Ziele darstellt, bedarf es keiner Prüfung der Zweckvereinbarkeit. Der Verweis auf die Vorschriften der Union und der Mitgliedstaaten stellt eine Öffnungsklausel dar, auf deren Grundlage sowohl für öffentliche als auch für private Stellen Rechtsvorschriften erlassen werden können, um zweckändernde Weiterverarbeitungen zu rechtfertigen. Der nationale Gesetzgeber hat auf Grundlage dieser Öffnungsklausel unter anderem § 24 BDSG geschaffen, der es privaten Stellen erlaubt, personenbezogene Daten zu anderen Zwecken zu verarbeiten. Die Vorschrift setzt voraus, dass die zweckändernde Weiterverarbeitung zur Abwehr von Gefahren für die staatliche oder öffentliche Sicherheit oder zur Verfolgung von Straftaten oder zur Durchsetzung zivilrechtlicher Ansprüche erforderlich ist und die Interessen der betroffenen Person am Ausschluss der Verarbeitung nicht überwiegen.

Ausgehend davon ist die Weiterverarbeitung personenbezogener Daten, die im Rahmen der Durchführung des betrieblichen Eingliederungsmanagements erhoben wurden, zum Zwecke der krankheitsbedingten Kündigung grundsätzlich unzulässig. Das bEM ist auf die Vermeidung der Beendigung des Arbeitsverhältnisses gerichtet, sodass die Interessen des Arbeitnehmers am Ausschluss der Weiterverarbeitung regelmäßig überwiegen. Darüber hinaus sind die Zwecke, also die Durchführung des bEMs und die Kündigung, unter Berücksichtigung der in Art. 6 Abs. 4 DSGVO a. E. genannten Kriterien nicht miteinander vereinbar. Unabhängig davon, kann der Arbeitgeber die Kündigung auf außerhalb des bEMs rechtmäßig erhobene Daten stützen, da das bEM keinen generellen Bestandsschutz begründet.

Schließlich hat der Verantwortliche die betroffene Person vor der Weiterverarbeitung über den neuen Zweck nach Art. 13 Abs. 3 und Art. 14 Abs. 4 DSGVO zu informieren. Darüber hinaus sind auch die einschlägigen Informationen des Art. 13 Abs. 2 DSGVO zur Verfügung zu stellen. Der Zeitpunkt der Mitteilung ist anders als bei der anfänglichen Informationserteilung vorgelagert, da die betroffene Person die Rechtmäßigkeit der Weiterverarbeitung überprüfen können muss.

F. Zusammenfassung der Ergebnisse in Thesen

Das Ziel dieser Arbeit war es, dem Grundsatz der Zweckbindung nach Art. 5 Abs. 1 lit. b DSGVO Konturen zu verleihen. Die Ergebnisse dieser Arbeit sind in den folgenden Thesen zusammengefasst:

1. Der Grundsatz der Zweckbindung nach Art. 5 Abs. 1 lit. b Hs. 1 DSGVO ist eines der **tragenden Prinzipien** des Datenschutzrechts. Er enthält im Kern zwei Aussagen: Zum einen das Gebot der Festlegung eindeutiger und legitimer Zwecke, zum anderen das Verbot einer mit diesen Zwecken nicht zu vereinbarenden Weiterverarbeitung. Die Zweckbindung war in dieser Form bereits in der Konvention Nr. 108 des Europarats sowie in der DSRL enthalten. Abgesehen von Anpassungen in der Terminologie ist sie nahezu unverändert in die DSGVO übernommen worden.[1138]
2. Die Zweckbindung ist neben anderen Datenschutzprinzipien **primärrechtlich** in Art. 8 Abs. 2 S. 1 GRC verankert. Diese Vorschrift stellt keine qualifizierte Schranke zum Recht auf Schutz personenbezogener Daten nach Art. 8 Abs. 1 GRC dar. Auf Art. 8 Abs. 1 GRC ist die allgemeine Schranke des Art. 52 Abs. 1 GRC anzuwenden. Vielmehr konkretisiert Art. 8 Abs. 2 S. 1 GRC die Schutzpflichtdimension des Datenschutzgrundrechts, aus dem ein Schutzauftrag und das Recht auf eine adäquate Datenschutzgesetzgebung folgt. Bei der Ausgestaltung der Datenschutzgesetzgebung hat der europäische Gesetzgeber die in Art. 8 Abs. 2 S. 1 GRC geregelten Prinzipien zu beachten. Dem ist der Unionsgesetzgeber für die Zweckbindung durch Art. 5 Abs. 1 lit. b Hs. 1 DSGVO nachgekommen.[1139]
3. Die **Funktion** der Zweckbindung besteht in der Begrenzung der Datenverarbeitung, indem die Verwendungsmöglichkeiten der verantwortlichen Stelle auf die festgelegten Zwecke beschränkt und dadurch weitere Grundrechtseingriffe vermieden werden. Darüber hinaus kommt der Zweckbindung auch eine steuernde und strukturierende Funktion zu, da die Zwecke als Bezugspunkt für die Datenverarbeitung und Prüfung der Erforderlichkeit fungieren. Schließlich dient die Zweckbindung auch der Schaffung von Transparenz und Vorhersehbarkeit für die betroffenen Personen, wobei dieses Ziel nur im Zusammenwirken mit dem Grundsatz der Transparenz erreicht wird.[1140]
4. Die **Datenschutzgrundsätze** des Art. 5 DSGVO stellen unmittelbar geltendes Recht dar. Die sich aus den Grundsätzen ergebenden Pflichten

1138 S. Gliederungspunkte A.; B. I.3.
1139 S. Gliederungspunkt B.II.
1140 S. Gliederungspunkt B.III.

richten sich im Beschäftigungskontext grundsätzlich an den Arbeitgeber als Verantwortlichen. Der Auftragsverarbeiter hingegen setzt die Grundsätze lediglich im Auftrag des Verantwortlichen um, ohne selbst Adressat des Art. 5 DSGVO zu sein. Der Grundsatz der Zweckbindung enthält zwar eine Reihe von unbestimmten Rechtsbegriffen, verstößt aber nicht gegen das aus dem unionsrechtlichen Grundsatz der Rechtssicherheit folgende Bestimmtheitsgebot. Geldbußen nach Art. 83 Abs. 5 lit. a i. V. m. Art. 5 DSGVO sind angesichts der Auslegungsbedürftigkeit der Datenschutzgrundsätze und aufgrund des Verhältnismäßigkeitsprinzips restriktiv zu handhaben.[1141]

5. Die Zweckbindung nimmt innerhalb der Datenschutzgrundsätze eine **zentrale Stellung** ein. Die Grundsätze der Datenminimierung, Richtigkeit und Speicherbegrenzung richten sich nach den Zwecken der Datenverarbeitung und ergänzen dadurch die Zweckbindung. Die Zwecke sind damit Dreh- und Angelpunkt jeder Datenverarbeitung und maßgeblich für die Prüfung der Zulässigkeit der Datenverarbeitung. Darüber hinaus sichern die Grundsätze der Transparenz, der Integrität und Vertraulichkeit sowie die Rechenschaftspflicht die Zweckbindung ab. Sie stellen sicher, dass die Zweckbindung tatsächlich eingehalten wird.[1142]
6. Der **Begriff des Zwecks** bezieht sich in der DSGVO auf die Datenverarbeitung. Damit ist das Ziel, das der Verantwortliche mit einer Datenverarbeitung verfolgt, gemeint. Es geht um das *Warum* bzw. *Wozu* der Datenverarbeitung. Der Zweck ist von den Mitteln der Datenverarbeitung zu unterscheiden, die das *Wie* der Datenverarbeitung beschreiben, also *auf welche Weise* der Zweck der Datenverarbeitung erreicht werden soll. Zudem ist der Zweck der Datenverarbeitung vom berechtigten Interesse i. S. d. Art. 6 Abs. 1 UAbs. 1 lit. f DSGVO abzugrenzen. Das Interesse beschreibt den Nutzen, den der Verantwortliche aus der Datenverarbeitung zieht. Der Begriff des Interesses reicht weiter als der des Zwecks, sodass das Interesse allgemeiner formuliert sein kann, wobei Überschneidungen zwischen den beiden Begriffen nicht auszuschließen sind.[1143]
7. Die **Zweckfestlegung** durch den Verantwortlichen nach Art. 5 Abs. 1 lit. b Hs. 1 DSGVO ist von der in Art. 6 Abs. 3 S. 2 DSGVO geregelten Zweckfestlegung in Rechtsgrundlagen zu unterscheiden. Letztere richtet sich an den Gesetzgeber und betrifft Rechtsgrundlagen für Datenverarbeitungen nach Art. 6 Abs. 1 UAbs. 1 lit. c DSGVO. Der Verantwortliche ist auch dann zur Zweckfestlegung nach Art. 5 Abs. 1 lit. b Hs. 1

1141 S. Gliederungspunkt C.II.
1142 S. Gliederungspunkt C.III.
1143 S. Gliederungspunkt D. I.

DSGVO verpflichtet, wenn der Gesetzgeber den Zweck der Datenverarbeitung aufgrund von Art. 6 Abs. 3 S. 2 DSGVO in der Rechtsgrundlage festgelegt hat. Der Verantwortliche kann eine Mehrheit von Zwecken festlegen, sofern jeder Zweck durch eine oder mehrere Rechtsgrundlagen des Art. 6 Abs. 1 DSGVO gerechtfertigt ist. Der Verantwortliche darf jedoch keine Zwecke auf Vorrat festlegen, die er zum Zeitpunkt der Zweckfestlegung nicht ernsthaft verfolgt.[1144]

8. Das Merkmal der **Legitimität** schränkt die Zweckfestlegung qualitativ ein. Zwecke sind dann legitim, wenn sie mit der gesamten Rechtsordnung im Einklang stehen. Dies ist der Fall, wenn die Zwecke der Datenverarbeitung nicht gegen die Rechtsordnung verstoßen, also nicht im Widerspruch zu ihr stehen. Maßstab für die Legitimität ist ausschließlich das europäische Recht, wobei sämtliche Formen des Rechts zu berücksichtigen sind. Die Legitimität der Verarbeitungszwecke stellt sicher, dass nach der Rechtsordnung unerlaubte Ziele zugleich auch datenschutzrechtlich unzulässig sind. Die Beurteilung der Legitimität eines Zwecks kann sich ändern, wenn sich die Rechtsordnung entsprechend ändert.[1145]
9. Das Merkmal der **Eindeutigkeit** ist uneinheitlich in die verschiedenen Sprachfassungen der DSGVO übertragen worden. Zwecke sind nach der deutschen Sprachfassung dann eindeutig, wenn sie unmissverständlich sind. Dies ist der Fall, wenn die Zwecke von anderen denkbaren Zwecken abgegrenzt werden können und Zweifel an der Bedeutung der Zwecke ausgeschlossen sind. Die englische und französische Sprachfassung fokussiert sich mit den Begriffen „explicit" bzw. „explicites" auf die Art und Weise der Mitteilung der Zwecke. Diesem Verständnis kommt aber aufgrund des Grundsatzes der Transparenz im Rahmen der DSGVO nur eine geringe Bedeutung zu.[1146]
10. Der **Detaillierungsgrad**, in dem die Zwecke der Datenverarbeitung festzulegen sind, ist in der DSGVO nicht ausdrücklich geregelt. Das Erfordernis der Festlegung bestimmter Zwecke kann aber aus EG 39 S. 6 DSGVO sowie aus Art. 5 Abs. 1 lit. b Hs. 1 DSGVO unter Heranziehung der englischen Sprachfassung („specified") abgeleitet werden. Zudem folgt aus der Begrenzungsfunktion der Zweckbindung die Festlegung hinreichend bestimmter Zwecke. Darüber hinaus muss die betroffene Person anhand der Zwecke die Tragweite der Datenverarbeitung, also die mit der Verarbeitung verbundenen Gefahren, erkennen können. Schließlich kann der Detaillierungsgrad der Zwecke im Einzelfall auch

1144 S. Gliederungspunkt D.II.1.
1145 S. Gliederungspunkt D.II.2.
1146 S. Gliederungspunkt D.II.3.a).

durch den Kontext der Datenverarbeitung beeinflusst werden. Gemessen daran sind etwa die Zwecke „Durchführung des Bewerbungsverfahrens", „Durchführung des betrieblichen Eingliederungsmanagements" oder „Arbeitszeiterfassung" hinreichend detailliert. Die Zwecke „Beschäftigungsverhältnis" oder „Compliance" hingegen genügen nicht den Anforderungen.[1147]

11. Die Zwecke sind spätestens zum **Zeitpunkt** der Erhebung der personenbezogenen Daten festzulegen. Sind die personenbezogenen Daten nicht i.S.d. Art.4 Nr.2 DSGVO erhoben worden, sind die Zwecke spätestens mit dem ersten, sonstigen Verarbeitungsvorgang festzulegen. Die Festlegung der Zwecke bedarf keiner bestimmten **Form**. Sie muss jedoch den Anforderungen der Rechenschaftspflicht nach Art.5 Abs.2 DSGVO genügen. Der Nachweis der Zweckfestlegung kann durch Erfüllung der Informationspflicht nach Art.13 und Art.14 DSGVO oder durch das Verarbeitungsverzeichnis nach Art.30 DSGVO geführt werden.[1148]
12. Allein der **Verantwortliche**, der die Zwecke der Datenverarbeitung festlegt, ist an diese gebunden. Andere Akteure aus der DSGVO, wie etwa der Auftragsverarbeiter, der Empfänger oder der Dritte sind nicht an die vom Verantwortlichen festgelegten Zwecke gebunden. Der Verantwortliche ist nur so lange an die Zwecke gebunden, bis sie erfüllt oder auf sonstige Weise weggefallen sind. Ist dies der Fall, ist der Verantwortliche grundsätzlich dazu verpflichtet, die personenbezogenen Daten zu löschen, soweit kein Ausnahmetatbestand vorliegt.[1149]
13. Der Grundsatz der Zweckbindung steht **zweckändernden Weiterverarbeitungen** nicht entgegen. Nach Art.5 Abs.1 lit.b Hs.1 DSGVO sind nur solche Weiterverarbeitungen ausgeschlossen, die mit den ursprünglich festgelegten Zwecken unvereinbar sind. Art.6 Abs.4 DSGVO konkretisiert das Vereinbarkeitserfordernis, indem er eine Vereinbarkeit des Weiterverarbeitungszwecks mit einem der ursprünglichen festgelegten Zwecke fordert. Beruht die zweckändernde Weiterverarbeitung aber bereits auf einer Einwilligung oder einer Rechtsvorschrift der Union oder der Mitgliedstaaten, die in einer demokratischen Gesellschaft eine notwendige und verhältnismäßige Maßnahme zum Schutz der in Art.23 Abs.1 DSGVO genannten Ziele darstellt, bedarf es keiner Vereinbarkeitsprüfung.[1150]
14. Bevor die Voraussetzungen der zweckändernden Weiterverarbeitung zu prüfen sind, ist im Rahmen einer **Vorprüfung** zu klären, ob überhaupt

1147 S. Gliederungspunkt D.II.3.b).
1148 S. Gliederungspunkt D.II.4.
1149 S. Gliederungspunkt D.III.
1150 S. Gliederungspunkte E.I.1.; E.I.2.a).

eine Zweckänderung vorliegt. Eine solche liegt vor, wenn der Weiterverarbeitungszweck von den ursprünglich festgelegten Zwecken abweicht. Ist dies der Fall, ist der neue Zweck nach den gleichen Maßstäben wie bei der ursprünglichen Zweckfestlegung festzulegen, da dieser Grundlage der weiteren Prüfung ist und im Falle einer Zulässigkeit der Weiterverarbeitung die Grenzen der Weiterverarbeitung setzt. Demnach muss der Weiterverarbeitungszweck ebenfalls legitim, eindeutig und hinreichend bestimmt sein.[1151]

15. Die zweckändernde Weiterverarbeitung kann durch die **Einwilligung** der betroffenen Person gerechtfertigt werden. In diesem Fall kommt es auf eine Zweckvereinbarkeit nicht an. Die Einwilligung ist die einzige Rechtsgrundlage des Art. 6 Abs. 1 DSGVO, die ohne zusätzliche Voraussetzung eine zweckändernde Weiterverarbeitung erlaubt. Dies folgt aus der Dispositionshoheit der betroffenen Person über ihre eigenen personenbezogenen Daten. Die Wirksamkeit der Einwilligung zu einer zweckändernden Weiterverarbeitung richtet sich nach den allgemeinen Vorgaben des Art. 4 Nr. 11 und Art. 7 DSGVO bzw. nach § 26 Abs. 2 BDSG im Beschäftigungskontext.[1152]
16. Auf die Zweckvereinbarkeit kommt es nach Art. 6 Abs. 4 DSGVO auch dann nicht an, wenn die Weiterverarbeitung für einen anderen Zweck auf einer **Rechtsvorschrift der Union oder der Mitgliedstaaten** beruht, die in einer demokratischen Gesellschaft eine notwendige und verhältnismäßige Maßnahme zum Schutz der in Art. 23 Abs. 1 DSGVO genannten Ziele darstellt. Dieser Verweis in Art. 6 Abs. 4 DSGVO stellt eine von Art. 6 Abs. 2 und 3 DSGVO unabhängige Öffnungsklausel dar, wonach die Union und die Mitgliedstaaten sowohl für öffentliche als auch für private Stellen Rechtsgrundlagen für zweckändernde Weiterverarbeitungen erlassen können.[1153]
17. Der deutsche Gesetzgeber hat auf der Grundlage der in Art. 6 Abs. 4 DSGVO enthaltenen Öffnungsklausel unter anderem **§ 24 BDSG** geschaffen. Diese Vorschrift entspricht den Vorgaben der Öffnungsklausel und ermöglicht privaten Stellen die Weiterverarbeitung personenbezogener Daten zu anderen Zwecken, wenn sie zur Abwehr von Gefahren für die staatliche oder öffentliche Sicherheit sowie zur Verfolgung von Straftaten oder zur Durchsetzung zivilrechtlicher Ansprüche erforderlich ist und die Interessen der betroffenen Person an dem Ausschluss der Verarbeitung nicht überwiegen.[1154]

1151 S. Gliederungspunkt E.II.2.
1152 S. Gliederungspunkt E.II.3.
1153 S. Gliederungspunkt E. I.2.c).
1154 S. Gliederungspunkt E.II.4.b).

18. Beruht die Weiterverarbeitung für einen anderen Zweck weder auf einer Einwilligung noch auf einer Rechtsvorschrift der Union oder der Mitgliedstaaten, hat der Verantwortliche nach Art. 6 Abs. 4 DSGVO zu prüfen, ob der Weiterverarbeitungszweck mit einem der ursprünglich festgelegten Zwecke **vereinbar** ist. Hierfür zählt Art. 6 Abs. 4 DSGVO a. E. mehrere Kriterien auf, die der Verantwortliche bei der Beurteilung der Zweckvereinbarkeit im Rahmen einer Gesamtwürdigung zu berücksichtigen hat. Zu den Kriterien gehören die Verbindung zwischen den Zwecken, der Zusammenhang, in dem die personenbezogenen Daten erhoben wurden, die Art der personenbezogenen Daten, die möglichen Folgen der beabsichtigten Weiterverarbeitung und das Vorhandensein geeigneter Garantien. Diese Kriterien sind nicht abschließend, sodass im Einzelfall weitere Umstände hinzutreten können. Liegt hingegen ein privilegierter Zweck nach Art. 5 Abs. 1 lit. b Hs. 2 DSGVO vor, wird die Zweckvereinbarkeit fingiert, sofern die Verarbeitung geeigneten Garantien nach Art. 89 Abs. 1 DSGVO unterliegt.[1155]
19. Eine rechtmäßige zweckändernde Weiterverarbeitung setzt neben der Zweckvereinbarkeit voraus, dass sie durch eine neue **Rechtsgrundlage** des Art. 6 Abs. 1 DSGVO gerechtfertigt wird. Das Erfordernis der Zweckvereinbarkeit, das aus dem Grundsatz der Zweckbindung folgt, stellt eine zum Grundsatz der Rechtmäßigkeit nach Art. 5 Abs. 1 lit. a Var. 1 DSGVO getrennte, zusätzliche Voraussetzung dar. Beide Anforderungen sind kumulativ zu erfüllen. Für eine zweckändernde Weiterverarbeitung kommen sämtliche Rechtsgrundlagen des Art. 6 Abs. 1 DSGVO in Betracht, da diese gleichrangig nebeneinanderstehen und der Grundsatz der Zweckbindung diesbezüglich keine Einschränkungen macht.[1156]
20. Die krankheitsbedinge Kündigung unter Rückgriff auf personenbezogene Daten, die im Rahmen der Durchführung des betrieblichen Eingliederungsmanagements erhoben wurden, stellt eine **unzulässige zweckändernde Weiterverarbeitung** dar. Die Kündigung ist eine außerhalb der Durchführung des bEMs stehende, ihr nachgelagerte Maßnahme, da das Ziel des bEMs darin besteht, das Arbeitsverhältnis zu erhalten und dessen Beendigung zu vermeiden. Die Weiterverarbeitung zum Zwecke der Kündigung kann nicht auf § 24 Abs. 1 Nr. 2 BDSG gestützt werden, da die Interessen der betroffenen Person am Ausschluss der Verarbeitung überwiegen. Zudem sind die Zwecke, also die Durchführung des bEMs und die Kündigung, unter Berücksichtigung der in Art. 6 Abs. 4 DSGVO a. E. genannten Kriterien nicht miteinander vereinbar. Unab-

1155 S. Gliederungspunkte E. I.2.b); E.II.5.
1156 S. Gliederungspunkt E. I.3.

hängig davon, kann der Arbeitgeber die Kündigung auf außerhalb des bEMs rechtmäßig erhobene personenbezogene Daten stützen, da das bEM keinen generellen Bestandsschutz begründet.[1157]

21. Die **Informationspflicht** nach Art. 13 Abs. 3 und Art. 14 Abs. 4 DSGVO verpflichtet den Verantwortlichen dazu, die betroffene Person vor Weiterverarbeitung über den neuen Zweck sowie über die im konkreten Einzelfall einschlägigen Informationen des Art. 13 Abs. 2 DSGVO zu informieren. Der Zeitpunkt der Erteilung der Information ist bei einer beabsichtigten Weiterverarbeitung im Vergleich zur anfänglichen Informationspflicht nach Art. 13 Abs. 1 und Art. 14 Abs. 1 DSGVO vorgelagert. Die betroffene Person muss in der Lage sein, die beabsichtigte Weiterverarbeitung überprüfen zu können. Die Form der Information richtet sich nach den allgemeinen Vorgaben, sodass sie schriftlich oder elektronisch zur Verfügung gestellt werden kann.[1158]

1157 S. Gliederungspunkt E.II.6.
1158 S. Gliederungspunkt E.III.

Literaturverzeichnis

Albers, Marion, Informationelle Selbstbestimmung, zugl. Habil. Berlin 2001/02, Baden-Baden 2005.

Albrecht, Jan Philipp, Das neue EU-Datenschutzrecht – von der Richtlinie zur Verordnung. Überblick und Hintergründe zum finalen Text für die Datenschutz-Grundverordnung der EU nach der Einigung im Trilog, CR 2016, 88–98.

Albrecht, Jan Philipp/Jotzo, Florian, Das neue Datenschutzrecht der EU. Grundlagen, Gesetzgebungsverfahren, Synopse, Baden-Baden 2017.

Aliprandi, Claudio, Datenschutzrechtlicher Schadensersatz nach Art. 82 DS-GVO. Voraussetzungen, Rechtsfolgen und Praxisbezüge, zugl. Diss. Leipzig 2022, Baden-Baden 2023.

Ambrock, Jens, Mitarbeiterexzess im Datenschutzrecht. Verantwortlichkeit und Haftung für Verstöße gegen die DS-GVO durch Beschäftigte, ZD 2020, 492–497.

Ampatziadis, Sophia, Ortung von Beschäftigten. Rechtsfragen der datenschutzrechtlichen Zulässigkeitsprüfung am Beispiel von arbeitgeberseitigen Ortungsmaßnahmen, zugl. Diss. Hamburg 2022, Berlin 2023.

Auer-Reinsdorff, Astrid/Conrad, Isabell (Hrsg.), Handbuch IT- und Datenschutzrecht, 3. Aufl., München 2019 (zitiert: Auer-Reinsdorff/Conrad/*Bearbeiter*).

Auernhammer, DSGVO, BDSG, Kommentar, hrsg. v. *Eßer, Martin/Kramer, Philipp/Lewinski, Kai von*, 8. Aufl., Hürth 2023 (zitiert: Auernhammer/*Bearbeiter*).

Beck'scher Online-Kommentar Datenschutzrecht, DS-GVO, DA, DGA, BDSG. Datenschutz und Datennutzung, hrsg. v. *Wolff, Heinrich Amadeus/Brink, Stefan/Ungern-Sternberg, Antje von*, 51. Ed. Stand 01.02.2025, München 2025 (zitiert: BeckOK DatenschutzR/*Bearbeiter*).

Bender, Anouk Marie, Die Freiwilligkeit der datenschutzrechtlichen Einwilligung bei unentgeltlichen Dienstleistungen im Internet, zugl. Diss. Freiburg 2021, Baden-Baden 2021.

Bergmann, Jan (Hrsg.), Handlexikon der Europäischen Union, 6. Aufl., Baden-Baden 2022 (zitiert: Bergmann/*Bearbeiter*).

Blum, Benjamin, People Analytics. Eine datenschutzrechtliche Betrachtung moderner Einsatzszenarien für automatisierte, datenbasierte Entscheidungen, zugl. Diss. Mannheim 2020, Baden-Baden 2021.

Böhm, Wolf-Tassilo, Non-Compliance und Arbeitsrecht. Interne Ermittlungen, Sanktionen und Regressansprüche nach Rechts- und Regelverstößen von Arbeitnehmern, zugl. Diss. Erlangen-Nürnberg 2011, Baden-Baden 2011.

Borchert, Jannick, Durchsetzung des Beschäftigtendatenschutzrechts. Schadensersatz und Geldbußen nach der DS-GVO im Beschäftigungskontext, zugl. Diss. Bonn 2024, Baden-Baden 2024.

Bortnikov, Vyacheslav/Dukart, Juergen, Informationelle Selbstbestimmung und KI. Datenschutzrechtliche Anforderungen an die Transparenz von KI, ZD 2024, 558–564.

Brink, Stefan/Joos, Daniel, Datenschutzrechtliche Folgen für den Betriebsrat nach dem Betriebsrätemodernisierungsgesetz, NZA 2021, 1440–1444.

Britz, Gabriele, Europäisierung des grundrechtlichen Datenschutzes?, EuGRZ 2009, 1–11.

Brühann, Ulf, Mindeststandards oder Vollharmonisierung des Datenschutzes in der EG. Zugleich ein Beitrag zur Systematik von Richtlinien zur Rechtsangleichung im Binnenmarkt in der Rechtsprechung des Europäischen Gerichtshofs, EuZW 2009, 639–644.

Buchner, Benedikt, Grundsätze und Rechtmäßigkeit der Datenverarbeitung unter der DS-GVO, DuD 2016, 155–161.

Bussche, Axel von dem/Voigt, Paul (Hrsg.), Konzerndatenschutz. Rechtshandbuch, 2. Aufl., München 2019 (zitiert: v. d. Bussche/Voigt/*Bearbeiter*).

Calliess, Christian/Ruffert, Matthias (Hrsg.), EUV/AEUV. Das Verfassungsrecht der Europäischen Union mit Europäischer Grundrechtecharta, Kommentar, 6. Aufl., München 2022 (zitiert: Calliess/Ruffert/*Bearbeiter*).

Culik, Nicolai/Döpke, Christian, Zweckbindungsgrundsatz gegen unkontrollierten Einsatz von Big Data-Anwendungen. Analyse möglicher Auswirkungen der DS-GVO, ZD 2017, 226–230.

Dammann, Ulrich, Erfolge und Defizite der EU-Datenschutzgrundverordnung. Erwarteter Fortschritt, Schwächen und überraschende Innovationen, ZD 2016, 307–314.

DATENSCHUTZ-BERATER-Online-Kommentar, DSGVO, hrsg. v. *Freund, Bernhard/Schmidt, Bernd/Heep, Sebastian* u. a., Version 0.1 06/2023, Frankfurt am Main 2023 (zitiert: DSB-OK/*Bearbeiter*).

Däubler, Wolfgang, Gläserne Belegschaften. Das Handbuch zum Beschäftigtendatenschutz, 10. Aufl., Frankfurt am Main 2025.

Däubler, Wolfgang/Hjort, Jens Peter/Schubert, Michael u. a. (Hrsg.), Arbeitsrecht. Individualarbeitsrecht mit kollektivrechtlichen Bezügen, Kommentar, 5. Aufl., Baden-Baden 2022 (zitiert: DHSW/*Bearbeiter*).

Däubler, Wolfgang/Wedde, Peter/Weichert, Thilo u. a. (Hrsg.), EU-DSGVO und BDSG, Kompaktkommentar, 3. Aufl., Frankfurt am Main 2024 (zitiert: DWWS/*Bearbeiter*).

de Hert, Paul/Papakonstantinou, Vagelis, The new General Data Protection Regulation: Still a sound system for the protection of individuals?, CLSR 2016, 179–194.

Deingruber, Manuela, Das Recht auf Auskunft gemäß Art. 15 DSGVO, zugl. Diss. München 2024, Baden-Baden 2024.

Durmus, Erdem, Der Unterschied zwischen dem berechtigten Interesse und dem Zweck der Verarbeitung, DSB 2020, 12–13.

Düwell, Franz Josef/Brink, Stefan, Auf dem Weg zu einem Beschäftigtendatenschutzgesetz, NZA 2023, 1097–1098.

Ebner, Gordian Konstantin, Weniger ist Mehr? Die Informationspflichten der DS-GVO – Eine kritische Analyse, zugl. Diss. Passau 2022, Baden-Baden 2022.

Eckhardt, Jens, DS-GVO: Anforderungen an die Auftragsverarbeitung als Instrument zur Einbindung Externer, CCZ 2017, 111–117.

Ehmann, Eugen/Selmayr, Martin (Hrsg.), DS-GVO, Kommentar, 3. Aufl., München 2024 (zitiert: Ehmann/Selmayr/*Bearbeiter*).

Eichenhofer, Johannes, Vom Zweckbindungsgrundsatz zur Interessenabwägung?, PinG 2017, 135–140.

Eifert, Martin, Zweckvereinbarkeit statt Zweckbindung als Baustein eines modernisierten Datenschutzes, in: *Gropp, Walter/Lipp, Martin/Steiger, Heinhard* (Hrsg.), Rechtswissenschaft im Wandel. Festschrift des Fachbereichs Rechtswissenschaft zum 400jährigen Gründungsjubiläum der Justus-Liebig-Universität Gießen, Tübingen 2007, S. 139–152.

Erfurter Kommentar zum Arbeitsrecht, hrsg. v. *Müller-Glöge, Rudi/Preis, Ulrich/Gallner, Inken* u. a., 25. Aufl., München 2025 (zitiert: ErfK/*Bearbeiter*).

Ernst, Stefan, Die Einwilligung nach der Datenschutzgrundverordnung. Anmerkungen zur Definition nach Art. 4 Nr. 11 DS-GVO, ZD 2017, 110–114.

Flink, Maike, Beschäftigtendatenschutz als Aufgabe des Betriebsrats. Kompetenzen und Verantwortung des Betriebsrats für den Datenschutz, zugl. Diss. Bonn 2020, Berlin 2021.

Folkerts, Elena, Gemeinsame Verantwortlichkeit: Grenzen der Aufteilung datenschutzrechtlicher Verpflichtungen. Anforderungen an die Gestaltung von Vereinbarungen zwischen gemeinsam Verantwortlichen, ZD 2022, 201–206.

Forgó, Nikolaus/Helfrich, Marcus/Schneider, Jochen (Hrsg.), Betrieblicher Datenschutz. Rechtshandbuch, 3. Aufl., München 2019 (zitiert: Forgó/Helfrich/Schneider/*Bearbeiter*).

Franzen, Martin, Beschäftigtendatenschutz aus Luxemburg?, EuZA 2022, 261–262.

Franzen, Martin/Gallner, Inken/Oetker, Harmut (Hrsg.), Kommentar zum europäischen Arbeitsrecht, 5. Aufl., München 2024 (zitiert: Franzen/Gallner/Oetker/*Bearbeiter*).

Gierschmann, Sibylle/Schlender, Katharina/Stentzel, Rainer/Veil, Winfried (Hrsg.), Datenschutz-Grundverordnung, Kommentar, Köln 2018 (zitiert: GSSV/*Bearbeiter*).

Glocker, Felix/Hoffmann, Maren, Beschäftigtendatenschutz: Zentrale Rechtsgrundlage nicht mehr anwendbar – Eine Besprechung des EuGH-Urteils C-34/21 vom 30.3.2023, BB 2023, 1333–1335.

Gola, Peter, Der „neue" Beschäftigtendatenschutz nach § 26 BDSG n. F., BB 2017, 1462–1472.

Gola, Peter/Heckmann, Dirk (Hrsg.), Datenschutz-Grundverordnung, Bundesdatenschutzgesetz, Kommentar, 3. Aufl., München 2022 (zitiert: Gola/Heckmann/*Bearbeiter*).

Gola, Peter/Jaspers, Andreas, Zweckänderungen bei der Weiterverarbeitung von Beschäftigtendaten, RDV 2018, 145–154.

Gola, Peter/Thüsing, Gregor, Handbuch Beschäftigtendatenschutz. Aktuelle Rechtslage und Umsetzungshilfen, 9. Aufl., Frechen 2025.

Götz, Thomas, Big Data im Personalmanagement. Datenschutzrecht und betriebliche Mitbestimmung, zugl. Diss. Regensburg 2020, Baden-Baden 2020.

Grafenstein, Maximilian von, Das Zweckbindungsprinzip zwischen Innovationsoffenheit und Rechtssicherheit. Zur mangelnden Differenzierung der Rechtsgüterbetroffenheit in der Datenschutzgrund-VO, DuD 2015, 789–795.

Grafenstein, Maximilian von, Die Auswirkungen des Zweckbindungsprinzips auf Innovationsprozesse in Startups, in: *Taeger, Jürgen* (Hrsg.), Smart World – Smart Law? Weltweite Netze mit regionaler Regulierung, Tagungsband Herbstakademie 2016, Edewecht 2016, S. 233–246.

Grafenstein, Maximilian von, Refining the Concept of the Right to Data Protection in Article 8 ECFR – Part III. Consequences for the interpretation of the GDPR (and the Lawmaker's Room for Manoeuvre), EDPL 2021, 373–387.

Grafenstein, Maximilian von, The Principle of Purpose Limitation in Data Protection Laws. The Risk-based Approach, Principles, and Private Standards as Elements for Regulating Innovation, zugl. Diss. Hamburg 2017, Baden-Baden 2018.

Grages, Jan-Michael/Strassemeyer, Laurenz, Unternehmenshaftung unter der DSGVO nach „Deutsche Wohnen" – Verschuldenshaftung ohne Zurechnungserfordernis, CR 2024, 10–18.

Grobys, Isabella/Panzer-Heemeier, Andrea (Hrsg.), Arbeitsrecht. Individualarbeitsrecht, Kollektives Arbeitsrecht, Prozessrecht, StichwortKommentar, Baden-Baden, 4. Aufl. 2023 (zitiert: Grobys/Panzer-Heemeier/*Bearbeiter*).

Groeben, Hans von der/Schwarze, Jürgen/Hatje, Armin (Hrsg.), Europäisches Unionsrecht. Vertrag über die Europäische Union, Vertrag über die Arbeitsweise der Europäischen Union, Charta der Grundrechte der Europäischen Union,

Kommentar, 7. Aufl., Baden-Baden 2015 (zitiert: v. d. Groeben/Schwarze/Hatje/*Bearbeiter*).

Gumpp, Tobias, Stellenwert der Erwägungsgründe in der Methodenlehre des Unionsrechts, ZfPW 2022, 446–476.

Hahn, Isabel, Purpose Limitation in the Time of Data Power: Is There a Way Forward?, EDPL 2021, 31–44.

Härting, Niko, Zweckbindung und Zweckänderung im Datenschutzrecht, NJW 2015, 3284–3288.

Heckmann, Dirk, Keine „strict liability" nach der DS-GVO. Das Prinzip kooperativer Rechtsverwirklichung als Haftungsmaßstab, MMR 2023, 816–821.

Helbing, Thomas, Big Data und der datenschutzrechtliche Grundsatz der Zweckbindung, K&R 2015, 145–150.

Henssler, Martin/Willemsen, Heinz Josef/Kalb, Heinz-Jürgen (Hrsg.), Arbeitsrecht Kommentar, 11. Aufl., Köln 2024 (zitiert: HWK/*Bearbeiter*).

Herfurth, Constantin, Interessenabwägung nach Art. 6 Abs. 1 lit. f DS-GVO. Nachvollziehbare Ergebnisse anhand von 15 Kriterien mit dem sog. „3x5-Modell", ZD 2018, 514–520.

Heselhaus, F. Sebastian M./Nowak, Carsten (Hrsg.), Handbuch der Europäischen Grundrechte, 2. Aufl., München 2020 (zitiert: Heselhaus/Nowak/*Bearbeiter*).

Hinze, Jacob, Das betriebliche Eingliederungsmanagement nach § 84 Abs. 2 SGB IX (BEM) – unter besonderer Berücksichtigung des Datenschutzes, zugl. Diss. Hamburg 2017, Baden-Baden 2018.

Hoeren, Thomas, Big Data und Datenqualität – ein Blick auf die DS-GVO. Annäherungen an Qualitätsstandards und deren Harmonisierung, ZD 2016, 459–463.

Hoffmann, Bernhard, Zweckbindung als Kernpunkt eines prozeduralen Datenschutzansatzes. Das Zweckproblem aus theoretischer und praktischer Sicht, zugl. Diss. Darmstadt 1990, Baden-Baden 1991.

Hoffmann, Timo Sebastian, Irland: Rekordstrafe von 1,2 Mrd. für Meta wegen Datenschutzverstößen, ZD-Aktuell 2023, 01249.

Hofmann, Kai, Assistenzsysteme in der Industrie 4.0. Arbeitsrechtliche und beschäftigtendatenschutzrechtliche Fragestellungen in einem automatisierten Arbeitsumfeld, zugl. Diss. Passau 2020, Baden-Baden 2021.

Holthausen, Joachim, Big Data, People Analytics, KI und Gestaltung von Betriebsvereinbarungen – Grund-, arbeits- und datenschutzrechtliche An- und Herausforderungen, RdA 2021, 19–32.

Hornung, Gerrit, Beschäftigtendatenschutz vor dem EuGH: Hornberger Schießen?, ZD 2023, 309–310.

Jandt, Silke/Steidle, Roland (Hrsg.), Datenschutz und Internet. DS-GVO, BDSG, TDDDG, KI-VO, DMA, DSA, 2. Aufl., Baden-Baden 2025 (zitiert: Jandt/Steidle/*Bearbeiter*).

Jarass, Hans D. (Hrsg.), Charta der Grundrechte der Europäischen Union – unter Einbeziehung der sonstigen Grundrechtsregelungen des Primärrechts und der EMRK, Kommentar, 4. Aufl., München 2021 (zitiert: Jarass/*Bearbeiter*).

Kaindl, Gerd/Sorber, Dominik, Betriebliches Eingliederungsmanagement und Datenschutz: Beweisverwertungsverbot im Kündigungsschutzprozess? Bedeuten BEM und Datenschutz das Ende der krankheitsbedingten Kündigung?, DB 2021, 2150–2154.

Kamlah, Ruprecht, Right of Privacy. Das allgemeine Persönlichkeitsrecht in amerikanischer Sicht unter Berücksichtigung neuer technologischer Entwicklungen, Köln u. a. 1969.

Kaufmann, Muriel/Wegmann, Simon/Wieg, Florian, Beschäftigtendatenschutz – Spielräume und Herausforderungen mitgliedstaatlicher Regelungen. Überlegungen vor dem Hintergrund der Entscheidung des EuGH vom 30.3.2023 – C-34/21, NZA 2023, 487, NZA 2023, 740–746.

Keber, Tobias/Maslewski, Daniel, Rechtsgrundlagen für das Training von Systemen Künstlicher Intelligenz nach der DS-GVO, RDV 2023, 273–280.

Klaas, Arne, Interne Untersuchungen und Informationsaustausch. Die Kohärenz von Datenschutz, Verfahrensrechten und Verfahrensgrundsätzen, zugl. Diss. Berlin 2019, Baden-Baden 2019.

Klaas, Arne/Momsen, Carsten/Wybitul, Tim (Hrsg.), Datenschutzsanktionenrecht. Handbuch für Wissenschaft und Praxis, München 2023 (zitiert: Klaas/Momsen/Wybitul/*Bearbeiter*).

Knappertsbusch, Inka, Die datenschutzrechtliche Einwilligung im Beschäftigungsverhältnis. Verfassungsrechtliche Anforderungen und deren einfachgesetzliche Umsetzung, zugl. Diss. Halle-Wittenberg 2021, Wiesbaden 2022.

Kneuper, Ralf, Zweckänderung nach Einwilligung. Verarbeitung für geänderte Zwecke, wenn die ursprüngliche Verarbeitung auf einer Einwilligung basiert, DuD 2024, 657–659.

Köllmann, Thomas, Implementierung elektronischer Überwachungseinrichtungen durch Betriebsvereinbarungen vor dem Hintergrund der DSGVO, zugl. Diss. Köln 2020, Baden-Baden 2021.

König, Hendric, Datenschutz und Vertrag. Zum Anwendungsbereich von Art. 6 Abs. 1 UAbs. 1 lit. b DSGVO, zugl. Diss. Bayreuth 2024, Frankfurt am Main 2024.

König, Tassilo-Rouven, Beschäftigtendatenschutz – in der Beratungspraxis, Baden-Baden 2020.

Koning, Merel Elize, The purpose and limitations of purpose limitation, Diss. Nijmegen 2020.

Koreng, Ansgar/Lachenmann, Matthias (Hrsg.), Formularhandbuch Datenschutzrecht, 4. Aufl., München 2025 (zitiert: Koreng/Lachenmann/*Bearbeiter*).

Kramer, Philipp, DSGVO: Die neun Grundsätze zum Datenschutz, DSB 2017, 6–8.

Kreitz, Benedict, Gedanken zum Schutzbereich des europäischen Datenschutzgrundrechts, NJOZ 2024, 65–72.

Kremer, Sascha, Back To Basics: Rechtmäßigkeit der Verarbeitung, DSB 2024, 226–229.

Kring, Markus, Big Data und der Grundsatz der Zweckbindung im Datenschutzrecht, zugl. Diss. Frankfurt am Main, Frankfurt am Main 2019.

Krügel, Tina, Das personenbezogene Datum nach der DS-GVO. Mehr Klarheit und Rechtssicherheit?, ZD 2017, 455–460.

Kühling, Jürgen/Buchner, Benedikt (Hrsg.), Datenschutz-Grundverordnung/BDSG, Kommentar, 4. Aufl., München 2024 (zitiert: Kühling/Buchner/*Bearbeiter*).

Kühling, Jürgen/Martini, Mario, Die Datenschutz-Grundverordnung: Revolution oder Evolution im europäischen und deutschen Datenschutzrecht?, EuZW 2016, 448–454.

Kühling, Jürgen/Martini, Mario u. a., Die Datenschutz-Grundverordnung und das nationale Recht. Erste Überlegungen zum innerstaatlichen Regelungsbedarf, Münster 2016.

Laue, Philip/Nink, Judith/Kremer, Sascha, Datenschutzrecht in der betrieblichen Praxis, 3. Aufl., Baden-Baden 2024.

Leibold, Kevin, Die Verarbeitung personenbezogener Daten im Bewerbungsverfahren. Datenschutzrechtliche Erlaubnisnormen unter Datenschutz-Grundverordnung und Bundesdatenschutzgesetz 2018, zugl. Diss. Saarbrücken 2024, Frankfurt am Main 2024.

Leibold, Kevin/Kinzinger, Bernd, Mitarbeiterexzess – Überblick über die Anforderungen und Grenzen der datenschutzrechtlichen Verantwortlichkeit von Beschäftigten, ZD-Aktuell 2025, 01268.

Leicht, Michael/Baumann, Jonas S., Die Information über berechtigte Interessen als Tatbestandsmerkmal des Art. 6 I Buchst. f DS-GVO. Verflechtung von datenschutzrechtlichen Informationspflichten und Erlaubnistatbestand, NJW 2025, 2126–2130.

Lewinski, Kai von/Rüpke, Giselher/Eckhardt, Jens, Datenschutzrecht. Grundlagen und europarechtliche Neugestaltung, 3. Aufl., München 2025.

Lurtz, Helmut/Ruhmann, Maurice, Der lange Weg zu einem Beschäftigtendatenschutzgesetz?, ZD-Aktuell 2020, 07281.

Marosi, Johannes, (Gem-)Einsame Verantwortlichkeit im Datenschutzrecht. Voraussetzungen, Folgen, Perspektiven, zugl. Diss. Mainz 2022, Berlin 2024.

Marsch, Nikolaus, Das europäische Datenschutzgrundrecht. Grundlagen – Dimensionen – Verflechtungen, zugl. Habil. Freiburg 2017, Tübingen 2018.

Maschmann, Frank, Der Arbeitgeber als Verantwortlicher für den Datenschutz im Betriebsratsbüro (§ 79 a BetrVG)?, NZA 2021, 834–839.

Maschmann, Frank, Der Betriebsrat als für den Datenschutz Verantwortlicher, NZA 2020, 1207–1215.

Meyer, Jürgen/Hölscheidt, Sven (Hrsg.), Charta der Grundrechte der Europäischen Union, Kommentar, 6. Aufl., Baden-Baden 2024 (zitiert: Meyer/Hölscheidt/*Bearbeiter*).

Monreal, Manfred, Weiterverarbeitung nach einer Zweckänderung in der DS-GVO. Chancen nicht nur für das europäische Verständnis des Zweckbindungsgrundsatzes, ZD 2016, 507–512.

Morasch, Olga, Datenverarbeitung im Beschäftigungskontext. Zur Reichweite der Öffnungsklausel nach Art. 88 DSGVO, zugl. Diss. Regensburg 2018, Baden-Baden 2019.

Mühlenbeck, Robin L., Anonyme und pseudonyme Daten, zugl. Diss. Mainz 2022, Baden-Baden 2023.

Müller, Marian, Die Öffnungsklauseln der Datenschutzgrundverordnung. Ein Beitrag zur Europäischen Handlungsformenlehre, zugl. Diss. Münster 2018, Münster 2018.

Münchener Handbuch zum Arbeitsrecht, hrsg. v. *Kiel, Heinrich/Lunk, Stefan/Oetker, Hartmut*, Bd. 1 – §§ 1–100, Individualarbeitsrecht I, 6. Aufl., München 2024 (zitiert: MHdB ArbR/*Bearbeiter*).

Münchener Kommentar zum Bürgerlichen Gesetzbuch, hrsg. v. *Säcker, Franz Jürgen/Rixecker, Roland/Oetker, Hartmut* u. a., Bd. 1 – Allgemeiner Teil, §§ 1–240a, AllgPersönlR, StiftRG, ProstG, AGG, 10. Aufl., München 2025 (zitiert: MüKoBGB/*Bearbeiter*).

Musiol, Philip, Hinweisgeberschutz und Datenschutz. Datenschutzrechtliche Implikationen bei Einrichtung und Betrieb einer internen Meldestelle nach dem HinSchG, zugl. Diss. Bonn 2023, Baden-Baden 2023.

Neumann, Dirk/Pahlen, Ronald/Greiner, Stefan u. a., Sozialgesetzbuch IX. Rehabilitation und Teilhabe behinderter Menschen, Kommentar, 15. Aufl., München 2024 (zitiert: Neumann/Pahlen/Greiner u. a./*Bearbeiter*).

Neun, Andreas/Lubitzsch, Katharina, EU-Datenschutz-Grundverordnung – Behördenvollzug und Sanktionen, BB 2017, 1538–1544.

NomosKommentar Datenschutzrecht, DS-GVO/BDSG, hrsg. v. *Simitis, Spiros/Hornung, Gerrit/Spiecker genannt Döhmann, Indra*, 2. Aufl., Baden-Baden 2025 (zitiert: NK-DatenschutzR/*Bearbeiter*).

NomosKommentar Digital Services Act, Gesetz über digitale Dienste, hrsg. v. *Hofmann, Franz/Raue, Benjamin*, Baden-Baden 2023 (zitiert: NK-DSA/*Bearbeiter*).

NomosKommentar Hessisches Datenschutz- und InformationsfreiheitsG, HDSIG, hrsg. v. *Roßnagel, Alexander*, Baden-Baden 2021 (zitiert: NK-HDSIG/*Bearbeiter*).

Oberthür, Nathalie, Die anderweitige Verwertung von Erkenntnissen aus dem Betrieblichen Eingliederungsmanagement. DSGVO und BDSG n.F. setzen enge Grenzen, ArbRB 2018, 301–304.

Paal, Boris P./Götz, Matthias, Datenübermittlung im Konzern: Übertragung von Daten aus dem E-Mail-Account eines Mitarbeiters, RDV 2023, 141–147.

Paal, Boris P./Pauly, Daniel A. (Hrsg.), Datenschutz-Grundverordnung, Bundesdatenschutzgesetz, Kommentar, 3. Aufl., München 2021 (zitiert: Paal/Pauly/*Bearbeiter*).

Pechstein, Matthias/Nowak, Carsten/Häde, Ulrich (Hrsg.), Frankfurter Kommentar zu EUV, GRC und AEUV, Bd. 1 – EUV und GRC, Tübingen, 2. Aufl. 2023 (zitiert: Pechstein/Nowak/Häde/*Bearbeiter*).

Peisker, Yannick, Der datenschutzrechtliche Auskunftsanspruch. Grundlagen, Reichweite und praktische Probleme des Art. 15 DSGVO im Beschäftigungskontext, zugl. Diss. Bonn 2023, Baden-Baden 2023.

Piltz, Carlo, BDSG, Praxiskommentar für die Wirtschaft, Frankfurt am Main 2018.

Piltz, Carlo/Quiel, Philipp, Bestimmt unbestimmt – Vorschläge zur Auslegung und Anwendung unklarer Formulierungen in der Datenschutz-Grundverordnung, in: *Taeger, Jürgen* (Hrsg.), Den Wandel begleiten – IT-rechtliche Herausforderungen der Digitalisierung, Tagungsband Herbstakademie 2020, Edewecht 2020, S. 1–21.

Plath, Kai-Uwe (Hrsg.), DSGVO, BDSG, TTDSG, Kommentar, 4. Aufl., Köln 2023 (zitiert: Plath/*Bearbeiter*).

Podlech, Adalbert, Die Transformation des für Informationssysteme geltenden Informationsrechts in die Informationssysteme steuerndes Systemrecht, in: *Bräutigam, Lothar/Höller, Heinzpeter/Scholz, Renate*, Datenschutz als Anforderung an die Systemgestaltung, Opladen 1990, S. 346–361.

Podlech, Adalbert, Gesellschaftstheoretische Grundlage des Datenschutzes, in: *Dierstein, Rüdiger/Fiedler, Herbert/Schulz, Arno* (Hrsg.), Datenschutz und Datensicherung. Referate der gemeinsamen Fachtagung der Österreichischen Gesellschaft für Informatik (ÖGI) und der Gesellschaft für Informatik (GI), Johannes-Kepler-Universität, Linz/Österreich, 21. bis 23. September 1976, Köln 1976, S. 311–326.

Pötters, Stephan, Grundrechte und Beschäftigtendatenschutz, zugl. Diss. Bonn 2013, Baden-Baden 2013.

Preis, Ulrich/Sagan, Adam (Hrsg.), Europäisches Arbeitsrecht. Grundlagen, Richtlinien, Folgen für das deutsche Recht, 3. Aufl., Köln 2024 (zitiert: Preis/Sagan/*Bearbeiter*).

Quiel, Philipp, Rechtsgrundlagen und Zweckbindung beim „Betrieblichen Eingliederungsmanagement“, DSB 2019, 72–73.

Radtke, Tristan, Gemeinsame Verantwortlichkeit unter der DSGVO. Unter besonderer Berücksichtigung von Internetsachverhalten, zugl. Diss. Freiburg 2021, Baden-Baden 2021.

Reimer, Philipp, Verwaltungsdatenschutzrecht. Das neue Recht für die behördliche Praxis, Baden-Baden 2019.

Reinhard, Barbara, Handlungsoptionen des Arbeitgebers bei Krankheit. Eine Fahrt ins Ungewisse?, ArbRB 2018, 325–328.

Richter, Philipp, Datenschutz zwecklos? – Das Prinzip der Zweckbindung im Ratsentwurf der DSGVO, DuD 2015, 735–740.

Riesenhuber, Karl (Hrsg.), Europäische Methodenlehre, 4. Aufl., Berlin, Boston 2021 (zitiert: Riesenhuber/*Bearbeiter*).

Ritter, Joachim/Gründer, Karlfried/Gabriel, Gottfried (Hrsg.), Historisches Wörterbuch der Philosophie, Bd. 12 – W–Z, Basel 2004 (zitiert: Ritter/Gründer/Gabriel/*Bearbeiter*).

Roßnagel, Alexander, Datenschutzgrundsätze – unverbindliches Programm oder verbindliches Recht? Bedeutung der Grundsätze für die datenschutzrechtliche Praxis, ZD 2018, 339–344.

Roßnagel, Alexander, Kein „Verbotsprinzip" und kein „Verbot mit Erlaubnisvorbehalt" im Datenschutzrecht. Zur Dogmatik der Datenverarbeitung als Grundrechtseingriff, NJW 2019, 1–5.

Roßnagel, Alexander/Geminn, Christian, Datenschutz-Grundverordnung verbessern. Änderungsvorschläge aus Verbrauchersicht, Baden-Baden 2020.

Roßnagel, Alexander/Nebel, Maxi/Richter, Philipp, Was bleibt vom Europäischen Datenschutzrecht? Überlegungen zum Ratsentwurf der DS-GVO, ZD 2015, 455–460.

Roßnagel, Alexander/Rost, Maria Christina, Geldbußen gegen juristische Personen. Klarstellungen durch zwei Entscheidungen des EuGH, ZD 2024, 183–189.

Roth, Heiko Markus, Verzeichnis von Verarbeitungstätigkeiten. Praxishandbuch für Verantwortliche zur praktischen Umsetzung aus rechtlicher, organisatorischer und technischer Sicht, Frankfurt am Main 2023.

Roth, Heiko Markus/Wybitul, Tim, Entwurf für ein „Beschäftigtendatengesetz" – ein Nachruf, BB 2024, 2999–3005.

Sandvoß, Daniel/Schild, Hans-Hermann, Neue Entwicklungen des Beschäftigtendatenschutzes im Lichte der Rechtsprechung des EuGH vom 30.3.2023, NJOZ 2023, 1056–1063.

Schantz, Peter, Die Datenschutz-Grundverordnung – Beginn einer neuen Zeitrechnung im Datenschutzrecht, NJW 2016, 1841–1847.

Schantz, Peter/Wolff, Heinrich Amadeus, Das neue Datenschutzrecht. Datenschutz-Grundverordnung und Bundesdatenschutzgesetz in der Praxis, München 2017.

Schaub, Günter (Begr.), Arbeitsrechts-Handbuch. Systematische Darstellung und Nachschlagewerk für die Praxis, 20. Auflage, München 2023 (zitiert: Schaub/*Bearbeiter*).

Schaub, Günter (Begr.)/*Koch, Ulrich* (Hrsg.), Arbeitsrecht von A–Z, 29. Aufl., München 2025 (zitiert: Schaub/Koch/*Bearbeiter*).

Schemmel, Frank/Brink, Stefan, Beschäftigtendatenschutz auf dem Prüfstand – Ein Interview, CB 2024, 151–154.

Schild, Hans-Hermann, Beschäftigtendatenschutz: § 26 Abs. 1 S. 1 BDSG auf dem Prüfstand, ZD-Aktuell 2021, 05470.

Schildbach, Roman, Big-Data-Anwendungen als Herausforderung für das Gesundheitsdatenschutzrecht, zugl. Diss. Regensburg 2023, Baden-Baden 2023.

Schleper, Janine, Beschäftigtendatenschutz und Homeoffice. Die präventive Kontrolle von Leistung und Verhalten von Beschäftigten, zugl. Diss. Bremen 2024, Wiesbaden 2024.

Schmidt, Bettina, Gestaltung und Durchführung des BEM, 3. Aufl., München 2023.

Schmidt, Bettina/Plote, Maximilian, Die Zulässigkeit der Datenverarbeitung im betrieblichen Eingliederungsmanagement, NZA 2022, 1297–1305.

Schnebbe, Maximilian, Minderjährige im Datenschutzrecht, zugl. Diss. Bremen 2022, Frankfurt am Main 2023.

Schneider, Ruben, Gemeinsame Verantwortlichkeit. Entstehung, Ausgestaltung und Rechtsfolgen des Innenverhältnisses gemäß Art. 26 DSGVO, zugl. Diss Bonn 2021, Wiesbaden 2021.

Schrader, Leonie Felicia, Datenschutz im Gesundheitswesen unter der Europäischen Datenschutz-Grundverordnung, zugl. Diss. Kiel 2021, Berlin 2022.

Schröder, Markus, Der risikobasierte Ansatz in der DS-GVO. Risiko oder Chance für den Datenschutz? ZD 2019, 503–506.

Schulze, Reiner/Janssen, André/Kadelbach, Stefan (Hrsg.), Europarecht. Handbuch für die deutsche Rechtspraxis, 4. Aufl., Baden-Baden 2020 (zitiert: Schulze/Janssen/Kadelbach/*Bearbeiter*).

Schwartmann, Rolf/Jaspers, Andreas/Thüsing, Gregor u. a. (Hrsg.), DS-GVO/BDSG, Kommentar, 3. Aufl., Heidelberg 2024 (zitiert: SJTK/*Bearbeiter*).

Schwarze, EU-Kommentar, hrsg. v. *Becker, Ulrich/Hatje, Armin/Schoo, Johann* u. a., 4. Aufl., Baden-Baden 2019 (zitiert: Schwarze/*Bearbeiter*).

Selzer, Annika (Hrsg.), Datenschutzrecht. Ein Kommentar für Studium und Praxis, DSGVO, Teil 1 und 2 BDSG, Auszüge aus BetrVG, KunstUrhG und UWG, Stuttgart 2022 (zitiert: Selzer/*Bearbeiter*).

Sens, Daniel, Der Zweckbindungsgrundsatz der DSGVO beim Machine Learning im Vertrieb, zugl. Diss. Hamburg 2024, Hamburg 2024.

Simitis, Spiros, Das Volkszählungsurteil oder der lange Weg zur Informationsaskese – (BVerfGE 65, 1), KritV 2000, 359–375.

Simitis, Spiros, Datenschutz – Rückschritt oder Neubeginn?, NJW 1998, 2473–2479.

Simitis, Spiros, Die EU-Datenschutzrichtlinie – Stillstand oder Anreiz?, NJW 1997, 281–288.

Simokat, Stephanie, Beweisverwertungsverbote im arbeitsgerichtlichen Verfahren. Eine Analyse der Auswirkungen der Europäischen Datenschutzgrundverordnung sowie der arbeitsgerichtlichen Rechtsprechung, zugl. Diss. Köln 2019, Baden-Baden 2021.

Specht, Louisa/Mantz, Reto (Hrsg.), Handbuch Europäisches und deutsches Datenschutzrecht. Bereichsspezifischer Datenschutz in Privatwirtschaft und öffentlichem Sektor, München 2019 (zitiert: Specht/Mantz/*Bearbeiter*).

Spiecker genannt Döhmann, Indra/Papakonstantinou, Vagelis/Hornung, Gerrit u. a. (Hrsg.), General Data Protection Regulation, Article-by-Article Commentary, Baden-Baden, München 2023 (zitiert: SPHD/*Bearbeiter*).

Spies, Ulrich, Zweckfestlegung der Datenverarbeitung durch den Verantwortlichen. Besteht eine datenschutzrechtliche Zweckbestimmung des Verantwortlichen trotz Zweckbenennung im Gesetz?, ZD 2022, 75–81.

Spindler, Gerald/Schuster, Fabian (Hrsg.), Recht der elektronischen Medien, Kommentar, 4. Aufl., München 2019 (zitiert: Spindler/Schuster/*Bearbeiter*).

Spitz, Markus, Sekundärnutzung von Behandlungsdaten für medizinische Forschungszwecke. Analyse der rechtlichen Rahmenbedingungen unter besonderer Berücksichtigung des Gesundheitsdatenschutzrechts und der Geheimnisschutzpflicht, zugl. Diss. Heidelberg 2023, Baden-Baden 2024.

Steffen, Markus/Stöhr, Alexander, Die Umsetzung von Compliance-Maßnahmen im Arbeitsrecht, RdA 2017, 43–52.

Stein, Jürgen vom/Rothe, Isabel/Schlegel, Rainer (Hrsg.), Gesundheitsmanagement und Krankheit im Arbeitsverhältnis, Handbuch, 2. Aufl., München 2021 (zitiert: v. Stein/Rothe/Schlegel/*Bearbeiter*).

Sydow, Gernot/Marsch, Nikolaus (Hrsg.), DS-GVO, BDSG, Handkommentar, 3. Aufl., Baden-Baden 2022 (zitiert: Sydow/Marsch/*Bearbeiter*).

Taeger, Jürgen/Gabel, Detlev (Hrsg.), DSGVO, BDSG, TTDSG, Kommentar, 4. Aufl., Frankfurt am Main 2022 (zitiert: Taeger/Gabel/*Bearbeiter*).

Thüsing, Gregor, Beschäftigtendatenschutz auf der Zielgeraden? Gedanken zum Referentenentwurf eines Beschäftigtendatengesetzes, DB 2024, 2830–2835.

Thüsing, Gregor (Hrsg.), Beschäftigtendatenschutz und Compliance. Effektive Compliance im Spannungsfeld von DS-GVO, BDSG, Persönlichkeitsschutz und betrieblicher Mitbestimmung, 3. Aufl., München 2021 (zitiert: Thüsing/*Bearbeiter*).

Thüsing, Gregor/Peisker, Yannick, Datenschutzrechtliches Glasperlenspiel? Zum Antrag des Generalanwalts Sánchez-Bordona im Verfahren Rs. C-34/21, BeckRS 2022, 24515, NZA 2023, 213–215.

Thüsing, Gregor/Peisker, Yannick/Musiol, Philip, Scoring und Restschuldbefreiung in der Datenverarbeitung der Kreditauskunfteien vor dem EuGH. Ein Erfahrungsbericht zur mündlichen Verhandlung und den Schlussanträgen des Generalanwalts Pikamäe, RDV 2023, 82–91.

Thüsing, Gregor/Rombey, Sebastian, Forschung im Gesundheitswesen: Anforderungen an einen passgenauen Datenschutz, NZS 2019, 201–205.

Veil, Winfried, DS-GVO: Risikobasierter Ansatz statt rigides Verbotsprinzip. Eine erste Bestandsaufnahme, ZD 2015, 347–353.

Veil, Winfried, Einwilligung oder berechtigtes Interesse? – Datenverarbeitung zwischen Skylla und Charybdis, NJW 2018, 3337–3344.

Veit, Raoul-Darius, Einheit und Vielfalt im europäischen Datenschutzrecht, zugl. Diss. 2021 Hamburg, Tübingen 2023.

Voigt, Marlene, Die datenschutzrechtliche Einwilligung. Zum Spannungsfeld von informationeller Selbstbestimmung und ökonomischer Verwertung personenbezogener Daten, zugl. Diss. Freiburg 2020, Baden-Baden 2020.

Voigt, Paul/Bussche, Axel von dem, EU-Datenschutz-Grundverordnung (DSGVO). Praktikerhandbuch, 2. Aufl., Berlin 2024.

Weber, Marc Philipp/Dehnert, Henning, Das Kooperations- und Kohärenzverfahren vor dem EDSA. Praktische Erfahrungen aus dem ersten Streitbeilegungsverfahren in Sachen Twitter, ZD 2021, 63–68.

Wedde, Peter, Beschäftigtendatenschutz, Basiskommentar zu EU-DSGVO und BDSG, Frankfurt am Main 2022.

Wehkamp, Nils, Weiterverarbeitung zu anderen Zwecken: Praktische Kompatibilitätsprüfung bei Zwischenspeicherung für zweckfremde Datenanalysen, in: *Taeger, Jürgen* (Hrsg.), Den Wandel begleiten – IT-rechtliche Herausforderungen der Digitalisierung, Tagungsband Herbstakademie 2020, Edewecht 2020, S. 215–231.

Weiß, Martin, Öffnungsklauseln in der DSGVO und nationale Verwirklichung im BDSG. „Vollharmonisierung light“, zugl. Diss. Regensburg 2021, Baden-Baden 2022.

Wildberg, Friederike/Lee-Wunderlich, Hannah, It’s not personal – Warum IP-Adressen nicht immer personenbezogene Daten sind, CCZ 2023, 281–284.

Wünschelbaum, Markus, Kollektivautonomer Datenschutz. Kollektivvereinbarungen nach Art. 88 DSGVO und ihre Gestaltungskontrolle, zugl. Diss. Hamburg 2021, Tübingen 2022.

Wünschelbaum, Markus, Kommt ein souveränes Beschäftigtendatenschutzgesetz? Eckpunkte, Resonanz und Ausblick zu einem (erneuten) Regulierungsversuch, MMR 2023, 548–552.

Wünschelbaum, Markus, Tabula rasa im Beschäftigtendatenschutz? – EuGH setzt neue Maßstäbe: Rechtsfolgen und Handlungsoptionen. Besprechung von EuGH Urt. v. 30.3.2023 – C-34/21, NZA 2023, 487, NZA 2023, 542–547.

Wünschelbaum, Markus/Sorber, Dominik, Beschäftigtendatenschutz (wieder) gescheitert? Lehren aus dem BMAS-Referentenentwurf 2024, NZA 2024, 1540–1547.

Wybitul, Tim, Der neue Beschäftigtendatenschutz nach §26 BDSG und Art. 88 DSGVO, NZA 2017, 413–419.

Wybitul, Tim (Hrsg.), Handbuch EU-Datenschutz-Grundverordnung, Frankfurt am Main 2017 (zitiert: Wybitul/*Bearbeiter*).

Wybitul, Tim, Was ändert sich mit dem neuen EU-Datenschutzrecht für Arbeitgeber und Betriebsräte? Anpassungsbedarf bei Beschäftigtendatenschutz und Betriebsvereinbarungen, ZD 2016, 203–208.

Wybitul, Tim/Brams, Isabelle/Jürges, Hannah, BGH soll zu Freispruch nach 4,3 Mio. € DSGVO-Bußgeld entscheiden – worum geht es? Neue Impulse für die Verteidigung gegen DSGVO-Bußgelder, CR 2025, 500–505.

Wybitul, Tim/Brink, Stefan, EuGH-Rahmenbedingungen für DS-GVO-Bußgelder. Eine Analyse aus Sicht der Praxis, ZD 2024, 137–142.

Wybitul, Tim/Zhou, Johannes, DS-GVO-Geldbußen in der Rechtsprechung – nun im Fokus des Gesetzgebers, ZD 2024, 301–302.

Zhou, Johannes/Peisker, Yannick, Neues vom EuGH zum Begriff des personenbezogenen Datums, ZD-Aktuell 2023, 01449.

Zhou, Johannes/Wybitul, Tim, Die Verarbeitung personenbezogener Beschäftigtendaten ohne gültige Generalklausel. Arbeitsrechtliche Konsequenzen aus dem EuGH-Urteil v. 30.3.2023, ArbRB 2023, 240–242.

Ziegenhorn, Gero/Heckel, Katharina von, Datenverarbeitung durch Private nach der europäischen Datenschutzreform. Auswirkungen der Datenschutz-Grundverordnung auf die materielle Rechtmäßigkeit der Verarbeitung personenbezogener Daten, NVwZ 2016, 1585–1591.

Ziegenhorn, Gero/Krüger, Jul, Ist Art. 6 Abs. 2 DS-GVO bedeutungslos? Bestimmung des Verhältnisses von Art. 6 Abs. 2 und Abs. 3 DS-GVO durch Vergleich der Regelungsgehalte, ZD 2024, 610–616.

Ziegenhorn, Gero/Schulz-Große, Stefanie, Der Grundsatz der Zweckbindung. Anforderungen an die Erhebung und weitere Verarbeitung personenbezogener Daten, ZD 2023, 581–587.

Zimmermann, Sören, Datenschutz und Demokratie. Überlegungen zu einem reziproken Bedingungszusammenhang, zugl. Diss. Frankfurt am Main 2020, Baden-Baden 2021.

Materialienverzeichnis

Alle nachfolgend aufgeführten Internetquellen wurden zuletzt am 03.10.2025 aufgerufen.

Art. 29-Datenschutzgruppe, Leitlinien für Transparenz gemäß der Verordnung 2016/679, WP 260 rev.01, 11.04.2018, abrufbar unter: https://www.datenschutzkonferenz-online.de/media/wp/20180411_wp260_rev01.docx (zitiert: Art. 29-Datenschutzgruppe, WP 260 rev.01, 11.04.2018).

Art. 29-Datenschutzgruppe, Opinion 03/2013 on purpose limitation, WP 203, 02.04.2013, abrufbar unter: https://ec.europa.eu/justice/article-29/documentation/opinion-recommendation/files/2013/wp203_en.pdf (zitiert: Art. 29-Datenschutzgruppe, WP 203, 02.04.2013).

Art. 29-Datenschutzgruppe, Stellungnahme 01/2012 zu den Reformvorschlägen im Bereich des Datenschutzes, WP 191, 23.03.2012, abrufbar unter: https://datenschutz.hessen.de/sites/datenschutz.hessen.de/files/2022-11/wp191_de.pdf (zitiert: Art. 29-Datenschutzgruppe, WP 191, 23.03.2012).

Art. 29-Datenschutzgruppe, Stellungnahme 06/2014 zum Begriff des berechtigten Interesses des für die Verarbeitung Verantwortlichen gemäß Artikel 7 der Richtlinie 95/46/EG, WP 217, 09.04.2014, abrufbar unter: https://www.datenschutzstelle.li/application/files/2915/5914/1746/WP217_Opinion62014LegitimateInterest.pdf (zitiert: Art. 29-Datenschutzgruppe, WP 217, 09.04.2014).

Art. 29-Datenschutzgruppe, Stellungnahme 4/2007 zum Begriff „personenbezogene Daten“, WP 136, 20.06.2007, abrufbar unter: https://www.lda.bayern.de/media/wp136_de.pdf (zitiert: Art. 29-Datenschutzgruppe, WP 136, 20.06.2007).

Art. 29-Datenschutzgruppe, Stellungnahme 7/2003 zur Weiterverwendung von Informationen des öffentlichen Sektors und Schutz personenbezogener Daten, WP 83, 12.12.2003, abrufbar unter: https://datenschutz.hessen.de/sites/datenschutz.hessen.de/files/2022-11/wp83_de.pdf (zitiert: Art. 29-Datenschutzgruppe, WP 83, 12.12.2003).

Bundesministerium für Arbeit und Soziales/Bundesministerium des Innern und für Heimat, Entwurf eines Gesetzes zur Stärkung eines fairen Umgangs mit Beschäftigtendaten und für mehr Rechtssicherheit für Arbeitgeber und Beschäftigte in der digitalen Arbeitswelt (Beschäftigtendatengesetz – BeschDG), 08.10.2024, abrufbar unter: https://www.itm.nrw/wp-content/uploads/2024/10/bdsg-beschdg.pdf (zitiert: BMAS/BMI, BeschDG-RefE).

Cornelsen Verlag GmbH, Duden online, eindeutig, abrufbar unter: https://www.duden.de/rechtschreibung/eindeutig (zitiert: Cornelsen, Duden online, eindeutig).

Cornelsen Verlag GmbH, Duden online, Zweck, abrufbar unter: https://www.duden.de/rechtschreibung/Zweck (zitiert: Cornelsen, Duden online, Zweck).

Datenschutzkonferenz, Datenschutzrechtliche Kernpunkte für die Trilogverhandlungen zur Datenschutz-Grundverordnung, 14.08.2015, abrufbar unter: https://

www.bfdi.bund.de/SharedDocs/Downloads/DE/DSK/DSKEntschliessungen/DSK_20150826_VerbesserungDSGVO.pdf?__blob=publicationFile&v=6 (zitiert: DSK, Kernpunkte für die Trilogverhandlungen zur DSGVO, 14.08.2015).

Datenschutzkonferenz, Entschließung vom 03.04.2019, Unternehmen haften für Datenschutzverstöße ihrer Beschäftigten!, abrufbar unter: https://www.datenschutzkonferenz-online.de/media/en/20190405_Entschliessung_Unternehmenshaftung.pdf (zitiert: DSK, Entschließung, 03.04.2019).

Datenschutzkonferenz, Entschließung vom 11.05.2023, Notwendigkeit spezifischer Regelungen zum Beschäftigtendatenschutz! Rechtsprechung des Europäischen Gerichtshofs hat Auswirkungen auf zahlreiche deutsche Vorschriften im Beschäftigungskontext, abrufbar unter: https://www.datenschutzkonferenz-online.de/media/en/2023-05-11_DSK-Entschliessung_Beschaeftigtendatenschutz.pdf (zitiert: DSK, Entschließung, 11.05.2023).

Datenschutzkonferenz, Erfahrungsbericht der unabhängigen Datenschutzaufsichtsbehörden des Bundes und der Länder zur Anwendung der DS-GVO, November 2019, abrufbar unter: https://www.datenschutzkonferenz-online.de/media/dskb/20191213_erfahrungsbericht_zur_anwendung_der_ds-gvo.pdf (zitiert: DSK, Erfahrungsbericht zur Anwendung der DS-GVO, 2019).

Datenschutzkonferenz, Hinweise zum Verzeichnis von Verarbeitungstätigkeiten, Art. 30 DS-GVO, Februar 2018, abrufbar unter: https://www.datenschutzkonferenz-online.de/media/ah/201802_ah_verzeichnis_verarbeitungstaetigkeiten.pdf (zitiert: DSK, Verzeichnis von Verarbeitungstätigkeiten, 2018).

Datenschutzkonferenz, Kurzpapier Nr. 14, Beschäftigtendatenschutz, 24.09.2020, abrufbar unter: https://www.datenschutzkonferenz-online.de/media/kp/dsk_kpnr_14.pdf (zitiert: DSK, Kurzpapier Nr. 14, 24.09.2020).

Der Hamburgische Beauftragte für Datenschutz und Informationsfreiheit, Datenschutz Tätigkeitsbericht 2014/2015, abrufbar unter: https://datenschutz-archiv.org/fileadmin/Dokumente/2015/25_TB_LfD_Hamburg_2014-2015_oDsr_25022016.pdf (zitiert: HmbBfDI, Datenschutz Tätigkeitsbericht 2014/2015).

Der Hessische Beauftragte für Datenschutz und Informationsfreiheit, 50. Tätigkeitsbericht Datenschutz, 4. Tätigkeitsbericht Informationsfreiheit, 2021, abrufbar unter: https://datenschutz.hessen.de/sites/datenschutz.hessen.de/files/2022-08/50_taetigkeitsbericht_01_0.pdf (zitiert: HBDI, 50. Tätigkeitsbericht Datenschutz, 2021).

Der Landesbeauftragte für den Datenschutz und die Informationsfreiheit Baden-Württemberg, Datenschutz-Tätigkeitsbericht, 2016/2017, abrufbar unter: https://www.baden-wuerttemberg.datenschutz.de/wp-content/uploads/2018/02/33.-DS-TB.pdf (zitiert: LfDI Baden-Württemberg, Tätigkeitsbericht Datenschutz 2016/2017).

Der Landesbeauftragte für den Datenschutz und die Informationsfreiheit Rheinland-Pfalz, Tätigkeitsbericht zum Datenschutz 2023, abrufbar unter: https://

www.datenschutz.rlp.de/fileadmin/datenschutz/Dokumente/Taetigkeitsberichte/ds_tb32.pdf (zitiert: LfDI Rheinland-Pfalz, Tätigkeitsbericht zum Datenschutz 2023).

Deutscher Bundesrat, BR-Drs. 110/17 (Beschluss).

Deutscher Bundestag, BT-Drs. 18/11325.

Deutscher Bundestag, BT-Drs. 18/12144.

Deutscher Bundestag, BT-Drs. VI/3826.

Europäische Kommission, Vorschlag für Verordnung des europäischen Parlaments und des Rates zum Schutz natürlicher Personen bei der Verarbeitung personenbezogener Daten und zum freien Datenverkehr (Datenschutz-Grundverordnung), KOM(2012) 11 endgültig, 2012/0011 (COD), 25.01.2012, abrufbar unter: https://eur-lex.europa.eu/LexUriServ/LexUriServ.do?uri=COM:2012:0011:FIN:de:PDF (zitiert: Europäische Kommission, KOM(2012) 11 endgültig, 25.01.2012).

Europäischer Datenschutzausschuss, Endorsement 1/2018, 25.05.2018, abrufbar unter: https://www.edpb.europa.eu/sites/default/files/files/news/endorsement_of_wp29_documents_en_0.pdf (zitiert: EDSA, Endorsement 1/2018, 25.05.2018).

Europäischer Datenschutzausschuss, Guidelines 1/2024 on processing of personal data based on Article 6(1)(f) GDPR, Version 1.0, 08.10.2024, abrufbar unter: https://www.edpb.europa.eu/system/files/2024-10/edpb_guidelines_202401_legitimateinterest_en.pdf (zitiert: EDSA, Guidelines 1/2024, Version 1.0, 08.10.2024).

Europäischer Datenschutzausschuss, Leitlinien 05/2020 zur Einwilligung gemäß Verordnung 2016/679, Version 1.1, 04.05.2020, abrufbar unter: https://www.edpb.europa.eu/sites/default/files/files/file1/edpb_guidelines_202005_consent_de.pdf (zitiert: EDSA, Leitlinien 05/2020, Version 1.1, 04.05.2020).

Europäischer Datenschutzausschuss, Leitlinien 06/2020 zum Zusammenspiel zwischen der zweiten Zahlungsdiensterichtlinie und der DSGVO, Version 2.0, 15.12.2020, abrufbar unter: https://www.edpb.europa.eu/system/files/2021-06/edpb_guidelines_202006_psd2_afterpublicconsultation_de.pdf (zitiert: EDSA, Leitlinien 06/2020, Version 2.0, 15.12.2020).

Europäischer Datenschutzausschuss, Leitlinien 07/2020 zu den Begriffen „Verantwortlicher“ und „Auftragsverarbeiter“ in der DSGVO, Version 2.0, 07.07.2021, abrufbar unter: https://www.edpb.europa.eu/system/files/2023-10/edpb_guidelines_202007_controllerprocessor_final_de.pdf (zitiert: EDSA, Leitlinien 07/2020, Version 2.0, 07.07.2021).

Europäisches Parlament, Entwurf eines Berichts über den Vorschlag für eine Verordnung des Europäischen Parlaments und des Rates zum Schutz natürlicher Personen bei der Verarbeitung personenbezogener Daten und zum freien Datenverkehr (Datenschutz-Grundverordnung), COM(2012)0011 – C7-0025/2012 –

2012/0011(COD), 16.01.2023, abrufbar unter: https://www.europarl.europa.eu/doceo/document/LIBE-PR-501927_DE.pdf?redirect (zitiert: Europäisches Parlament, Entwurf eines Berichts, 16.01.2023).

Europäisches Parlament, Legislative Entschließung des Europäischen Parlaments vom 12. März 2014 zu dem Vorschlag für eine Verordnung des Europäischen Parlaments und des Rates zum Schutz natürlicher Personen bei der Verarbeitung personenbezogener Daten und zum freien Datenverkehr (allgemeine Datenschutzverordnung) (COM(2012)0011 – C7-0025/2012 – 2012/0011(COD)), Ordentliches Gesetzgebungsverfahren: erste Lesung, 2017/C 378/55, P7_TA(2014)0212, 12.03.2014, abrufbar unter: https://eur-lex.europa.eu/legal-content/DE/TXT/?uri=CELEX:52014AP0212 (zitiert: Europäisches Parlament, P7_TA(2014)0212, 12.03.2014).

Europarat, Resolution 73 (22), On the Protection of the Privacy of Individuals vis-a-vis Electronic Data Banks in the Private Sector, 26.09.1973, abrufbar unter: https://rm.coe.int/1680502830 (zitiert: Europarat, Resolution 73 (22), 26.09.1973).

Europarat, Resolution 74 (29), On the Protection of the Privacy of Individuals vis-a-vis Electronic Data Banks in the Public Sector, 20.09.1974, abrufbar unter: https://rm.coe.int/16804d1c51 (zitiert: Europarat, Resolution 74 (29), 20.09.1974).

Europarat, Übereinkommen zum Schutz des Menschen bei der automatischen Verarbeitung personenbezogener Daten, 28.01.1981, abrufbar unter: https://rm.coe.int/1680078b38 (zitiert: Europarat, Konvention Nr. 108, 28.01.1981).

Garante per la protezione dei dati personali, Facial recognition: Italian SA fines Clearview AI eur 20 million, Bans use of biometric data and monitoring of Italian data subjects, Pressemitteilung, 09.03.2022, abrufbar unter: https://www.gpdp.it/web/guest/home/docweb/-/docweb-display/docweb/9751323 (zitiert: GPDP, Pressemitteilung, 09.03.2022).

Grundrechte-Konvent, Entwurf der Charta der Grundrechte der Europäischen Union, Vermerk des Präsidiums, Charte 4473/00, Convent 49, 11.10.2000, abrufbar unter: https://www.europarl.europa.eu/charter/pdf/04473_de.pdf (zitiert: Grundrechte-Konvent, Charte 4473/00, Convent 49, 11.10.2000).

Organisation for Economic Co-operation and Development, Guidelines Governing the Protection of Privacy and Transborder Flows of Personal Data, 23.09.1980, abrufbar unter: https://www.refworld.org/policy/legalguidance/oecd/1980/en/14534 (zitiert: OECD, Guidelines, 23.09.1980).

Rat der Europäischen Union, Vorschlag für eine Verordnung des Europäischen Parlaments und des Rates zum Schutz natürlicher Personen bei der Verarbeitung personenbezogener Daten und zum freien Datenverkehr (Datenschutz-Grundverordnung) – Vorbereitung einer allgemeinen Ausrichtung, 9565/15, 11.06.2015, abrufbar unter: https://data.consilium.europa.eu/doc/document/ST-9565-2015-INIT/de/pdf (zitiert: Rat, 9565/15, 11.06.2015).

Telemedicus e. V., Stellungnahme zur Regelung der zweckändernden Weiterverarbeitung personenbezogener Daten in der Datenschutz-Grundverordnung (Art. 6 Abs. 4 DS-GVO-E), 18.12.2014 (zitiert: Telemedicus e. V., Stellungnahme zu Art. 6 Abs. 4 DS-GVO-E, 18.12.2014).

U. S. Department of Health, Education & Welfare, Records, Computers, and the Rights of Citizens. Report of the Secretary's Advisory Committee on Automated Personal Data Systems, Washington, D. C. 1973, abrufbar unter: https://www.justice.gov/opcl/docs/rec-com-rights.pdf (zitiert: U. S. Department of Health, Education & Welfare, Records, Computers, and the Rights of Citizens).

United Nations, Guidelines for the Regulation of Computerized Personal Data Files, 14.12.1990, abrufbar unter: https://www.refworld.org/policy/legalguidance/unga/1990/en/13761 (zitiert: UN, Guidelines, 14.12.1990).

Lebenslauf

Johannes Zhou, geboren 1996, studierte von 2016 bis 2021 Rechtswissenschaft an der Johann Wolfgang Goethe-Universität Frankfurt am Main. Dort war er während des Studiums von 2016 bis 2020 als studentische Hilfskraft am Institut für Rechtsgeschichte, Lehrstuhl Prof. Dr. David von Mayenburg, M.A., tätig. Nach Abschluss des ersten Staatsexamens im Februar 2021 absolvierte er von 2021 bis 2023 sein Rechtsreferendariat am Landgericht Frankfurt a. M. Während des Referendariats war er als wissenschaftlicher Mitarbeiter in einer internationalen Wirtschaftskanzlei in Frankfurt a. M. und Washington, D.C. tätig. Das zweite Staatsexamen legte er im August 2023 ab. Danach war er von 2023 bis 2025 wissenschaftlicher Mitarbeiter und Doktorand am Institut für Arbeitsrecht und Recht der sozialen Sicherheit der Rheinischen Friedrich-Wilhelms-Universität Bonn, Lehrstuhl Prof. Dr. Gregor Thüsing, LL. M. (Harvard). Seit Ende 2025 ist er als Rechtsanwalt im Bereich IT- und Datenschutzrecht in einer Wirtschaftskanzlei in Frankfurt a. M. tätig.